C·H·Beck
PAPERBACK

In Deutschland und weltweit steht Auschwitz symbolisch für die Ermordung der Juden durch das nationalsozialistische Deutschland. Die Aktion Reinhardt mit ihren Vernichtungslagern Bełżec, Sobibór und Treblinka, denen vor allem, aber nicht nur, die polnischen Juden zum Opfer fielen, führt demgegenüber ein Schattendasein. Dabei steht sie wie kaum etwas anderes für den Kern des Holocaust: die industrielle Tötung von Menschen. Indem die Täter die Mordstätten abbauten und alle Zeugnisse verbrannten, wollten sie nicht nur die physische Existenz ihrer Opfer vernichten, sondern auch die Erinnerung an sie. In gewisser Weise waren sie damit erfolgreich. In der ersten Gesamtdarstellung der Aktion Reinhardt in deutscher Sprache rückt Stephan Lehnstaedt die Toten von Bełżec, Sobibór und Treblinka wieder ins Bewusstsein, damit wenigstens die Zeugnisse ihrer Existenz und ihres Leids überdauern.

Stephan Lehnstaedt ist Professor für Holocaust-Studien und Jüdische Studien am Touro College Berlin. Bei C.H.Beck erschien außerdem von ihm: «Der vergessene Sieg. Der Polnisch-Sowjetische Krieg 1919–1921 und die Entstehung des modernen Osteuropa» (Beck Paperback [4]2020).

Stephan Lehnstaedt

DER KERN DES HOLOCAUST

Bełżec, Sobibór, Treblinka und die Aktion Reinhardt

C.H.Beck

Originalausgabe

2., durchgesehene Auflage. 2020

www.chbeck.de
Satz, Druck u. Bindung: Druckerei C.H.Beck, Nördlingen
Umschlaggestaltung: Kunst oder Reklame, München
Umschlagabbildung: Deportation von Juden am Warschauer Umschlagplatz, 1942, nachträglich koloriert © akg-images/imagno
Printed in Germany
ISBN 978 3 406 70702 5

myclimate

klimaneutral produziert
www.chbeck.de/nachhaltig

Inhalt

Besuch in Treblinka 2016.
Ein Ort zum Beten und zum Weinen

Treblinka ist ein ruhiger Ort fernab jeglicher Verkehrs- und Touristenrouten, etwa 80 Kilometer nordöstlich von Warschau. In dichten Kiefernwäldern verrät nichts das grauenhafte Geschehen, das dort vor bald 75 Jahren stattfand: Am 22. Juli 1942 begannen die deutschen Besatzer mit der Deportation von Juden aus dem Warschauer Ghetto, die sie im Vernichtungslager Treblinka vergasten. Bis November 1943 ermordeten sie dort beinahe 900 000 Menschen aus den Ghettos im besetzten Polen, verbrannten die Leichen und vergruben die Asche. Heutzutage erinnern eine kleine Gedenkstätte, ein Mahnmal und eine symbolische Eisenbahntrasse an den Holocaust.

Nur wenige Besucher verirren sich hierher. In der Stille der ostpolnischen Provinz hat man diese Stätte meist für sich alleine. Im warmen Licht eines Spätsommertags wandeln wir auf einem gigantischen Massengrab, spazieren mit fröhlichem Vogelgezwitscher in den Ohren über die Asche von Hunderttausenden. Die merkwürdige Ruhe verstört und überwältigt zugleich. Wie ist es möglich, dass die kaum vorstellbaren Taten keine Spuren hinterließen?

Aber wir täuschen uns. Es gibt Zeugnisse, dort, wo man sie nicht vermutet: Bäume sind die letzten Hinterlassenschaften der Mörder. Der Wald wurde gepflanzt, damit nichts sichtbar ist, damit gewissermaßen Gras über die Sache wächst. Die Täter sind in Treblinka sogar verantwortlich für den Frieden und die Würde. Es ist ein Ort, um an der Menschheit zu verzweifeln. Ein Ort, an dem nur Beten oder Weinen bleibt.

Doch Treblinka ist nicht das einzige beinahe vergessene Vernichtungslager. Noch abgelegener, noch weniger erschlossen und noch unbekannter sind Bełżec und Sobibór, nur wenige Kilometer entfernt von den heutigen Grenzen zur Ukraine und zu Weißrussland. Es kommen selten Besucher dorthin. Abermals gibt es nichts zu sehen, nur Bäume als Zeugen und kleine Mahnmale erinnern an das Grauen. Wie in Treblinka fand an diesen Orten seit Frühjahr 1942 unter dem Tarnnamen «Aktion Reinhardt» die systematische Ermordung von Juden statt – oder besser: von denjenigen Menschen, die die Deutschen als «Juden» betrachteten. Sie stammten vor allem aus dem Generalgouvernement Polen und dem Bezirk Białystok, aber auch aus anderen Ländern des besetzten Europa. Fast eine halbe Million Opfer waren in Bełżec zu beklagen, knapp 200 000 in Sobibór.

Was bleibt von diesem zentralen Kapitel des Holocaust? Zählt man alle Toten zusammen, also zusätzlich diejenigen, die beim Zusammentreiben in den Ghettos oder in den Deportationszügen starben, kommt man auf mindestens 1,8 Millionen, vielleicht sogar zwei Millionen. Wir werden ihre Namen nie alle kennen, ja nicht einmal ihre exakte Anzahl bestimmen können – zu effektiv haben die Mörder ihre Spuren verwischt. Auch deshalb ist die Aktion Reinhardt heutzutage trotz ihrer Dimensionen kaum bekannt. In den letzten Jahren erschienen zwar neue Studien zu Detailaspekten, aber die einzige Gesamtdarstellung – in englischer Sprache – datiert von 1987.[1]

In Deutschland und weltweit steht Auschwitz symbolisch für die Ermordung der Juden. Über eine Million Menschen töteten die Deutschen dort, mehr als an jedem anderen Ort. Das Einfahrtsgebäude mit der Rampe ist längst eine Ikone geworden, die riesige Fläche mit ihren Zäunen, Baracken und Resten der Gaskammern ist ein Monument gegen das Vergessen. Der Besucherandrang ist inzwischen so groß, dass Tickets vorab bestellt werden müssen. Mehr als eineinhalb Millionen Menschen sahen 2015 diese Stätte. Treblinka, das bekannteste Lager der Aktion Reinhardt, hat täglich keine 200 Besucher, obwohl das Gelände rund um die Uhr offen zugänglich ist. In Bełżec sind es noch einmal weniger als halb so viele Besichtigungen. Und die Gedenkstätte in Sobibór ist seit 2012 aus Geldmangel geschlossen.

Bełżec, Sobibór und Treblinka überlebten insgesamt weniger als 150 Menschen. 2019, über 70 Jahre nach der Befreiung, sind sie alle tot. Doch wer außer ihnen sollte das Gedenken an die Opfer anmahnen und einfordern? Haben die Deutschen also am Rande Europas das «perfekte» Verbrechen begangen, das heute ebenso aus den Augen wie aus dem Sinn ist? Das wäre umso tragischer, als die Aktion Reinhardt den eigentlichen Kern des Holocaust darstellt: die beinahe vollständige Auslöschung der polnischen Juden, der Mord an annähernd zwei Millionen Menschen fast ohne sichtbare Spuren. Eine monströse Tat, die sich heutzutage nicht wie in Auschwitz in einem gigantischen Lagerkomplex für Zehntausende Zwangsarbeiter offenbart, sondern gerade in dessen Nichtvorhandensein. So steht die Aktion Reinhardt für die Quintessenz des Hasses und des deutschen Antisemitismus. Sie war die reine Vernichtung ohne irgendwelchen sonstigen «Nutzen».

Dieses Buch handelt von der Geschichte der Aktion Reinhardt und ihren Opfern – den polnischen Juden. An ihnen entwickelten die Deutschen seit September 1939 das antisemitische Programm weiter zum Genozid. Der im Frühjahr 1942 einsetzende industrielle Massenmord wurde nicht in Auschwitz «erfunden», sondern in und für Bełżec. Danach perfektionierten hoch motivierte Täter nach und nach Tötungsmethoden. Es gab für den Holocaust keinen Masterplan, er war deshalb möglich, weil sich die deutsche Führungsspitze einig war, die Juden zu vernichten.

Züge, in denen bis zu 5000 Menschen in Viehwaggons gepfercht waren, ließen Männer wie Christian Wirth oder Franz Stangl in wenigen Stunden leeren – sie trieben die Opfer in Gaskammern, die ebenso simpel wie brutal effizient mit Motorabgasen funktionierten. Doch die eigentliche Herausforderung war für die Mörder die Leichenbeseitigung. Wo die Gaskammern 2000 Menschen in gut 20 Minuten töteten, nahm deren Verscharren in Massengräbern ein Vielfaches an Zeit in Anspruch. Die Gruben mit halbverwesten Körpern strömten einen infernalischen Gestank aus und stellten – schlimmer noch – einen unwiderlegbaren Beweis für das Verbrechen dar. Ab Ende 1942 wurden die Leichen daher ausgebuddelt und auf riesigen Scheiterhaufen verbrannt. Erneut zeigten sich die Mordexperten mit ihren simplen Lösungen hochzufrieden.

Die Aktion Reinhardt belegt die reibungslose Zusammenarbeit gewissenloser Überzeugungstäter mit «ganz normalen Männern» der Zivilverwaltung, der Reichsbahn oder der Polizei, die die Juden aus den Ghettos ohne Bedenken in die Vernichtung schickten. Von Lublin aus steuerte der SS- und Polizeiführer Odilo Globocnik dieses Netzwerk. Die präzise Organisation erlaubte es, dass in den Lagern jeweils nur etwa 20 Deutsche mordeten. Sie konnten auf kollaborierende frühere Kriegsgefangene der Roten Armee zurückgreifen, von denen John (Iwan) Demjanjuk in Sobibór den größten Bekanntheitsgrad erlangte. Dieses arbeitsteilige Vorgehen gegen die Juden, gemeinsam mit den unterdrückten Völkern Europas, ist ein zentraler Aspekt des Holocaust. Er war möglich, weil letztendlich niemand protestierte. Die Schreie der Opfer verhallten ungehört, obwohl das Geschehen durchaus beobachtet wurde. Berichte jüdischer, polnischer und deutscher Widerständler gibt es zuhauf. Aber auch exemplarische Zeugnisse von einfachen Soldaten, von durchreisenden Männern und Frauen, die das öffentliche Geheimnis bezeugten.

Details blieben ihnen verborgen, aber die Dimension des Genozids schätzten sie oft erstaunlich präzise. Über das Grauen in den Lagern selbst berichten die wenigen Überlebenden. Sie schildern Verzweiflung und Durchhaltewillen und finden Worte für das Unvorstellbare, das sprachlos Machende. Wo in Auschwitz «Selektionen» stattfanden, die in vorgeblich Arbeitsfähige und zu Ermordende schieden, die Kandidaten für unmenschliche pseudowissenschaftliche Experimente auswählten und die einen umfassenden wirtschaftlichen Betrieb der SS ermöglichten, benötigte die Aktion

Reinhardt lediglich eine geringe Zahl todgeweihter Sklaven für die «Verarbeitung» der Juden aus den Deportationszügen. In den Augen der Täter gab es keinen Nutzen, den die Opfer noch haben konnten. Selbst deren Beraubung war nur ein Nebenprodukt, das helfen sollte, die Unkosten zu decken – der Lagerbau kostete Geld, Züge der Reichsbahn fuhren nicht umsonst, und auf persönlicher Ebene boten sich ebenfalls einige Bereicherungsmöglichkeiten.

Es gab keine Überlebenschance. Deshalb schlossen sich Juden in Treblinka und Sobibór zusammen und leisteten Widerstand. In Treblinka kam es am 2. August 1943 noch eher zufällig und wenig organisiert zum Aufstand. In Sobibór, am 14. Oktober 1943, brach die Rebellion mit fast militärischer Präzision und Planung los. Obwohl letztlich nur jeweils gut 60 Häftlinge den Ausbruch überlebten, setzten sie ein Fanal: Die Täter hatten nun Angst vor den Opfern. Sie führten den Genozid nicht mehr in den Lagern der Aktion Reinhardt fort, sondern nur noch in Auschwitz.

Flüchtlinge wie Toivi Blatt aus Sobibór oder Chil Rajchman und Samuel Willenberg aus Treblinka waren es, die nach 1945 alles daransetzten, die Mörder vor Gericht zu bringen. Doch erst in den 1960er Jahren waren Polizei und Justiz in Deutschland willens, systematisch Ermittlungen und Prozesse einzuleiten. Auch wegen der Aussagen der ehemaligen Lagerinsassen gab es so etwas wie eine späte Gerechtigkeit, selbst wenn längst nicht alle SS-Männer eine Strafe erhielten. Als tragisch erwies sich der Fall Bełżec, wo es überhaupt nur drei Überlebende gab; lediglich einer von ihnen, Rudolf Reder, ein 1881 geborener Seifenfabrikant aus Lemberg, sagte vor einem deutschen Gericht aus. Die Juristen waren der Ansicht, dass das nicht für eine Verurteilung reiche, sie sprachen die Angeklagten frei.

Es ist dies nur das bedrückendste Beispiel für die Nachgeschichte des Holocaust. Schon 1944, direkt nach dem Durchmarsch der Roten Armee, begaben sich zahlreiche Polen auf die ehemaligen Lagergelände und begannen, diese auf der Suche nach versteckten Wertsachen regelrecht zu durchwühlen. Es war die «goldene Ernte» nach dem Genozid, der die neu entstandene Volksrepublik machtlos gegenüberstand, obwohl gleichzeitig engagierte Staatsanwälte umfassende Ermittlungen zu den deutschen Verbrechen durchführten.

Doch diese Untersuchungen verliefen im Sande. Weder war man in Deutschland daran interessiert, noch wurde Polen der Täter habhaft. Außerdem waren Verbrechen an Juden schlicht nicht so wichtig wie diejenigen an der «eigenen», der «polnischen» Bevölkerung. Vor diesem Hintergrund gestaltete sich das Gedenken: Die meisten der wenigen Überlebenden waren in die USA und nach Israel ausgewandert, Priorität erhielten daher Auschwitz und Majdanek als Stätten auch polnischen Martyriums. In Treblinka, Bełżec und Sobibór entstanden erst in den 1960er Jahren Mahnmale, Museen nochmals deutlich später. Bundesrepublik und DDR zeigten sich gleichgültig – und bis heute hat Deutschland kein Geld für den Erhalt oder das Gedenken in den Lagern der Aktion Reinhardt bereitgestellt.

Noch 2013 lehnte die Bundesregierung ein finanzielles Engagement in Sobibór mit der Begründung ab, dass es dort keine deutschen Opfer gegeben habe. Das ist von Seiten der Täternation schon für sich genommen absurd. Es ist außerdem sachlich falsch. Denn obwohl die Aktion Reinhardt primär die Ermordung polnischer Juden zum Ziel hatte, ließ Adolf Eichmann auch aus Westeuropa Züge in den Osten fahren. Tatsächlich befanden sich etwa 25 000 deutsche und österreichische Juden unter den Opfern von Sobibór. Weitere dort und in den anderen beiden Lagern Getötete waren Juden aus Griechenland, Jugoslawien, dem Reichsprotektorat Böhmen und Mähren – heute Tschechien –, der Slowakei, Frankreich und den Niederlanden sowie aus Weißrussland und Litauen. Ermordet wurden außerdem etwa 2000 Sinti und Roma. Das ist die ebenfalls weithin vergessene europäische Dimension dieses Völkermords.

Rachel Auerbach, die große Historikerin und erste Chronistin von Treblinka, schrieb schon 1947 von der Schwierigkeit des angemessenen Erinnerns. Zu unvorstellbar war die Dimension des Verbrechens, zu groß die Lücke, die der Genozid hinterlassen hatte. Wie könnte es auch möglich sein, angemessen fast zweier Millionen Individuen zu gedenken und über sie zu berichten? Es schien Auerbach, als könne sie dieser Aufgabe nicht gerecht werden:

> Unter denen, die in meinem Bericht fehlen, befindet sich Halina Czechowicz, das sieben Jahre alte Mädchen in Treblinka, das kleine jüdische Mädchen, das nur wenige Minuten, bevor es starb, groß geworden ist. Als ihr Vater und sie sich trennten, legte sie ihren Kopf auf seine Schulter, weder weil sie an seiner Brust Trost suchen wollte noch um die Augen für einen Moment vor dem Tod, den sie bereits gesehen hatte, zu verstecken. Nein, er war es, dem sie Trost und Kraft spenden wollte. «Papa, hab keine Angst! Papa, mach Dir keine Sorgen!» sagte sie, und: «Hier ist meine Uhr. Nimm sie! Du wirst am Leben bleiben und so sollst Du sie haben.»

Es ist dieser eine Moment, dieses eine Schicksal, das für Rachel Auerbach Treblinka versinnbildlicht:

> Auch ich kann das kleine Mädchen hören und sehen. Die Tränen, die sie nie vergossen hat, weil sie nicht wollte, dass ihr Vater litt, werden in meinem Herzen bis zum Ende meiner Tage fließen.[2]

1. Die polnischen Juden im Holocaust, 1939–1942

In dem nach dem Ersten Weltkrieg neu gegründeten polnischen Staat hatten über drei Millionen Menschen jüdische Wurzeln. Längst nicht alle waren streng gläubige Chassidim oder Litwaken, das Spektrum reichte bis zu Agnostikern und getauften Konvertiten. Es gab Reiche und Arme, Arbeiter und Intellektuelle, an der Auswanderung nach Palästina oder einer Heimstatt in Europa Interessierte. Juden gehörten dem rechten und linken politischen Spektrum an oder kümmerten sich gar nicht um Politik. Manche wollten sich assimilieren, wieder andere lehnten die polnische Lebensart strikt ab. Jede dieser Gruppen unterhielt eigene Schulen und Hochschulen, Theater, Zeitungen und hing eigenen Parteien an. Kurz: Die Vielfalt jüdischen Lebens in Polen blühte und mit ihr eine reiche Kultur in den drei Sprachen Jiddisch, Hebräisch und Polnisch.

Doch trotz offizieller Gleichberechtigung mussten die Juden in den 1930er Jahren vielfach Misshandlungen durch ihre Mitbürger erdulden. In der Rzeczpospolita (Republik Polen) gab es Boykotte gegen ihre Geschäfte, die staatlichen Universitäten beschränkten ihren Zugang, und nicht zuletzt kam es immer wieder zu Pogromen mit zahlreichen Toten. Hinter der systematischen Entrechtung im nationalsozialistischen Deutschland blieb all dies zwar weit zurück, aber in den Augen der polnischen Juden galten die Deutschen weithin als zivilisierte Nation, von der kein schlimmes Unheil zu befürchten war. Dieses Urteil beruhte auch auf der Besatzung Osteuropas im Ersten Weltkrieg. Damals waren die Mittelmächte als Befreier vom dumpfen Antisemitismus des Zarenreichs aufgetreten und hatten Gedanken von Aufklärung und Gleichberechtigung mitgebracht. Nach ihrer Niederlage 1918 kam es indes zu einem Wiederaufflammen der antijüdischen Gewalt von Seiten der «Nachbarn». Die Deutschen standen demgegenüber für Ordnung. Und selbst wenn sie Nationalsozialisten waren, konnten sie so schlimm nicht sein.

Wie sich unmittelbar nach dem deutschen Überfall auf Polen im September 1939 zeigen sollte, war dies ein tragischer Irrtum. Noch während des Feldzugs misshandelten Wehrmachtsangehörige zigtausende Juden. Sie schnitten in Kaftane gekleideten Männern die Bärte ab, ließen sie für sich tanzen und fanden viele andere Wege, sie zu demütigen. Und schlimmer noch: Brutale Misshandlungen begannen, Juden wurden geschlagen, es kam zu Erschießungen und Massakern. Alleine in Tschenstochau töteten die Besatzer in der ersten Septemberwoche über 200 Zivilisten, die meisten von ihnen Juden.[3]

Was die Vorgesetzten größtenteils tolerierten oder sogar unterstützten, war freilich noch keine systematische antijüdische Mordpolitik. Vielmehr richteten sich die neuen Machthaber zunächst gegen die alten Eliten des polnischen Staates, die nur selten Juden waren. Bis Frühjahr 1940 exekutierten die Heinrich Himmler unterstellten Einsatzgruppen der Sicherheitspolizei und des SD sowie die aus ihnen hervorgehenden deutschen Polizeidienststellen mindestens 60 000 Menschen. Tausende davon waren jüdisch, aber die bei Weitem größte Opfergruppe stellten zu diesem Zeitpunkt – noch – katholische Polen.[4] Das galt genauso in den Teilen des Landes, die die Sowjetunion besetzte, denn die Rote Armee hatte am 17. September 1939 die Ostgrenzen Polens überschritten und war auf Seiten Deutschlands in den Krieg eingetreten. Nach der Kapitulation des gemeinsamen Feindes am 6. Oktober ließen die Diktatoren Hitler und Stalin rücksichtslos all jene verfolgen, in denen sie Gegner sahen.

Unterdessen begann die politische Neuordnung des eroberten Gebiets. Ins Deutsche Reich wurden die neuen Gaue Danzig-Westpreußen und Wartheland eingegliedert, dazu Teile Ostoberschlesiens und der Region Zichenau (Ciechanów). Und während östlich der Flüsse Bug und San die Sowjetunion herrschte, schuf Hitler mit dem Generalgouvernement eine Okkupationsverwaltung, die als «Nebenland des Reiches» firmierte und von seinem Hausjuristen Hans Frank geleitet wurde. Deren vier Distrikte Radom, Lublin, Warschau und Krakau waren nach den jeweils größten Städten benannt, wobei Franks Regierung in Krakau residierte. In all diesen Gebieten trieben die Besatzer die rassische Hierarchisierung voran: Deutsche standen über den Polen, und unter denen rangierten die Juden, die von der übrigen Bevölkerung abzusondern waren; anderen ethnischen Minderheiten des untergegangenen Staates, wie Litauern oder Ukrainern, begegneten die neuen Herren mit Skepsis, machten ihnen aber auch Kollaborationsangebote.

Bei Polen und Juden war dergleichen undenkbar. Doch während die Staatlichkeit der Ersteren beseitigt werden sollte, erschien es wichtig, auf die Letzteren einen systematischen Zugriff zu haben. Nur das ermöglichte die rasche Umsetzung antisemitischer Regelungen, die bereits aus dem Reich bekannt waren. Es erlaubte aber auch neue Maßnahmen, wie etwa den «Judenstern», also die öffentliche Kennzeichnung der Betroffenen als ideologische Hauptfeinde. In den allermeisten Orten mit jüdischer Bevölkerung riefen die Besatzer deshalb sogenannte Judenräte ins Leben, also von ihnen ernannte Gremien, die die Selbstverwaltung der Juden organisieren sollten, de facto aber vor allem für die Umsetzung deutscher Befehle zuständig waren. Mitglieder waren meist örtliche Honoratioren, bevorzugt solche mit deutschen Sprachkenntnissen.

Unmittelbar nach den Schrecken des Kriegsbeginns schien dies auf eine Beruhigung abzuzielen. Wo in den ersten Tagen der Okkupation individuelle Brutalität von Soldaten und Polizisten geherrscht hatte, wo einzelne Juden auf offener Straße zur Zwangsarbeit verpflichtet worden waren, kehrte jetzt eine gewisse Ordnung ein. Judenratsvorsitzende wie Adam Czerniaków in Warschau oder Chaim Rumkowski in Litzmannstadt (Łódź) sahen es als ihre Pflicht, Schaden von den neu geschaffenen jüdischen Zwangsgemeinschaften abzuwenden, und versuchten deshalb, die deutschen Wünsche möglichst genau zu erfüllen. Sie schufen beispielsweise Arbeitsbataillone, die den Deutschen als Hilfskräfte für verschiedenste Tätigkeiten zur Verfügung standen, was wiederum die willkürlichen Verhaftungen zur Zwangsarbeit beendete.

Die Erfolge der Räte waren ganz unterschiedlich, was auch stark vom Spielraum abhing, den die Deutschen gewährten: Sie entschieden letztendlich über die Mitglieder dieser Gremien, und wer ihren Befehlen nicht gehorchte, musste mit Misshandlungen und im schlimmsten Fall mit seiner Erschießung rechnen. In Krakau beispielsweise verhafteten und ermordeten die Besatzer zweimal nacheinander das ganze Komitee, bis mit Dawid Gutter ein Vorsitzender amtierte, der als ebenso willfährig gegenüber den Besatzern wie skrupellos gegenüber den Juden galt. Im Gegensatz dazu erfuhr etwa Czerniaków für seine Integrität und Kollegialität hohe Wertschätzung, während Rumkowski bis in die letzte Zeit vorwiegend als nach innen selbstherrlicher Regent, nach außen unterwürfiger Diener der Deutschen gesehen wurde.[5]

Zumindest anfänglich aber waren die Selbstverwaltungen für Besetzte und Besatzer von Vorteil, weshalb sich die Organisationsformen bald weiterentwickelten. In den Städten entstanden eine jüdische Polizei, eine eigene Gerichtsbarkeit sowie eine Sozialfürsorge mit Suppenküchen und Krankenstationen. Zusätzlich schufen die Judenräte Bildungsangebote sowie eine Wohnungs- und Lebensmittelverteilung, die sie durch ein eigenes Steuersystem finanzierten. All dies war deshalb notwendig, weil die Deutschen die Juden sehr schnell aus der bisherigen Gesellschaftsordnung ausschlossen. Nicht zuletzt enteigneten sie Betriebe und Fabriken, was insbesondere Handwerker und Selbständige hart traf – sie verloren auf einen Schlag ihre Einkommensgrundlage und konnten ihre Familien nicht mehr versorgen.

Kurz darauf beschlagnahmten die Deutschen Wohnungen und Grundbesitz. Da sie neben wilden, oft individuellen Plünderungen zusätzlich in Form von «Kontributionen» zahlreiche Sonderabgaben von den Juden verlangten, trat eine rapide Verarmung ein, zumal auch Wertgegenstände von der Requisition nicht verschont blieben. Der Raub jüdischen Besitzes, der meist in deutsches Eigentum überführt und damit «arisiert» wurde, schädigte letztlich die Wirtschaft des ganzen Landes. Zahllose Geschäfte waren nun geschlossen, Hunderttausende von Menschen arbeitslos, ihre Bankkonten gesperrt, Vermögenswerte geplündert. Doch damit nicht genug, neue Verordnungen schlossen im Generalgouvernement Juden von staatlichen Sozialleistungen wie Gesundheitsfürsorge oder Rente aus, so dass bereits Ende 1939 ein großer Teil von ihnen täglich ums Überleben kämpfen musste.

Und die Deutschen verschärften die Situation weiter. Bereits am 8. Oktober 1939 schufen sie in der knapp 150 Kilometer südwestlich von Warschau gelegenen Kreisstadt Piotrków Trybunalski ein erstes Ghetto. Juden mussten nun in einem gesondert ausgewiesenen Bereich leben, in dem Polen oder Deutsche nicht mehr wohnen durften; den Juden war das Verlassen dieses Bezirks nur mehr in Ausnahmefällen erlaubt. Eine derartige Aussonderung hatte es, anders als in West- und Südeuropa seit dem Mittelalter, bislang in Polen nicht gegeben. Zwar galt seit dem 19. Jahrhundert eine Gegend mit besonders vielen jüdischen Bewohnern umgangssprachlich als Ghetto, aber damit verbanden sich keine staatlichen Vorschriften. Und selbst wenn es in jenen Straßenzügen oft eng zuging, war das nichts verglichen mit den 28 000 Menschen, die die Nationalsozialisten nun in Piotrków in ein Gebiet zwangen, in dem vorher nur 6000 gelebt hatten.[6]

Im ganzen Land entstanden für etwa 1,8 Millionen Juden bis Anfang 1942 Hunderte von Ghettos, manche mit kaum hundert Insassen, andere, wie das in Warschau, mit fast 450 000. Alleine im Generalgouvernement waren es 342 dieser «Wohnbezirke», wobei nur in 26 von ihnen mehr als 10 000 Menschen leben mussten. Schon diese Zahlen geben einen kleinen Eindruck davon, dass die Unterschiede immens waren. Wo in Warschau eine Großstadt in der Metropole existierte, in der alle Bereiche des Miteinanders an die Zwangsbedingungen adaptiert wurden, lebte eine halbe Million Juden in kleinen Ghettos, in denen sich die äußeren Bedingungen viel weniger stark wandelten und oft noch der Vorkriegszeit ähnelten. Häufig waren diese nicht einmal von einem Zaun oder einer Mauer umgeben, die Kontrolle blieb der lokalen polnischen Polizei überlassen, und Besatzer zeigten sich dort höchstens alle paar Tage. Entsprechend unterschieden sich die Wahrnehmungen, weshalb beispielsweise der Überlebende Frederick Weinstein über Gniewoszów, ein kleines Ghetto mit knapp 3000 Insassen im Distrikt Radom, berichtet, dass dort «nach einem Jahr deutscher Besatzung die Juden so viel Freiheit genossen» und ohne Einschränkung ihre Religion ausüben konnten.[7]

In den allermeisten Ghettos war die Lage aber weit weniger entspannt. Dort lebten nicht mehr nur diejenigen, die vorher in jenem Ort gewohnt hatten, sondern zahlreiche Deportierte aus dem Westen Polens. In diesen ins Reich eingegliederten Gebieten träumten die Deutschen von rein «arischen» Städten und Dörfern, weshalb sie bis März 1940 weit über hunderttausend Juden ins Generalgouvernement umsiedelten; später folgten nochmals einige Tausend vorwiegend aus dem Altreich und aus Wien. Der Lehrer Chaim Kaplan notierte dazu in seinem Tagebuch:

> Die Verbannten wurden vor Sonnenaufgang aus ihren Betten getrieben, und die Schergen des Führers ließen sie weder Geld noch Habseligkeiten, noch Lebensmittel mit sich nehmen und drohten ständig, sie zu erschießen. Bevor sie den Marsch in die Verbannung antraten, durchsuchte man ihre Taschen und sämtliche verborgenen Stellen der Kleider und des Körpers. Ohne einen Pfennig in der Tasche und ohne warme Decken für die Frauen, Kinder, alten Leute und Gebrechlichen – manchmal ohne dass sie Schuhe an den Füßen oder Krücken an den Händen hatten – zwang man sie, ihre Wohnungen und Habseligkeiten und die Gräber ihrer Vorfahren zu verlassen und fortzugehen.[8]

Die Alteingesessenen nahmen sich ihrer wohl oder übel an, aber angesichts der eigenen verzweifelten Lage konnten sie wenig helfen. Oft waren die Vertriebenen daher die Ärmsten unter den Ghettoinsassen. Es ging ihnen noch schlechter als den Juden, die aus Hunderten von Dörfern oder Städtchen in die lokalen Zentren umsiedeln mussten, um den Deutschen den direkten Zugriff und die Kontrolle über sie zu ermöglichen.

Die Judenräte wiesen sie in Wohnungen ein, die sowieso schon überbelegt waren. Es ging schlicht nicht anders. Im Krakauer Ghetto verteilten sich über 15 000 Insassen auf nur etwas mehr als 300 oft einstöckige Gebäude, in denen auch noch die verschiedenen Institutionen der Selbstverwaltung unterkommen mussten. Quartiere mit nur einer Person pro Zimmer waren die große Ausnahme und vor allem Funktionären vorbehalten. Normalerweise mussten sich zehn oder mehr Menschen eine Zweizimmerwohnung teilen, weshalb die durchschnittliche Belegung pro Raum fast vier Personen betrug.[9] Die Bevölkerungsdichte im Warschauer Ghetto lag bei über 150 000 Menschen pro Quadratkilometer. Zum Vergleich: In Manhattan liegt sie aktuell bei 27 500.

Ab dem deutschen Überfall auf die Sowjetunion im Sommer 1941 wiederholten sich diese Szenen, und die bisherigen Phasen der Entrechtung der polnischen Juden liefen in nochmals höherer Geschwindigkeit in den neu eroberten Territorien ab. Von den früheren Gebieten der Republik Polen, die fast zwei Jahre lang unter der Herrschaft Moskaus gestanden hatten, gliederte Hitler nur den Bezirk Białystok ins Reich ein. Weit größere Teile bildeten nun die westlichen Ausläufer der neuen Reichskommissariate Ostland und Ukraine, und auch das Generalgouvernement erhielt im Südosten mit dem Distrikt Galizien um die Stadt Lemberg eine substantielle Erweiterung.

Die dortigen Juden mussten ganz zu Beginn dieser nächsten Besatzung ebenfalls einen Durchmarsch von Einsatzgruppen erleiden, aber anders als 1939 ging es nun nicht mehr um die Ausschaltung einer lokalen Elite, sondern um einen antijüdischen Rassenkrieg. Massaker mit insgesamt vielen hunderttausend Opfern waren die Folge, in nicht wenigen Orten erschossen die Deutschen tatsächlich alle Juden. In der Region Wolhynien töteten die Einsatzgruppen alleine in den Monaten September und Oktober 1941 rund 25 Prozent der jüdischen Bevölkerung. Anderswo, wie etwa in dem kleinen ostgalizischen Städtchen Kosów Huculski, wo 2000 der ursprünglich über 4000 Juden ermordet wurden, starb sogar fast die Hälfte der Einwohner.

Die Vernichtung stellte auch die Judenräte vor veränderte Herausforderungen. In den dezimierten Städtchen war es oft gar nicht mehr möglich, eine halbwegs funktionsfähige Selbstverwaltung zu errichten. In Orten wie Czortków oder Krzemieniec ließen sich kaum mehr als eine Suppenküche und Kleiderspenden aufbauen; eine darüber hinausgehende Sozialfürsorge, Schulen oder gar ein religiöses Leben gab es nicht mehr, die lokalen Gesellschaften zerfielen. Unfähige Kollaborateure, die die Deutschen mehr denn je für Leitungsfunktionen auswählten, taten ein Übriges, um die Situation noch unerträglicher als in den westlichen Teilen des Generalgouvernements zu machen.[10] Im galizischen Stanisławów notierte die 21-jährige Elsa Binder kurz nach Neujahr 1942 voller Verzweiflung:

> Am schlimmsten sind die Abende. Um sieben Uhr, wenn das Licht auf Befehl gelöscht werden muss, geht die ganze Familie ins Bett. Nur ich verschwende eine Kerze, in deren Licht ich schreibe oder lese. Schließlich gehe ich ins ungeheizte Zimmer, in das von einem Ziegel angewärmte Bett, wo ich ausreichend Gelegenheit habe, über mein gegenwärtiges Leben nachzudenken.
> Leben? Es ist sehr zweifelhaft, ob man das Leben nennen kann.
> Vegetieren? Auch das nicht. Schließlich denke, fühle und leide ich.
> Alles in mir ist ein Zusammenklang aus Schmerz und Hoffnung.[11]

Die Verelendung der Juden schritt unter deutscher Herrschaft rasch fort, und zwar in allen okkupierten Gebieten. Die Ghettos waren weitgehend von der Außenwelt abgeschnitten, was sich insbesondere bei der Lebensmittelversorgung bemerkbar machte. Die Besatzer waren nicht bereit, die notwendigen Mengen unentgeltlich zu liefern, während die verfügbaren Gelder schnell aufgebraucht wurden. Und was für die Ghettos als Ganzes galt, betraf auch jeden Einzelnen: Zwar konnten die Judenräte für die Ärmsten der Armen etwas Essen gratis zur Verfügung stellen, aber das reichte nicht einmal notdürftig aus. Die Menschen verhungerten, alleine für Warschau ist bis zum Sommer 1942 von etwa 80 000 Toten infolge von Mangelernährung und den damit verbundenen Krankheiten auszugehen. Auch bei Medikamenten war die Versorgungslage katastrophal, so dass Seuchen wie Typhus oder Tuberkulose grassierten und ihren Blutzoll forderten. Leichen lagen auf offener Straße, die Totengräber kamen mit ihrer Arbeit nicht nach. Chaim Kaplan schreibt:

> Es gibt Häuser, die der Hälfte ihrer Bewohner beraubt sind. Jeder Einzelne zählt in seiner engeren Umgebung Dutzende von Todesfällen, die auf dem Altar des schrecklichen Fleckfiebers hingegeben wurden. Unzählig sind ihre Opfer.[12]

Vor diesem Schicksal boten selbst große Vermögen keinen wirksamen Schutz. Sie zerrannen in den Fingern bei einer schwindelerregenden Preissteigerung von 18 000 Prozent auf dem Schwarzmarkt. Eine durchschnittliche vierköpfige Familie musste weit über zwei Drittel ihres verfügbaren Einkommens für Essen ausgeben, ohne dass sie davon auch nur annähernd satt geworden wäre.[13] Viele konnten sich allerdings überhaupt kein Essen leisten. Unerlässlich war eine Beschäftigung, denn sie sicherte einen minimalen Lohn, vor allem aber eine Verpflegung am Arbeitsplatz. Angesichts der deutschen Wirtschaftspolitik blieb daher oft nur, sich für das Arbeitsbataillon des Judenrats zu melden, wobei die harte körperliche Tätigkeit gerade für Akademiker – die von den antisemitischen Maßnahmen besonders betroffen waren – schnell über die Belastungsgrenze hinausging und zu bleibenden Schäden führte. Doch die Judenräte zahlten vier bis fünf Złoty am Tag, Suppe und eine Scheibe Brot gab es obendrauf, so dass es an Freiwilligen nicht mangelte – das galt selbst dann noch, als wegen der zur Neige gehenden finanziellen Mittel oftmals nur noch Essen ausgegeben werden konnte, Zahlungen jedoch unterblieben.

Weil die Deutschen einen enormen Bedarf an den spottbilligen jüdischen Arbeitskräften hatten, boomte das System. Seit Mitte 1940 achteten sie immerhin auf die Bezahlung der Juden von Seiten ihrer «Nutzer» – Firmen, staatliche Dienststellen, teilweise sogar Privatleute, die sich Haushaltshilfen hielten –, für die die Sklavenlöhne nach wie vor höchst attraktiv waren. Die Not in den Ghettos war allerdings so groß und die Zahl der in den Bataillonen benötigten Männer letztendlich viel geringer als die der Arbeitslosen, dass anfänglich selbst Freiwillige für Lagerarbeit zu finden waren: Im Distrikt Lublin hatte es sich der SS- und Polizeiführer Odilo Globocnik zum Ziel gesetzt, Flüsse begradigen, Sümpfe entwässern und einen Abwehrwall gegen die Sowjetunion bauen zu lassen.

Ökonomisch und militärisch machte das wenig Sinn, aber in der nationalsozialistischen Ideologie gab es die Vorstellung, Juden zu körperlicher Arbeit zu erziehen. Für diese Idee schufteten bis Herbst 1941 weit über zehntausend von ihnen, und tatsächlich erhielten ihre Angehörigen daheim wie versprochen ihren kargen Lohn ausbezahlt. Doch die Bedingungen waren so unsäglich, die Todesraten so hoch, dass es nur bei den allerersten Werbeaufrufen auch Meldungen gab, danach musste auf Zwangsrekrutierungen zurückgegriffen werden. Nicht wenige kehrten aus den Lagern in die Ghettos so misshandelt und geschwächt zurück, dass sie bald darauf verstarben. Sogar das deutsche Arbeitsamt konstatierte: «Die Neigung zum Einsatz der Juden in den Lagern ist nach manchen bitteren Erfahrungen nicht mehr groß.»[14]

Die Judenräte hatten aber weit bessere Ideen, wie sie die Versorgung der Ghettos angehen könnten: Sie errichteten und betrieben in großem Umfang Werkstätten und regelrechte Fabriken, die für die Deutschen insbesondere Kleidung, Stiefel und Haushaltsgegenstände fertigten. Selbst in kleineren Städten wie Tarnów, Bochnia oder Tomaszów Mazowiecki war dies zu beobachten. Die riesige Nachfrage nach den damit verbundenen Arbeitsplätzen verdeutlicht einmal mehr Warschau, wo im Dezember 1941 immer noch 67 583 jüdische Männer arbeitssuchend gemeldet waren. Und dann gab es die deutschen Unternehmer, die das Geschäft ihres Lebens witterten und nach Osten expandierten – teils angezogen von einer Werbekampagne explizit für die günstigen Arbeitskräfte im Warschauer Ghetto.[15]

Beispielsweise begann die Firma Schultz & Co. GmbH dort im September 1941 ihre für das Heeresbekleidungsamt bestimmte Produktion mit zunächst 150 Arbeitern, aber schon im Dezember waren es 850, im Juli 1942 sogar fast 4500. Damit einher ging eine hochprofitable Ausweitung der Geschäftsfelder; nachdem anfänglich nur Textilien hergestellt worden waren, errichtete Schultz im Laufe der nächsten Monate unter anderem eine Kürschnerei, eine Tischlerabteilung, eine Schuhwerkstätte und ein Labor für Feldflaschenreinigung – alles für den Bedarf der Wehrmacht.[16] Wer dort oder anderswo im Interesse der Deutschen arbeitete, bekam deutlich erhöhte offizielle Brotrationen, in Warschau mindestens – nach wie vor lächerlich geringe – vier Kilogramm pro Monat. Das betraf im März aber nur rund 33 000 Menschen, während 421 000 mit lediglich zwei Kilogramm auskommen mussten.[17]

«Reich» wurden im Ghetto nur wenige. Korruption und Diebstahl stellten eine Variante dar, die insbesondere Judenratsfunktionären und Polizisten offenstand. Mit ungleich höherem Risiko verbunden war Schmuggel mit der Außenwelt. Angesichts der Schwarzmarktpreise stellte das aber eine große Verlockung dar, und auf der «arischen Seite» ließ sich leicht mit Polen und teils sogar mit Besatzern ins Geschäft kommen. Sie nutzten diese Möglichkeit weidlich aus, in einem amtlichen Bericht hieß es im Sommer 1942 über Warschau: «Es wird geschoben, was geschoben werden kann.»[18] Zumindest für die Juden war der Schmuggel aber höchst gefährlich, denn auf das Verlassen der Ghettos stand seit Herbst 1941 die Todesstrafe. Paradoxerweise waren es gerade Kinder, die zwischen beiden Welten hin- und herliefen, weil sie sich leichter durch Lücken in den Ghettomauern zwängen und unter den Polen untertauchen konnten. Hatten sie Erfolg, leisteten sie einen Beitrag zum Familieneinkommen, der den der Eltern oft überstieg – sie übernahmen die Rolle der Ernährer.[19]

So oder so blieb ihnen unter deutscher Besatzung oft nichts anderes übrig, als schnell erwachsen zu werden. Polnische Schulen durften sie nicht mehr besuchen, und längst nicht alle Judenräte konnten ein eigenes und vor allem umfassendes Bildungsangebot finanzieren. Und so traf die Verfolgung Kinder und Jugendliche besonders hart. Viele Eltern versuchten deshalb, sie aus den Ghettos zu schleusen und sie bei polnischen Bekannten, in Waisenhäusern oder Klöstern unterzubringen. Das bedeutete tränenreiche Abschiede, oft für immer – aber es rettete vielen Tausenden Kindern das Leben, weil die Deutschen sie nicht entdeckten.

Aber auch Erwachsene flohen. Ihnen standen andere Möglichkeiten offen, gleichzeitig waren ihnen manche verschlossen. Für assimilierte Juden war eine Flucht meist weniger kompliziert als für die religiösen, die mit den Gepflogenheiten der katholischen Mehrheitsbevölkerung weniger vertraut waren und leichter auffielen. So war es beispielsweise üblich, Verdächtige das Vaterunser aufsagen zu lassen. Das stellte eine einfachere Methode dar, als bei Männern zu prüfen, ob sie beschnitten waren. Nützlich war außerdem, wenn man sich keiner religiösen Speisevorschriften verpflichtet sah oder polnische Freunde hatte – zusammengenommen erklärt sich so, warum die Überlebensrate der orthodoxen und chassidischen Juden so niedrig war. Aber grundsätzlich galten für die Juden die gleichen Bedingungen: Alle mussten mit der Todesstrafe rechnen, falls sie auf der «arischen Seite» entdeckt wurden.

Die Deutschen sahen die Todesstrafe zugleich für diejenigen vor, die Juden bei der Flucht halfen. Das machte die Lage noch viel schwieriger, denn die Helfer lebten so ebenfalls ständig mit der Angst, entdeckt zu werden. Außerdem mussten sie – wie die Geflohenen – mit Erpressungen, Denunziation oder sogar Mord durch die «Nachbarn» rechnen. Eine Jüdin, die sich in der südostpolnischen Kleinstadt Delatyn versteckte, berichtete darüber Ende 1941:

> Im Nachbardorf haben die Deutschen die Juden, die sie aufgespürt haben, ermordet, und deshalb hat ein anderer Bauer die bei ihm versteckten 3 Juden aus Angst umgebracht. Die Sache ist herausgekommen, weil blutverschmiertes Werkzeug gefunden wurde usw. [...] Die ganze Nacht habe ich dagesessen und gelauscht, denn obwohl ich weiß, dass unser Wasyl uns nicht ermordet, hat mich die ganze Nacht über die Angst nicht losgelassen.[20]

Wegen derartiger Empfindungen kam es immer wieder vor, dass entkommene Juden in die Ghettos zurückkehrten: Dort mussten sie zumindest keine unmittelbare Erschießung befürchten. Gerade in den ländlicheren Gegenden mit kleinen, oft nicht umzäunten, offenen Ghettos war eine Flucht gar nicht mal so schwierig. Aber die meisten Juden stammten aus Städten und waren keine Bauern. Sich auf deren Hilfe zu verlassen war nicht nur wegen des traditionellen Antisemitismus und der Not der einheimischen Bevölkerung, die sich von einem Verrat Prämien versprach, schwierig. Viele Helfer verlangten außerdem Gegenleistungen für die Unterbringung, die sich nur selten mit Arbeit abgelten ließen. Die finanziellen Mittel aber waren meist schon im Ghetto aufgebraucht worden.[21]

Anfang 1942 schienen weitere Gesichtspunkte gegen eine Flucht zu sprechen. Trotz der Erschießungen im Sommer 1941 in den sowjetischen Gebieten und trotz beunruhigender Gerüchte über Deportationen und Morde in einem Lager im Warthegau schien es, als ob sich die Lage für die Juden im Generalgouvernement beruhigt hätte. Zumindest die Judenräte in den größeren Ghettos hatten Wege gefunden, einen nennenswerten wirtschaftlichen

Ausstoß zu erzeugen, der von Monat zu Monat zunahm. Er war vor allem für die Wehrmacht bestimmt. In Białystok beispielsweise wurden den Deutschen im Januar 1942 alleine 3500 Kleidungsstücke als Geschenk übergeben, um die Fertigungsmöglichkeiten zu demonstrieren. Über 14 000 Menschen waren damit beschäftigt, Kleidung, Schuhe, Fässer, Seile, Zigaretten, Elektrogeräte, Alkohol, Chemikalien, Bürsten, Stiefel, Uniformen, Koffer, Wagen, Leder, Pelze, ja sogar Spielzeug, Sodawasser und andere Dinge herzustellen.[22]

Diese Gegenstände konnten die Besatzer zu einem Spottpreis erwerben, aber die Einnahmen ermöglichten es den Judenräten zumindest, in bescheidenem – wenn auch bei Weitem nicht ausreichendem – Maße Lebensmittel einzukaufen und die Ghettoinsassen zu versorgen. Die vielfach als kriegswichtig klassifizierte Produktion fand in enger Abstimmung mit Dienststellen der Wehrmacht statt, die Spezifikationen vorgaben und die Güter abnahmen. Dies lief zur gegenseitigen Zufriedenheit ab und war für die Juden insbesondere deshalb erstrebenswert, weil die Arbeit fürs Militär mit höheren Verpflegungssätzen einherging. Das riesige Warschauer Ghetto erwirtschaftete sogar mehr Geld, als für den Erwerb der wenigen Lebensmittel benötigt wurde, die die deutschen Behörden zugestanden.

In den Ghettos herrschte allgemein die Überzeugung vor, dass es nicht im Interesse der Besatzer wäre, diesen für sie so vorteilhaften Handel zu beenden. Man müsse daher lediglich abwarten, bis die Anti-Hitler-Koalition, inzwischen verstärkt durch die Sowjetunion, den Krieg gewinne. Es schien plausibel, dass die von den Deutschen geschaffenen jüdischen Zwangsgesellschaften weiter existieren könnten. Auch angesichts dieser Überlegungen kehrten manche versteckten und untergetauchten Juden in die vermeintliche Sicherheit der «Wohnbezirke» zurück.

Wie sich ab Frühjahr 1942 zeigen sollte, war dies eine tödliche Fehleinschätzung der Lage und nach dem Einmarsch 1939 die zweite große Täuschung über die Deutschen.

2. Von der «Euthanasie» zur Aktion Reinhardt. Die Genesis des Genozids, 1940–1942

Beim deutschen Überfall auf Polen im September 1939 gab es noch keine Pläne für die Vernichtung der Juden. Sie waren deshalb auch nicht das Hauptziel der mordenden Einsatzgruppen. Doch die nationalsozialistische Ideologie gründete sich im Antisemitismus und die «Lösung der jüdischen Frage» war eines der zentralen Anliegen Hitlers und seiner Gefolgsleute. Der «Führer» hatte immer wieder betont, dass er die Juden verantwortlich machen würde, wenn es zu einem Krieg kommen sollte – weil er einen Sündenbock brauchte. Bis dato hatten die Nationalsozialisten vor allem versucht, die Juden aus dem um Österreich, das Sudetenland und das Reichsprotektorat Böhmen und Mähren erweiterten Reichsgebiet zu vertreiben und zur Auswanderung zu zwingen. Wegen des Kriegs wurden diese Planungen obsolet, ohne dass bereits neue vorlagen. Die Politik gegenüber der jüdischen Bevölkerung in Polen nahm in Berlin erst mit dem sogenannten Madagaskar-Plan im Juni 1940, nach dem Sieg über Frankreich, konkretere Formen an. Eine Umsiedlung in die Kolonien des unterlegenen «Erbfeinds» schien zumindest nicht vollkommen unmöglich. Mittelfristig hieß das deutsche Ziel deshalb weiterhin: Entfernung der Juden aus dem eigenen Machtbereich.[1]

Gleichzeitig waren vor Ort schon einige Entscheidungen gefallen, von denen die wichtigste wohl die Ghettoisierung war. Wie unlängst Dan Michman gezeigt hat, ging damit auch eine geänderte Wahrnehmung dieser Orte einher: Sie waren nun nicht mehr Plätze von Juden, sondern für Juden – geschaffen durch die Deutschen, weil sie Angst vor deren Insassen hatten.[2] Sie fürchteten sie als ideologische Hauptfeinde, als potentielle Widerstandskämpfer und nicht zuletzt als Träger von Krankheiten – weshalb manche Ghettos als «Seuchensperrgebiet» entstanden. Letzteres war allerdings eine groteske Umkehrung von Ursache und Wirkung, denn die in den Ghettos tatsächlich grassierenden Seuchen resultierten aus der erst künstlich geschaffenen Enge und der völlig unzureichenden Versorgung. Doch die genannten Gründe erschienen den Besatzern real und waren ihnen vollkommen ausreichend, um die Juden unter Kontrolle halten zu wollen. Knapp zwei Jahre später waren sie Teil der «Rechtfertigung» für den Genozid.

Diese Perzeption bedeutete aber nicht, dass die Errichtung der Ghettos planvoll und zentral von oben gesteuert ablief. Ganz im Gegenteil, die deutschen Verwaltungen in den einzelnen Kreisen des Okkupationsgebiets verfügten sie autonom und über einen Zeitraum von zwei Jahren; die letzten «jüdischen Wohnbezirke» wurden erst 1942 errichtet. In die Zuständigkeit der zivilen Besatzungsbehörden fielen zunächst auch alle Angelegenheiten, die Juden betrafen – diese waren nicht Aufgabe der SS. Es waren Beamte und Juristen, die die Verfolgung maßgeblich vorantrieben. Für sie war die «Judenfrage» nur ein temporäres Problem, das früher oder später gelöst werden würde. Gleichzeitig bedeutete dies für Hans Frank und seine Untergebenen, dass «die Juden, solange sie eben da seien, in irgendeiner Weise versorgt werden müssten».[3] Die Deutschen stellten ihnen allerdings viel zu wenige der in Polen mit äußerster Brutalität geraubten Nahrungsmittel zur Verfügung, weil sie damit lieber die Heimat und die Wehrmacht beliefern wollten.

Und natürlich mussten die in den Ghettos eingesperrten Juden für die Essenslieferungen zahlen. Weil sie gleichzeitig von der Außenwelt weitgehend abgeschnitten und ausgeplündert wurden, blieb entgegen aller deutschen Planungen schon im Frühsommer 1940 nichts anderes übrig, als ihnen die Arbeitsaufnahme zu erlauben – und zwar gegen Entgelt, damit sie Lebensmittel kaufen konnten. Im Generalgouvernement votierte deshalb sogar der Höhere SS- und Polizeiführer Friedrich Wilhelm Krüger, Himmlers oberster Exponent vor Ort, dafür, die Juden durch deutsche Arbeitsämter ausbeuten zu lassen. Die antisemitische Politik verfolgte also zwei gegenläufige Ziele: die Deportation der Juden in Kombination mit ihrer Ausschaltung aus der Wirtschaft und zugleich ihre fortgesetzte Beteiligung daran, damit die Ghettoisierung keine zu große finanzielle Belastung für die Besatzer wurde.

Zunächst obsiegte die ökonomische Rationalität – freilich nur in sehr begrenztem Maße, denn die «Judenpolitik» wurde stetig radikalisiert. Ende 1940 erwiesen sich zudem die Pläne einer Deportation der Juden ins Ausland endgültig als vollkommen unrealistisch: Weder gab es einen verfügbaren Ort – das französische Vichy-Regime wollte Madagaskar dafür nicht hergeben – noch einen Frieden mit Großbritannien; solange die Royal Navy aber den Atlantik beherrschte, war an deutschen Schiffsverkehr nicht zu denken. Das Vorgehen im Generalgouvernement konnte deshalb nicht mehr als eine Zwischenlösung sein. Es erfuhr darum eine erneute Verschärfung, als Hitler Hans Frank im März 1941 versprach, die Juden nach Osten, jenseits der aktuellen Grenzen, in die Pripjat-Sümpfe zu vertreiben. Aber auch diese Idee blieb reichlich vage. Gemeinsam mit dem Madagaskar-Plan war ihr, dass sie ein Massensterben vorsah, weil beide Gebiete als lebensfeindlich galten und nicht vorgesehen war, die Zwangsumsiedler in irgendeiner Weise zu unterstützen. Doch ohne einen «Endsieg» im Osten war an die Realisierung solcher Dystopien nicht zu denken. Der radikale Antisemitismus verlangte daher nach anderen «Lösungen».

Der Angriff auf die Sowjetunion brachte die nächste Wegmarke hin zur «Endlösung». Erneut schickte Himmlers Reichssicherheitshauptamt in Berlin Einsatzgruppen los, jedoch mit viel mehr Personal und einem eindeutigen Befehl zum Völkermord an den Juden. Man hatte im Polenfeldzug die Erfahrung gemacht, dass die Wehrmacht zwar vereinzelt gegen Erschießungen protestieren würde, aber keine ernsthaften Probleme bereitete. Außerdem galten die Juden in der nationalsozialistischen Ideologie als wesentliche Träger der sowjetischen Herrschaft, weshalb sie doppelt gefährlich erschienen. Die Einsatzgruppen und in ihrem Gefolge Bataillone der Ordnungspolizei erschossen deshalb östlich des Generalgouvernements rund eine Million Menschen, die allermeisten von ihnen Juden. Dieser erste Teil des Holocaust war ein enormer Radikalisierungsschub – und zugleich eine Absage an die Politik im besetzten Polen: Warum sollten die Deutschen die Juden in Ghettos übergangsweise einsperren, sie überwachen und sogar versorgen, wenn sie nicht später aus dem eigenen Machtbereich entfernt werden konnten? Im Sommer 1941 begann deshalb die «Endlösung der Judenfrage» in einem ganz anderen Sinne.[4]

Im Generalgouvernement war damit zu diesem Zeitpunkt noch kein Kurswechsel verbunden. In den chronisch unterversorgten Ghettos starben die Menschen auch ohne zusätzliche Gewalteinwirkung in beängstigendem Ausmaß. Der Geschäftsführer der Firma Schultz & Co. in Warschau, Rudolf Neumann, erinnerte sich nach dem Krieg daran, im Februar 1942 mit einem Freund Berechnungen zur Sterberate der Juden angestellt zu haben. Sie kamen zu dem Ergebnis, dass «das Ghetto ohne jede gewaltsame Einwirkung bei diesen Todesziffern innerhalb von sechs Jahren restlos ausgestorben sein würde».[5] Nicht wenige Nationalsozialisten glaubten an die Judenvernichtung auf diese Weise.

Doch im Warthegau, jenem westlichen Teil Polens, der jetzt zum Reich gehörte, wollte der Gauleiter Arthur Greiser nicht so lange warten. Er träumte von einem judenfreien Gebiet und wandte sich deshalb im Sommer 1941 an Adolf Hitler. Greiser war bereit, die Zuständigkeit für die Juden von seiner Verwaltung auf die SS zu übertragen, wenn diese dafür einen Genozid durchführte. Hitler hatte nichts dagegen, und Heinrich Himmler zeigte sich hocherfreut, nun noch schneller seine ideologischen Ziele verwirklichen zu können. Allerdings waren seine effizientesten Mörder, die Einsatzgruppen, gerade in der Sowjetunion eingesetzt. Zugleich hatten sich Erschießungen als für die Täter psychisch belastend erwiesen. Zwar gewöhnten sie sich mit der Zeit an die exzessive Brutalität, aber nicht wenige wurden darüber zu Alkoholikern und Psychopathen.[6] Das gefährdete das nationalsozialistische Selbstbild vom Herrenmenschen.

Wie Himmler wusste, gab es dazu eine Alternative, denn die deutsche Mordpolitik betraf nicht nur Juden. Seit Oktober 1939 hatte Viktor Brack, stellvertretender Leiter der Kanzlei des Führers, auf persönlichen Befehl Adolf Hitlers die sogenannte «Euthanasie» organisiert. Im Rahmen des «Aktion T4» genannten Programms hatten Ärzte und Personal aus psychiatrischen Heilanstalten in enger Zusammenarbeit mit dem Himmler unterstehenden Reichskriminalamt sowie dessen Kriminaltechnischem Institut rund 70 000 Patienten dieser Häuser getötet. Anders als bei den Einsatzgruppen wurden dafür keine Kugeln verwendet, sondern Gaskammern, in denen man in Flaschen geliefertes Kohlenmonoxid freisetzte. Die Opfer starben durch Vergiftung.

Immer wieder aber kam es zu Nachfragen von Angehörigen, zu Besuchen in den sechs Tötungszentren, um dort Nachforschungen anzustellen, und nicht zuletzt zu öffentlichen Protesten. Diesen schloss sich sogar die katholische Kirche an. Hitler musste das «Euthanasie»-Programm deshalb im August 1941 stoppen – nicht aus grundsätzlichen Überlegungen, sondern weil es zu viel Aufmerksamkeit auf sich gezogen hatte. Dadurch stand dessen Personal zur Verfügung. Mit Herbert Lange gab es außerdem einen SS-Offizier der Staatspolizeistelle Posen, dessen «Sonderkommando Lange» im Warthegau 6000 Psychiatrieinsassen ermordet hatte – mit Hilfe eines Gaswagens, also der mobilen Version einer Gaskammer: In den Laderaum eines LKW wurden zehn bis 20 Menschen gepfercht und dann durch eingeleitetes Kohlenmonoxid aus Flaschen getötet.[7]

Himmler beauftragte Lange im Herbst 1941, im Warthegau die Vernichtung der dortigen Juden durchzuführen. Lange wählte dafür als Basis das Dorf Kulmhof (Chełmno), nordwestlich von Łódź gelegen. Im Grunde handelte es sich dabei nicht um ein Lager, sondern um einen Gaswagen-Fuhrpark, zu dem SS und Verwaltung nun die Juden transportierten. Am 8. Dezember 1941 begannen Lange und sein Team von rund 100 Helfern mit der Vergasung, wobei sie zunächst die bekannte Methode mit Kohlenmonoxidflaschen anwandten. Einen Monat später gingen sie dazu über, direkt die Motorenabgase der LKWs ins Wageninnere zu leiten, was den Aufwand des Mordens nochmals deutlich reduzierte. Die Idee basierte auf einer Entwicklung des Kriminaltechnischen Instituts.[8] Bis zur Befreiung durch die Rote Armee tötete die SS auf diese Weise fast 150 000 Juden und 5000 Roma in Kulmhof.

Im Dezember 1941 hatten die Einsatzgruppen die Juden im Baltikum bereits erschossen, dazu den Großteil derer in der besetzten Sowjetunion. Polnische Juden wurden östlich und westlich des Generalgouvernements planmäßig ermordet. Aber dort, in Ostoberschlesien sowie den Bezirken Zichenau und Białystok, hatte die Vernichtung noch nicht begonnen. Die Spitzenfunktionäre in diesen besetzten Gebieten träumten dennoch davon, endlich in judenfreien, rein deutschen Landen herrschen zu können. Unbedingt musste deshalb die «Germanisierung» vorangetrieben werden. Heinrich Himmler war als Reichskommissar für die Festigung des deutschen Volkstums auch hierfür zuständig. Das war insofern konsequent, als die Ansiedlung von Deutschen im Osten immer mit einer Aussiedlung von sogenannten Fremdvölkischen einherging, was im Falle der Juden auf deren Ermordung hinauslief. Holocaust und neue Ostsiedlung waren untrennbar miteinander verbunden.

Im Generalgouvernement erwies sich der Lubliner SS- und Polizeiführer Odilo Globocnik als Vorreiter auf beiden Gebieten, der stets die Initiative ergriff und Ideen zur weiteren Radikalisierung entwickelte. Himmler beauftragte seinen Musterschüler daher am 17. Juli 1941, die «Germanisierung» der Sowjetunion vorzubereiten und dort neue SS-Stützpunkte zu errichten.[9] Damit sollte eine Vorbedingung für den gigantomanischen Generalplan Ost realisiert werden, der ein deutsch zu besiedelndes Territorium bis zum Ural vorsah und dafür 30 Millionen Opfer einkalkulierte.

In einem zweiten Schritt erhielt Globocnik von Himmler am 13. Oktober 1941 zudem den Auftrag, die Juden des Distrikts Lublin zu ermorden. Er hatte dieses Ziel schon länger vor Augen und musste entsprechende Pläne deshalb nur noch aus der Schublade ziehen. Globocnik schien in Himmlers Augen perfekt geeignet: Er war durch seine Initiativen ausgewiesen, hatte auf diesen Befehl gedrängt, und nicht zuletzt schien er in der Lage, ihn auch umsetzen zu können. Lublin wiederum lag im Osten des Generalgouvernements, so dass Vernichtungslager einerseits weitab jeglicher öffentlichen Beobachtung errichtet werden konnten und andererseits Deportationswege kurz blieben. Noch Ende Oktober ließ Globocnik mit dem Bau von Bełżec beginnen, und Ende November trafen erste Spezialisten der Aktion T4 ein, die sich mit Vergasungen auskannten und ihre Erfahrungen aus dem Warthegau mitbrachten.[10] Dies war der Beginn des «Einsatz Globus», benannt nach Globocniks Spitznamen «Globus» – was mehr als deutlich auf den Initiator verwies. Zugleich hatte Viktor Brack seinen Männern damit ein neues Einsatzfeld erschlossen, während er selbst das Personal für die Vernichtungslager koordinierte und so die Gruppe der «Euthanasie»-Mörder einer neuen Funktion zuführte.

Hans Frank, der «König» des Generalgouvernements, war über Globocniks Absichten informiert. Er war sich außerdem bewusst, dass die ursprünglich angedachte Umsiedlung der Juden nach Osten nicht mehr realistisch war. Noch vor Beginn der Massenmorde in Lublin erklärte er deshalb seiner Regierung am 16. Dezember 1941:

> Mit den Juden, das will ich Ihnen ganz offen sagen – muss so oder so Schluss gemacht werden.

Frank verwies sodann auf die zu diesem Zeitpunkt bereits geplante Wannseekonferenz, von der er sich weitere Bestätigung erhoffte. Grundsätzliche Diskussionen erwartete er nicht mehr:

Odilo Globocnik auf einem Foto von 1938.

Meine Herren, ich muss Sie bitten, sich gegen alle Mitleidserwägungen zu wappnen. Wir müssen die Juden vernichten, wo immer wir sie treffen und wo es irgend möglich ist.[11]

Tatsächlich ging es am 20. Januar 1942 in der Villa am Großen Wannsee nur noch um das Wo und Wie der Vernichtung. Reinhard Heydrich, der Koordinator und «Beauftragte für die Vorbereitung der Endlösung der europäischen Judenfrage», sprach davon, dass die forcierte Auswanderung von Juden nicht möglich sei, stattdessen aber deren «Evakuierung» oder «Umsiedlung» nach Osten. Diese Begriffe etablierten sich schnell als euphemistischer Code für Vergasungen, die nun im europaweiten Maßstab zu organisieren waren. Anders als bisher gedacht, wollte Heydrich damit nicht mehr bis nach dem Krieg warten, sondern sofort zur Tat schreiten. Ganz in diesem Sinne überbrachte ihm Hans Franks Stellvertreter Josef Bühler den Wunsch, damit im Generalgouvernement zu beginnen.[12] Beide mussten darauf nicht mehr lange warten.

Der Massenmord an den Juden aus dem Distrikt Lublin – und vereinzelt aus Galizien und Krakau – begann in Bełżec am 17. März 1942, getarnt als «Umsiedlung nach Osten». Anfang Juni fiel die Entscheidung, auch die Ghettos im Rest des Generalgouvernements einzubeziehen, was mit einer deutlichen Machterweiterung der SS einherging. Sichtbarster Ausdruck davon war die Beförderung des Höheren SS- und Polizeiführers Friedrich Wilhelm Krüger zum Staatssekretär in Hans Franks Regierung im Mai 1942. Er, und nicht mehr die Zivilverwaltung, war nun offiziell für alle «Judenangelegenheiten» zuständig. Und während im Juni wegen der Sommeroffensive gegen die Sowjetunion die Deportationen ruhten, befahl einerseits Himmler, die Germanisierung Polens beschleunigt in Angriff zu nehmen, andererseits Krüger, nach dem Ende der Transportsperre den Genozid voranzutreiben.

Zuletzt erging dafür in der zweiten Juliwoche der zentrale Befehl zur Aktion Reinhardt: Himmler besuchte Globocnik in Lublin und ordnete an,

> dass die Umsiedlung der gesamten jüdischen Bevölkerung des Generalgouvernements bis zum 31. Dezember 1942 durchgeführt und beendet ist. Mit dem 31. Dezember 1942 dürfen sich keinerlei Personen jüdischer Herkunft mehr im Generalgouvernement aufhalten.[13]

Aus dem «Einsatz Globus» war der «Einsatz Reinhardt» oder auch die «Aktion Reinhardt» geworden, benannt nach dem am 4. Juni 1942 an den Folgen einer Widerstandsaktion gestorbenen Reinhard Heydrich, dessen Vornamen selbst Himmler meist mit «dt» schrieb.

Der Genozid entwickelte sich aus lokalen Dynamiken und Impulsen, Zustimmung dazu aus Berlin sowie der generellen Übereinkunft aller nationalsozialistischen Funktionäre, dass das «Judenproblem» gelöst werden musste. Es gab keinen groß angelegten Plan, dem man dabei folgte. Zum Massenmord kam es einerseits, weil andere Ideen scheiterten. Andererseits ließ sich der

Hass auf die Juden hervorragend mit Karriereambitionen verbinden, denn wer immer einen noch radikaleren Vorschlag machte, konnte mit dessen Annahme und seiner eigenen Machtausdehnung rechnen. Der Holocaust war möglich, weil so viele Deutsche sich davon persönliche Vorteile versprachen, die Ideologie des Rassenhasses pflegten und beträchtliche Eigeninitiative entwickelten.[14]

3. Massenmörder. Deutsche Täter und ihre Hilfskräfte

Wer war dieser Odilo Globocnik, der unbedingt die polnischen Juden vernichten wollte? Und warum beauftragte Himmler ausgerechnet ihn mit dieser Aufgabe, obwohl er als regionaler SS- und Polizeiführer im Generalgouvernement nicht zur absoluten Spitze des «schwarzen Ordens» SS gehörte?

Globocnik wurde am 21. April 1904 in Triest geboren. Seine Familie stammte aus der Oberkrain im heutigen Slowenien, ein Gebiet, das damals zur österreich-ungarischen Doppelmonarchie gehörte. Anders als der Name vermuten lässt, waren seine Vorfahren deutschstämmig und durchaus national eingestellt, weshalb sie nach der Niederlage der Mittelmächte im Ersten Weltkrieg nach Kärnten umsiedelten: In einem slawischen Land wollten sie nicht leben. Der junge Odilo sollte nach dem Willen des Vaters eine Militärkarriere einschlagen, musste diesen Traum aber nach 1918 zugunsten eines zukunftsträchtigeren Abiturs an einer Maschinenbau-Oberrealschule in Klagenfurt aufgeben. Das hielt ihn freilich nicht davon ab, sich noch als Schüler im sogenannten Volkstumskampf zu engagieren und eifrig die Werbetrommel für ein deutschnationales Österreich zu rühren, in dem für Juden, Slawen und andere «Vaterlandsverräter», die den Untergang der alten Ordnung verschuldet hätten und Feinde der deutschen Nation seien, kein Platz sein durfte.

Die Verbindungen im rechten Milieu halfen bei der zivilen Karriere. Als Bauleiter bekam Globocnik bald größere Projekte übertragen, die er zur Zufriedenheit seiner Vorgesetzten durchführte. 1931 schließlich trat er der auch in Österreich aktiven NSDAP bei und blieb ihr nach dem Verbot 1933 treu – er wurde sogar mehrfach wegen illegaler politischer Betätigung verhaftet und schließlich deswegen entlassen. Doch das stachelte ihn nur an, er verschrieb sich ganz der Partei, knüpfte mehr und mehr Verbindungen und wurde 1934 von niemand Geringerem als Reinhard Heydrich aufgefordert, der SS beizutreten. Begeistert nahm er diesen Vorschlag an. Im selben Jahr traf er außerdem den «Führer» Adolf Hitler auf dem Obersalzberg, um mit ihm über das weitere Vorgehen in Hinblick auf eine Machtübernahme in Österreich zu sprechen. Globocnik war damit endgültig einer der wichtigsten Nationalsozialisten im Nachbarland geworden, der dank seiner exzellenten Verbindungen trotz zahlreicher innerparteilicher Querelen Anfang 1938 an dritter Stelle der österreichischen NSDAP stand.

Mit dem «Anschluss» Österreichs an Deutschland am 13. März 1938 standen weitere Karriereschritte an. Nachdem er zunächst Staatssekretär in der neuen, kurzlebigen Regierung gewesen war, ernannte Hitler ihn am 24. Mai 1938 zum Gauleiter von Wien. Aber hier zeigte sich der stets ambitionierte Globocnik erstmals einer Aufgabe nicht gewachsen. Er agierte zu hemdsärmelig, versuchte Dinge «auf dem kleinen Dienstweg» zu regeln und baute meist auf alte Seilschaften. Dabei unterschätzte er die parteiinternen Widerstände in der Hauptstadt, die ihm als Kärntner entgegenschlugen. Er betrachtete zudem seine dienstlichen Finanzmittel als private Verfügungsmasse, vergab zinslose Kredite an Freunde, spekulierte verlustreich mit Immobilien und bereicherte sich persönlich an von Juden erpresstem Geld – alles Dinge, die den Reichsschatzmeister der NSDAP in München, Franz Xaver Schwarz, zur Weißglut trieben. Dessen Rechnungsprüfer legten die Missstände im September 1938 offen. Angesichts der Beinahepleite seines Gaues musste Globocnik am 30. Januar 1939 gehen.

Mit Schimpf und Schande wurde er entlassen und «zur Bewährung» zur SS-Verfügungstruppe versetzt. Er leistete dort seinen Militärdienst im Range eines Unterscharführers ab – der Gauleiter von Wien war zum Unteroffizier geworden. Doch er hatte in Heinrich Himmler bereits 1938 einen Freund gefunden, dem auch seine brutalen Maßnahmen gegen die Wiener Juden gut gefallen hatten.

Nach dem Polenfeldzug im September 1939, den Globocnik jenseits aller Kampfhandlungen in der sicheren Etappe hinter sich gebracht hatte, rehabilitierte ihn der Reichsführer SS: Die Ernennung zum SS- und Polizeiführer in Lublin erfolgte am 1. November 1939 und ging mit der Beförderung zum Brigadeführer und Generalmajor der Polizei einher.[1]

Auf diesem neuen Posten startete Globocnik voller Elan. Er konnte endlich seinen Hass auf Polen und Juden ausleben, ohne freilich selbst Gewaltmensch zu sein. Aber so war er aufgewachsen, und so war die nationalsozialistische Politik. Es galt, Befehle auszuführen und zugleich Initiative zu zeigen: Den aus Kärnten bekannten «Volkstumskampf» im Osten bis hin zum Genozid zu radikalisieren war für ihn außerdem ein Weg, um seine Fähigkeiten zu demonstrieren, eine volle Rehabilitierung zu erreichen und weiter Karriere zu machen.

Der SS- und Polizeiführer in Lublin verließ sich dabei auf ein etabliertes Netzwerk aus «alten Kämpfern» aus Österreich, die er zu sich in den Osten holte. Sein wichtigster Mitstreiter war der 1911 in Salzburg geborene Hermann Höfle, auf den ihn während seiner Wiener Zeit Adolf Eichmann aufmerksam gemacht hatte. Nach September 1939 fand sich Höfle zunächst als Führer des Volksdeutschen Selbstschutzes in Nowy Sącz wieder, einer Stadt im Distrikt Krakau des Generalgouvernements. Damit leitete er eine paramilitärische Formation aus ethnischen Deutschen, die anderswo als «Mordbande des SS- und Polizeiführers von Lublin» galt.[2] Und «Globus» ließ Höfle nicht hängen und erwirkte im September 1940 dessen Versetzung nach Lublin. Er förderte seinen Kameraden nach Kräften, schrieb ihm positive Beurteilungen und machte ihn ein Jahr später zum Stabschef der Aktion Reinhardt. Höfle, ein ehemaliger Automechaniker und Taxifahrer,[3] war damit zu einer Schlüsselfigur bei der Ermordung der polnischen Juden geworden. Seine Aufgabe war es, die Deportationen der Juden in die Vernichtungslager zu organisieren. Er sollte sich glänzend bewähren.

Im Herbst 1941 ernannte Globocnik mit Christian Wirth einen erfahrenen und ausgewiesenen Massenmörder zum ersten Kommandanten von Bełżec. Im Sommer 1942 beförderte er ihn zum Chef aller Lager der Aktion Reinhardt («Inspektion Einsatz Reinhardt» bzw. «Inspektion der SS-Sonderkommandos beim SSPF Einsatz Reinhardt») in Lublin. Wirth erwies sich als idealer Partner von Höfle, der die Vergasung der Opfer effizient vorbereitete und durchführte. Er sorgte auch für den notwendigen Transfer der Tötungstechniken sowie des Personals von der «Euthanasie»-Aktion in den Osten, denn vor seinem Wechsel nach Polen war er Inspekteur sämtlicher Anstalten dieses Programms gewesen: In Brandenburg, Grafeneck, Hartheim und Hadamar hatte Wirth die bürokratische Abwicklung der Vergasung gewährleistet, gefälschte Totenscheine ausgestellt, die Tarnung nach außen hin geregelt, Helfer ausgewählt und die Mordvorgänge selbst überwacht.

Auf diese Karriere hatte zunächst nichts hingedeutet. Der 1885 geborene Wirth arbeitete zunächst in einer Sägerei, wurde dann Polizist und brachte es bei der württembergischen Kriminalpolizei bis 1932 zum Inspektor. Zwar war er schon 1922 der NSDAP beigetreten, aber bis Kriegsbeginn verlief seine Karriere vollkommen unspektakulär. Doch im Januar 1940 schickte ihn das Reichskriminalpolizeiamt in die «Euthanasie»-Anstalt Brandenburg, wo sich schon bald das Talent des 55-Jährigen für die Organisation eines Massenmords durch Gas erwies. Als diese Tötungen im August 1941 gestoppt wurden, war Wirth frei für eine weitere Verwendung – und Globocnik hatte Bedarf für einen solchen Experten.[4]

Ende 1941 leitete Wirth nicht nur das Vernichtungslager Bełżec, sondern koordinierte auch die «Verwertung» des Vermögens der ermordeten Juden. Er sandte die geraubten Wertgegenstände direkt an die Reichsbank und die Kanzlei des Führers in Berlin, schlicht weil man anfänglich vergessen hatte, anderes vorzusehen. Das SS-Wirtschafts- und Verwaltungshauptamt erkannte aber bald das finanzielle Potential der «Endlösung» und ernannte noch im Frühjahr mit Georg Wippern den bisherigen Leiter der SS-

Standortverwaltung Lublin zum Chef der dort neu geschaffenen Abteilung «Werterfassung». Damit erlangte Globocnik direkten Zugriff auf den geplünderten jüdischen Besitz.[5] Mit der Auswahl von Wippern, Höfle und Wirth war außerdem klar, wer die Aktion Reinhardt künftig leiten würde. Der Massenmord war nun ebenso effizient wie arbeitsteilig organisiert.

Die Koordinatoren in Lublin griffen dafür auf 121 Männer zurück, die über die Kanzlei des Führers abgeordnet und früher im Reich in den «Euthanasie»-Anstalten tätig gewesen waren. Nach dem Stopp des Mordprogramms in den Psychiatrien war man in Berlin auf der Suche nach einer neuen Beschäftigung für die Männer, mit der die gewonnenen Kompetenzen bewahrt werden konnten, um nach dem Krieg die Tötung von Kranken fortzusetzen. Die deshalb in den Osten geschickten Täter bildeten ein eingespieltes Team, das für den Betrieb der Vernichtungslager zuständig war. Niemand musste zum Mord gezwungen werden, ganz im Gegenteil arbeiteten die früheren Pfleger und Polizisten aus Überzeugung und hatten kein Interesse daran, diese Tätigkeit aufzugeben.

Das galt ganz besonders für die Kommandanten der Aktion-Reinhardt-Zentren. Franz Stangl (geboren 1908) beispielsweise war Polizist und 1940 bis 1942 in den «Euthanasie»-Anstalten von Hartheim und Bernburg als Verwaltungsleiter eingesetzt. Seine Einweisung in Polen erhielt er im Frühjahr 1942 von Wirth vor Ort in Bełżec. Er schilderte dieses Treffen viele Jahre später in einem deutschen Gefängnis:

> Der Gestank […] oh mein Gott, der Gestank. Er war überall. Wirth war nicht in seinem Büro. Ich erinnere mich, dass sie mich zu ihm brachten … er stand auf einem Hügel, neben den Gruben … die Gruben … voll … sie waren voll. Ich kann es Ihnen nicht sagen: nicht Hunderte – Tausende, Tausende von Leichen … mein Gott. Dort hat Wirth es mir gesagt – er sagte, dass es das war, wofür Sobibór bestimmt war. Und dass er mich offiziell mit der Leitung beauftrage.[6]

Nach sechs Monaten in diesem Lager wurde er von dem dann bereits in Lublin amtierenden Wirth nach Treblinka geschickt, um dort Kommandant zu werden. Stangl löste damit im September 1942 Irmfried Eberl (geboren 1910) ab, der ein guter Bekannter war: Eberl hatte als Arzt die medizinische Leitung der «Heilanstalten» Brandenburg und später Bernburg innegehabt und dort mit Stangl zusammengearbeitet. Mit der Organisation der Vernichtungsmaschinerie in Treblinka zeigte er sich indes überfordert und musste ins Reich zurückgeschickt werden – Stangl war der effizientere Täter. In Sobibór folgte ihm sein Freund und Stellvertreter aus Hartheim, Franz Reichleitner (geboren 1906), nach, ebenfalls ein Kriminalpolizist.

Reichleitner, Stangl und Eberl stammten aus Österreich und hatten in der dortigen NSDAP ähnliche Erfahrungen wie Globocnik gemacht. Damit unterschieden sie sich deutlich von Gottlieb Hering, der 1887 im württembergischen Leonberg geboren wurde. Der Polizist war in den 1920er Jahren SPD-Mitglied und für seine Gegnerschaft zum Nationalsozialismus weithin bekannt. 1933 brachte ihn dies in Schwierigkeiten, aber sein Kollege Christian Wirth setzte sich für ihn ein. Hering trat selbst in die NSDAP ein und folgte seinem Kameraden zur Aktion T4, wo er die Verwaltung der «Euthanasie» in Pirna-Sonnenstein leitete und sich als wichtiger Teil der Tötungsmaschinerie erwies. Nach einem kurzen Einsatz beim SD in Prag holte ihn Brack zurück in sein Team, und er wurde im Juli 1942 zunächst Wirths Stellvertreter in Bełżec und im August dann sein Nachfolger.

Wirth förderte den ohnehin schon engen Zusammenhalt dieser Kollegen und Freunde nach Kräften. Man traf sich regelmäßig zum Erfahrungsaustausch und geselligen Beisammensein in Lublin. Bei den Untergebenen, die über das T4-Netzwerk auf ganz ähnliche Weise miteinander verbunden waren, gab es häufig Versetzungen zwischen den Einsatzorten, und nicht wenige Männer dienten in mehr als einem Vernichtungslager. Die letzten Endes geringe Personalstärke war aber auch der Grund, weshalb die

Kommandanten keine hohen Ränge bekleideten: Beispielsweise war Franz Stangl bei seinem Dienstantritt in Sobibór lediglich Oberleutnant. Andererseits war es Viktor Brack bei dieser kleinen Gruppe, die er für die Kanzlei des Führers aufgrund von Empfehlungen sorgfältig ausgewählt hatte, möglich, die Gemeinschaft aktiv zu stärken. Er hielt den Kontakt, zahlte Lohnzuschläge, ließ sich über das Geschehen im Generalgouvernement informieren und mischte bei Stellenbesetzungen mit.[7]

Dank einer Studie von Sara Berger sind die Sozialstruktur und die Motivation dieser 121 Mann starken Kerngruppe gut erforscht. Unter denjenigen, die Brack nach Osten entsandte, dominierte die sogenannte Kriegsjugendgeneration, der über 80 Prozent von ihnen angehörten: Wie Globocnik und Höfle waren sie zwischen 1900 und 1914 geboren und hatten den Ersten Weltkrieg als Kinder erlebt, ohne selbst Soldaten zu sein. Sie entstammten dem Kleinbürgertum oder der Arbeiterschicht, und entsprechend ergriffen sie nichtakademische Berufe, was in der schwierigen wirtschaftlichen Situation der 1920er Jahre oftmals vorübergehende Arbeitslosigkeit oder Umschulung bedeutete, bis sie entweder im Pflegeberuf unterkamen oder 1939 zur Polizei verpflichtet wurden.

Die Niederlage von 1918 war maßgeblich für ihre politische Sozialisation und galt als unerträgliche Schmach. Sie erlebten die Instabilität der Weimarer Republik und den Aufstieg des Nationalsozialismus, der augenscheinlich zum Wiedererstarken Deutschlands führte. An dessen früherem Niedergang waren in ihren Augen zuvorderst die vielen inneren und äußeren Feinde des Reiches schuld – in Gestalt vor allem der Juden, die als universelle Sündenböcke herhalten mussten. Es ist kaum überraschend, dass viele dieser Männer den Weg zur NSDAP fanden und sich von deren Gedankengut angezogen fühlten; immerhin 33 der insgesamt 43 SS-Mitglieder waren außerdem «alte Kämpfer», hatten also bereits vor 1933 bzw. in Österreich vor 1938 ein Parteibuch erhalten. Entsprechend dieser ideologischen Haltung kehrten sie oft auch den christlichen Kirchen den Rücken und bezeichneten sich als «gottgläubig», was die Nationalsozialisten als neues Bekenntnis und Alternative sowohl zur Amtskirche wie zum Atheismus geschaffen hatten.[8]

Ohne Zweifel waren in Bełżec, Sobibór und Treblinka Weltanschauungstäter bei der «Arbeit», die ihre Handlungsspielräume nutzten und eigenverantwortlich Juden ermordeten. Jenseits der Leitungsfunktionen war diese homogene Gruppe allerdings für einen Genozid an fast zwei Millionen Menschen zu klein. Aber Globocnik hatte auch hier vorgesorgt. Als Beauftragter für die SS-Stützpunkte in der besetzten Sowjetunion rekrutierten seine Untergebenen seit Spätsommer 1941 unter den gefangenen Rotarmisten sogenannte fremdvölkische Hilfswillige, um ebenjene Außenposten später einmal bemannen zu können. Sie suchten sich mit Vorliebe Ukrainer und deutschstämmige Russen heraus, weil diese als potentiell wenig sowjetaffin galten. Bis Kriegsende konnten auf diese Weise fast 5000 Männer für die SS gewonnen werden, wobei deren «freiwillige Meldung» angesichts der katastrophalen Bedingungen in den Kriegsgefangenenlagern – über 3,3 Millionen Rotarmisten starben in deutschem Gewahrsam – oft eine Frage des Überlebens war. Etwa die Hälfte dieser in Anlehnung an die afrikanischen Kolonialtruppen des Kaiserreichs häufig als «Askaris» bezeichneten Menschen stammte aus der Ukraine, weitere 15 Prozent galten als Volksdeutsche, die anderen verteilten sich auf die weiteren Ethnien der Sowjetunion. Meist waren es junge Männer um die 20 Jahre, aus ländlichen Gegenden, die nur eine Grundschulbildung hatten.[9]

Globocnik setzte sie für allerlei Aufgaben im ganzen Generalgouvernement ein. Sie waren für Objektschutz verantwortlich, halfen bei der Ernte oder auf dem Bau. Vor allem aber stellten sie Kräfte für die Deportation der Juden in die Vernichtungslager und leisteten dort ihren Dienst als Wachleute. Auf 15 bis 20 Deutsche kamen dann 100 bis 120 Angehörige der offiziell «Wachmannschaften des SS- und Polizeiführers Lublin» genannten Truppe. Dabei waren die Hierarchien ganz klar: Über den Rang eines Unteroffiziers kamen sie nicht hinaus – und selbst der blieb meist den Volksdeutschen unter ihnen vorbehalten. Sie gehörten streng genommen nicht einmal der SS an, was sie in den Augen der Deutschen zusätzlich herabsetzte und etwa im Todesfall finanzielle Nachteile für ihre Angehörigen nach sich zog.

Und weil ihnen die Deutschen nicht über den Weg trauten, hatten sie separate Unterkünfte und waren einem scharfen disziplinarischen Regiment unterworfen. Das zeigte sich nicht zuletzt bei ihrer Ausbildung im Lager Trawniki, etwa 40 Kilometer südöstlich von Lublin gelegen. Dort waren konstant mehr als tausend Mann stationiert, die mit hartem Drill und brutalen Strafen in einem Schnellkurs von zwei bis sechs Monaten als Hilfstäter des Holocaust geschult wurden: Zu den Lehrgangsinhalten gehörten der Einsatz gegen Juden und das Training von Razzien, Deportationen und Bewachung, natürlich mit der Schusswaffe. Um die gegebenen Befehle verstehen zu können, wurden ihnen außerdem rudimentäre Deutschkenntnisse vermittelt. So prägend war die Zeit in diesem Lager, dass die Männer der Wachmannschaften fast nur unter dem Namen «Trawnikis» bekannt wurden.[10]

Freilich ließ sich auch mit diesem Personaltableau der Genozid noch nicht durchführen. Unter den deutschen Tätern fanden sich deshalb nicht nur die Männer der «Euthanasie», sondern zusätzlich über 300 Untergebene Hermann Höfles. Dessen Referat in Lublin war die Koordinationsstelle für den Massenmord im Generalgouvernement und lässt sich mit Adolf Eichmanns Referat IV b 4 im Berliner Reichssicherheitshauptamt vergleichen, das die Deportationen der europäischen Juden hauptsächlich nach Auschwitz leitete. Tatsächlich kam es mehr als nur einmal zum Erfahrungsaustausch zwischen den beiden SS-Offizieren.

Höfle konnte auf einige berüchtigte Verbrecher mit einer langen Karriere in der SS zurückgreifen, darunter beispielsweise der Wiener Amon Göth (geboren 1908), der ab Sommer 1942 die «Aussiedlungen» von Juden in die Vernichtungslager leitete. Seit Februar 1943 war er Kommandant des Zwangsarbeiterlagers Krakau-Płaszów; seine Grausamkeit hat Steven Spielberg in dem Film «Schindlers Liste» treffend in Szene gesetzt. Richard Thomalla (geboren 1903) diente schon seit Sommer 1940 unter Globocnik und war dessen oberster Baumeister. Neben mehreren SS-Außenposten in der besetzten Sowjetunion beaufsichtigte er seit Herbst 1941 die Errichtung zuerst von Bełżec – gemeinsam mit dem T4-Mann Josef Oberhauser –, dann von Sobibór und später von Treblinka, und amtierte während dieser Phasen auch als deren erster Kommandant.

Ein weiterer Mordexperte war der 1906 geborene Georg Michalsen, der vor seiner Zeit in Lublin schon an den Massenerschießungen sowjetischer Juden teilgenommen hatte und von dort einige Erfahrungen ins Generalgouvernement übertrug. Er pochte auf eine strikte Bewachung bei den Deportationen, weil er in Riga erlebt hatte, dass manche Opfer fliehen konnten. Michalsen steht für die spezielle Kompetenz von Höfles Referat: Seine Leute forderten bei der Reichsbahn Züge an, ordneten Trawniki-Männer zu den jeweiligen Ghettos ab und koordinierten mit den lokalen deutschen Kräften den Einsatz vor Ort. Zugleich waren sie selbst anwesend, beaufsichtigten und kommandierten die Verladung der Juden und veranlassten die sofortige Erschießung derjenigen, die nicht mehr in die Züge passten oder transportunfähig waren.

Diese hocheffiziente Tötungsmaschinerie befand sich stets in direkter Abstimmung mit Odilo Globocnik, zumal dessen 1914 geborener Büroleiter Ernst Lerch eng mit Höfle zusammenarbeitete und zudem für die Koordination der Aktion Reinhardt mit dem Reichssicherheitshaupthaupt sorgte. Lerch stammte aus Klagenfurt und war dort bereits lange vor 1938 in NSDAP und SS tätig gewesen, was ihm zusätzliches Ansehen bei seinem Chef einbrachte und ihn schnell die Karriereleiter erklimmen ließ. Bei der Gesamtplanung der «Endlösung» im Generalgouvernement war er eine der Schlüsselfiguren.[11]

Globocniks SS-Männer waren von Höfle auf unbedingte Geheimhaltung verpflichtet worden. Sie mussten unterschreiben, dass sie

> unter keinen Umständen an Personen, die außerhalb des Kreises der Mitarbeiter im «Einsatz Reinhardt» stehen, irgendwelche Mitteilungen über den Verlauf, die Abwicklung oder die Vorkommnisse bei der Judenumsiedlung mündlich oder schriftlich zukommen lassen.[12]

Aber die strenge Geheimhaltung ließ sich schon deshalb schwerlich gewährleisten, weil an den Deportationen alleine im Distrikt Lublin weitere 2000 deutsche Polizisten teilnahmen. Inklusive der polnischen Polizei, die oftmals ebenfalls mithelfen musste, standen Globocnik so bereits in seinem Distrikt etwa 8000 Mann zur Verfügung. Dazu kamen 27 000 weitere im ganzen Generalgouvernement, auf die er zumindest im Rahmen der Aktion Reinhardt zurückgreifen konnte.[13]

Wesentlich wichtiger als die Verschleierung des Genozids war 1942 dessen reibungsloser Ablauf, der nicht zuletzt durch die enge personelle Vernetzung in der SS gewährleistet wurde. Hierfür standen Männer wie Kurt Claasen (geboren 1908), der vor seinem Transfer nach Lublin als Selbstschutzführer im Distrikt Radom eingesetzt gewesen war. Seine exzellenten Kontakte zu den daraus hervorgegangenen Einheiten ließen sich später trefflich nutzen: Er besprach sich mit ihm persönlich bekannten SS-Offizieren, deren Motivation und antisemitische Grundhaltung derjenigen von Höfles Untergebenen kaum nachstand.

Die kollegiale Einbindung dieser Vorgesetzten war deshalb so wichtig, weil es sich bei den einfachen Soldaten und Polizisten oft nicht um eingefleischte Nationalsozialisten handelte. Christopher Browning hat das in einer berühmten Studie untersucht und gezeigt, wie «ganz normale Männer» dennoch zu Tätern wurden, wenn sie sich an alltägliche Gewalt gewöhnten und entsprechender Gruppenzwang herrschte. Er analysiert diese Mechanismen anhand des Reserve-Polizeibataillons 101, das 1942 im Distrikt Lublin an zahlreichen Deportationen teilnahm und dabei Tausende von Juden erschoss.

Die rund 500 Mann starke Einheit setzte sich neben einem Leitungskorps aus Offizieren und Unteroffizieren, die bereits vor dem Krieg Polizisten gewesen waren und teils lange Jahre NSDAP und SS angehörten, vorwiegend aus Reservisten zusammen. Diese stammten in der großen Mehrzahl aus Hamburg und Umgebung, waren Arbeiter im Durchschnittsalter von 39 Jahren und fast alle Familienväter. Für den Dienst in der Wehrmacht waren sie schon zu alt, aber für den Krieg wurden sie trotzdem gebraucht. Ihre Aufgabe bestand darin, im besetzten Polen die neue deutsche Ordnung aufrechtzuerhalten – und das hieß 1942 auch, «Aussiedlungen» durchzuführen. Für diesen Weltanschauungskrieg schienen die Männer jedoch kaum besonders geeignet, denn anders als bei Globocniks Führungszirkel war ihre politische Sozialisation nicht in der NSDAP erfolgt; einige von ihnen waren der Partei zwar beigetreten, aber fast immer nach 1933. Darüber hinaus ist zu vermuten, dass diese Angehörigen der Unter- und Mittelschicht eher SPD- oder KPD-Mitglieder gewesen waren, denn sie stammten aus Kreisen, die sich durch eine antinationalsozialistische Kultur auszeichneten.[14]

Wenig deutete also darauf hin, dass diese Polizeireservisten als Massenmörder «funktionieren» würden. Aber genau das taten sie. Einerseits wegen sozialer Gruppendynamiken, andererseits wegen eines von der nationalsozialistischen Ideologie bestimmten Gewaltklimas. Der politischen Indoktrination kam dabei eine tragende Rolle zu. Sie sorgte dafür, dass Stereotype über Juden mit den eigenen Beobachtungen vor Ort in Übereinklang gebracht wurden, damit sich später Schlüsse daraus ziehen ließen, die die Auslöschung der Juden als sinnvoll und sogar notwendig erscheinen ließen. Die kontinuierlich stattfindende weltanschauliche Schulung der SS, die auch sämtliche Polizeieinheiten betraf, legte deshalb großen Wert auf praxisnahe Inhalte; theoretisierende Ausführungen waren verpönt, stattdessen galt es, das individuelle Erleben im Sinne des Regimes zu deuten.

Die Instruktoren, meist Vorgesetzte und nur selten externe Vortragende, stellten die konstante antisemitische Gewalt als gewissermaßen natürliche Reaktion auf angebliche jüdische Welteroberungs- und Vernichtungsphantasien dar: Sie sprachen über vorgebliche Ritualmorde, über «Rassenschande», über «Blutopfer» zum Pessach-Fest und über ein «Ausrottungsgebot Jahwes», das auf alle Nichtjuden anzuwenden sei. Der «Vernichtungskampf des jüdischen Untermenschentums gegen die arischen Völker» müsse daher mit allen zur Verfügung stehenden Mitteln erwidert werden. Es gelte, dem rassischen Feind zuvorzukommen und ihn zuerst zu «erledigen», wobei weniger konkrete Handlungsanleitungen als vielmehr die richtige «Einstellung» angesichts des eigenen Massenmords gelehrt wurde. Die Schulung diente so nicht nur der Legitimation, sondern auch der Entlastung des eigenen Gewissens, weil man quasi zum Töten gezwungen sei. Die betont nüchterne Darbietung der Inhalte beraubte die «Endlösung» ihrer Opfer, die nicht mehr menschlich erscheinen sollten, sondern nur noch als anonyme Masse rassischer Gegner. Sie umzubringen widersprach deshalb nicht der eigenen Moral vom zivilisierten Herrenmenschen.[15]

Die Indoktrination bei der SS stand in einer langen Reihe nationalsozialistischer Propaganda, die von der Hitlerjugend über den Arbeitsdienst bis hin zu Presse und Kino reichte. Genau auf die Zielgruppe der Täter des Holocaust zugeschnitten, machte sie Deutungsangebote, die beträchtliche Wirkung entfalteten. Doch auch jenseits dieser Gruppen stellte der Holocaust einen grundsätzlichen Konsens aller deutschen Besatzungsfunktionäre in Osteuropa dar. Und er wurde längst nicht nur vom SS-Apparat durchgeführt, wie das Beispiel der aktiv an der Aktion Reinhardt beteiligten Zivilverwaltung zeigt. Grundsätzlich war für deren Einbindung erneut Hermann Höfles Abteilung zuständig. Das war insofern notwendig, als Hans Franks Administration immerhin bis Juni 1942 im Generalgouvernement – mit Ausnahme des Distrikts Lublin – federführend die antijüdische Politik verantwortete.

Überzeugungsarbeit für den Genozid musste die SS allerdings nicht leisten. Die Distrikte und Kreise waren begierig darauf, mit dem Einsatzstab Reinhardt zu kooperieren, um so die Juden loszuwerden. Der Gouverneur des Distrikts Lublin hatte beispielsweise seine nachgeordneten Behörden bereits im April 1942 angewiesen, Globocniks Leuten bei den Deportationen jede erdenkliche Hilfe zukommen zu lassen – wobei sehr genau bekannt war, dass dies die Unterstützung des Genozids bedeutete. Doch dort wie anderswo zeigte die Verwaltung Interesse und Initiative: Sie machte Vorschläge und äußerte Wünsche, die Höfle nach Möglichkeit umsetzte, etwa wenn der Kreishauptmann von Siedlce, Friedrich Seemann, zusätzlich die «Zigeuner» seines Kreises nach Treblinka deportieren lassen wollte.[16]

4. Form follows function. Der Bau von Bełżec, Sobibór und Treblinka

Bevor die Deutschen die ersten Juden deportieren konnten, mussten sie Vernichtungslager errichten. Globocnik entschied sich als ersten Standort für Bełżec, wo es zwischen Mai und Oktober 1940 ein Zentrum jüdischer Zwangsarbeit gegeben hatte. In einem Komplex aus acht Lagern – davon vier in unmittelbarer Umgebung von Bełżec – mussten Häftlinge Flussbegradigungen durchführen und Sümpfe trockenlegen, was schon damals zu einer hohen Todesrate geführt hatte. Unter den rund 10 000 Insassen waren auch 1000 «Zigeuner» aus Hamburg.[1] Das für das Vernichtungslager ausgewählte Gelände zeichnete sich durch eine bereits vorhandene Bahnrampe und vor allem durch einen guten Anschluss an Verkehrswege aus, lag es doch direkt an der viel befahrenen Zugstrecke und der Verbindungsstraße von Lemberg nach Lublin und weiter nach Warschau.

Von Abgeschiedenheit konnte daher keine Rede sein, selbst wenn heutzutage die Grenze zwischen Polen und der Ukraine – und damit die Außengrenze der Europäischen Union – nur zehn Kilometer entfernt ist. Die Geheimhaltung war in den Überlegungen zunächst nicht so wichtig, zumal es keine Erfahrungen gab, auf die man zurückgreifen konnte. Die aus dem Reich bekannten Konzentrationslager schieden als Muster aus, denn dort mussten Tausende von Häftlingen eingesperrt und überwacht werden, zugleich waren Hunderte von SS-Männern unterzubringen. All diese Anforderungen trafen auf ein Vernichtungslager nicht zu. Die Planungen blieben dementsprechend vage. Es wurde nicht einmal ein Budget festgelegt, weil es sich um eine ganz einfache und vorübergehende Anlage handeln sollte. Globocnik war außerdem sehr auf seine alleinige Verfügungsgewalt bedacht und verzichtete daher auf die Hilfe der Zentralen Bauinspektion der SS.[2]

Richard Thomalla und Josef Oberhauser ließen am 1. November 1941 mit dem Bau beginnen, der von polnischen Arbeitern aus dem knapp einen Kilometer entfernten Ort ausgeführt wurde. Die notwendigen Materialien beschlagnahmte die SS kurzerhand, drei Fertigbaracken lieferte man an. Schon am 18. November trafen erste ukrainische Hilfskräfte aus dem Lager Trawniki ein und unterstützten die Polen. In den nächsten zwei Monaten entstanden so Gaskammern, Auskleidebaracken und erste Gruben, in die später die Leichen geworfen wurden. Mit Christian Wirths Ankunft am 22. Dezember begann die letzte Phase der Errichtung von Bełżec. Der zukünftige Kommandant brachte einige erfahrene T4-Männer mit, und außerdem über 150 jüdische Häftlinge, die bis Februar die Bauarbeiten abschlossen. Unter anderem mussten sie in den zunächst aus Holz gefertigten Gaskammern glasierte Fliesen und einige Duschköpfe anbringen, die die Deutschen besorgt hatten, um das Gebäude als Bad zu tarnen. Als eine Art Testlauf ließ Wirth diese Juden Ende Februar vergasen.[3] Ende Juni 1942 wurden diese hölzernen Gaskammern durch größere aus Ziegeln ersetzt. Die rund 20 SS-Männer quartierten sich in beschlagnahmten gemauerten Bahnhofsgebäuden ein – und damit außerhalb des Lagers selbst. Die über 100 Trawnikis hingegen schliefen in Baracken auf dem Gelände, wenn auch von den jüdischen Arbeitskräften durch einen Stacheldrahtzaun abgetrennt. Dennoch spiegeln die verschiedenartigen Unterkünfte für Deutsche und ihre Hilfskräfte sinnfällig das zwischen ihnen herrschende Hierarchiegefälle wider.

Die Erfahrungen der «Euthanasie»-Morde bestimmten ganz wesentlich die Anlage: Wichtig war eine breite Bahnrampe, damit die Opfer schnell aus den Waggons aussteigen konnten; um sich später Ärger mit den Leichen zu ersparen, gab es gesonderte Gebäude, in denen die Juden sich entkleiden mussten; und nicht zuletzt wurde ein von Stacheldraht umgrenzter Weg in die Gaskammern angelegt, um Fluchtmöglichkeiten auszuschließen und Chaos auf dem Gelände zu vermeiden. Durch diesen sogenannten Schlauch, zwei Meter breit und mit drei Meter hohem Stacheldraht eingezäunt, trieben Wärter die Opfer in den Tod.

Direkt nach der Fertigstellung von Bełżec errichteten die Deutschen in Sobibór das nächste Vernichtungszentrum. Fünf Kilometer südlich der Kleinstadt Włodawa am Bug gelegen, kam hier die Geheimhaltung deutlich mehr zum Tragen – das Lager, direkt an der heutigen polnischen Grenze zu Weißrussland, war nicht mehr in Sichtweite der nächsten Siedlung und in einem Waldgebiet verborgen. Globocniks Männer hatten diese Gegebenheiten extra vorab mit einem Flugzeug aus der Luft erkundet und integrierten in das Gelände auch bereits existierende Gebäude, wie etwa eine Försterei und eine Kapelle. So schufen sie provisorische Unterkünfte und vertrieben gleichzeitig etwaige Nachbarn. Und obwohl ein Bahnanschluss vorhanden war, handelte es sich um die relativ unbedeutende eingleisige Nebenstrecke von Chełm nach Włodawa.

Richard Thomalla, der erneut die Aufsicht übernahm, griff diesmal auf die Zentralbauleitung der SS in Lublin zurück – und wieder auf polnische Kräfte und jüdische Zwangsarbeiter, die er in Włodawa rekrutierte. Nach der Ankunft von Trawnikis und dem Abschluss des ersten Projektabschnitts wurden sie erschossen. Franz Stangl koordinierte im April die weitere Ausgestaltung des Lagers, für die ihm Juden aus Lublin zur Verfügung standen – wo Thomalla die grundlegenden Strukturen geschaffen hatte, konnte Stangl nun für die Optimierung des Vernichtungslagers sorgen. Dabei zeigten sich die Erfahrungen von Globocniks Männern, die sie bei den Morden in Bełżec gemacht hatten: Sie verwendeten nun standardisierte Mannschafts- und Pferdebaracken, wie alle deutschen Einheiten sie benutzten. Außerdem wuchs das Lager gegenüber dem ersten Vernichtungszentrum zunächst um den Faktor vier: von etwa sechs Hektar auf rund 24, die Außenmaße betrugen 400 mal 600 Meter. Bełżec war nur etwa halb so groß wie der Berliner Reichstag, erst die Dimensionen von Sobibór erlaubten es, das Wachpersonal auf dem Gelände unterzubringen.

Das Lager am Bug hatte drei jeweils voneinander abgetrennte Teile: einen mit den Gaskammern, einen für die «Arbeitsjuden», die die Habseligkeiten der Ermordeten für die SS sortieren und verpacken mussten, und einen, in dem die Deutschen und ihre «Hiwis» lebten. Sobibór war so groß geraten, dass der Fußmarsch der Todgeweihten von der Entladerampe zu den Gaskammern zehn bis 15 Minuten dauerte. Sie liefen auf einer Lichtung los, betraten die sogenannte Himmelfahrtsstraße, die nach mehreren Hundert Metern einen 90-Grad-Knick machte und in ein Wäldchen führte; erst dort sahen sie ihr Ziel, das einzige gemauerte Gebäude des Lagers, die «Duschräume». Dafür hatten sich Stangls Untergebene einige Mühe gemacht und beispielsweise einen Motor in Lemberg sowie Fliesen und Stahltüren für Luftschutzbunker in Warschau beschafft. Letztere erwiesen sich bald als zu klein, um die Leichen schnell abtransportieren zu können; man nahm sie heraus, ließ fast die gesamte Rückwand aufbrechen und ersetzte sie durch Holztüren.[4]

Der Lernprozess, der in Bełżec begonnen hatte, sich in Sobibór fortsetzte und schließlich in Treblinka seinen Abschluss fand, hatte bereits zu einigen Veränderungen im Vergleich zum ersten Vernichtungslager geführt. So gab es in Sobibór beispielsweise keine Baracke zum Ausziehen mehr, die Opfer mussten sich im Freien entkleiden. Dafür existierten nun Räume, in denen ihre Sachen eingelagert werden konnten. Andere Einrichtungen hatten sich bewährt, wie etwa eine Kleinbahn, um die Ermordeten schneller von den Gaskammern zu den Massengräbern wegschaffen zu können. Diese Idee sollte auch in Treblinka zum Einsatz kommen, diesmal aber nicht mit einer kleinen Lok, sondern lediglich in Form von Loren, die von Häftlingen geschoben wurden.

Nach einem deutlich zu kleinen und einem etwas zu großen

Vernichtungszentrum erreichte Treblinka im Distrikt Warschau die in den Augen der SS optimale Größe von 19 Hektar. Auch sonst konnten sämtliche bisherigen Erfahrungen berücksichtigt werden: Es lag erneut weitab vielbefahrener Verkehrswege, war aber dennoch gut per Zug zu erreichen. Rund 75 Kilometer nordöstlich von Warschau im gleichnamigen Distrikt gelegen, sollte Treblinka zuvorderst der Ermordung der über 400 000 Warschauer Juden dienen. Gebaut an einer Abzweigung der wichtigen Hauptstrecke von der polnischen Hauptstadt nach Białystok und weiter in Richtung Minsk, waren Deportationszüge aus diesen Gegenden Polens nicht lange unterwegs – die Fahrt aus der Hauptstadt dauerte nur wenige Stunden und war damit ungleich kürzer als nach Bełżec oder Sobibór.

Treblinka selbst war ein Dorf mit lediglich 200 Einwohnern, und selbst von dort war das Lager noch eineinhalb Kilometer entfernt und zudem in einem Wald gelegen. Es gab deshalb keine Gebäude, die in die Planung hätten einbezogen werden können. Die Tarnung wurde noch dadurch verstärkt, dass dort seit Juli 1941 bereits ein vom Distrikt Warschau betriebenes Zwangsarbeitslager bestand, das insgesamt rund 20 000 meist polnische Insassen durchliefen. Im Mai 1942 begann die Errichtung von «Treblinka II», wie das Vernichtungslager auch genannt wurde – vermutlich auf Grundlage eines direkten Befehls Himmlers an den SS- und Polizeiführer von Warschau, Arpad Wigand. Wigand ließ daraufhin Materialien und Baracken-Fertigbausätze anliefern. Für die Errichtung konnte er die deutschen Firmen Schönbrunn sowie Schmid & Münstermann gewinnen, die wiederum auf jüdische Zwangsarbeiter der umliegenden Ghettos sowie aus Treblinka I zurückgriffen, jedoch nicht auf Handwerker aus den Dörfern der Gegend. Die Ausführung vor Ort oblag einmal mehr Richard Thomalla, den der «Euthanasie»-Arzt und spätere Lagerkommandant Irmfried Eberl unterstützte. Zudem ließen sie erfahrene Kräfte aus Bełżec und Sobibór abordnen, sogar Christian Wirth schaute als Berater vorbei.

Wie in Sobibór entstanden viele Gebäude aus Materialien, die in den Orten der Umgebung requiriert wurden. Im Zentrum der Anlage standen erneut die als Ziegelbau ausgeführten Gaskammern, auf die die SS-Männer viel Mühe verwandten: Unter anderem wählten sie einen Terrakottaboden und rote Ziegel, um die Reinigung zu erleichtern und Blutspritzer nicht sofort als solche sichtbar werden zu lassen. Dazu kamen Brauseköpfe an der Decke zur weiteren Täuschung der Opfer. Außerdem mussten die Arbeiter, erneut unter Aufsicht und Mithilfe von zahlreichen Trawnikis, eine Stromleitung und eine Abzweigung von dem Bahngleis errichten, das bislang zur vom Arbeitslager genutzten Kiesgrube führte. An der ebenfalls neu gebauten Rampe konnten 20 Waggons gleichzeitig entladen werden. Darüber hinaus hob ein Bagger circa 30 Meter lange Gruben aus, in denen später die Leichen der Vergasten begraben wurden. Für die Bauhäftlinge bedeutete der Einsatz schwerer Maschinen allerdings keine Entlastung; die SS-Männer trieben sie erbarmungslos an und ermordeten jeden Tag mehrere von ihnen. Die wenigen Überlebenden aus dieser ersten Periode bildeten dann den Grundstock der Arbeiter im Lager und firmierten als «Hofjuden», die die später eintreffenden Häftlinge einführen mussten.[5]

In seiner Struktur ähnelte Treblinka eher Sobibór als Bełżec, weil es drei Lagerteile gab und die Wachmannschaften in einem abgegrenzten Bereich innerhalb des eigentlichen Geländes untergebracht waren. Dazu kamen das «Todeslager» um die Gaskammern herum und ein «Wohnlager» für die Häftlinge, die die Hinterlassenschaften der Ermordeten sortierten:

> Der Zugang zu den Gaskammern beginnt bei den Baracken gegenüber vom Bahnsteig. Er wird Schlauch genannt. Er ist von Sträuchern gesäumt und sieht aus wie die Allee in einem öffentlichen Park. Diesen Weg, der mit weißem Sand ausgeschüttet ist, müssen alle nackt entlanglaufen. Niemand kommt von da zurück. [...] Eine besondere Kolonne, die «Schlauchkolonne», kommt nach jedem

> Transport, um sauber zu machen und frischen Sand auszustreuen, damit die neuen Opfer nichts merken.[6]

Ähnlich wie in dieser Aussage Chil Rajchmans beschreibt auch der tschechische Jude Richard Glazar Treblinka als eine trügerische Idylle:

> Über dem Haupttor hängt eine aus Holz geschnitzte Erdkugel mit einer Windrose. Zwei SS-Runen durchschneiden sie. [...] Und wie sieht es erst um die Hauptresidenz herum aus! Das Grau der gepflasterten Wege um die Kommandantur ist vom matten Weiß der gekalkten Bordsteine begrenzt. Das leuchtende Gelb der mit Sand bestreuten Nebenwege und Pfade ist von Beeten aus bunten Steinen umgeben – ein Kaleidoskop. An jeder Ecke befinden sich Wegweiser und darunter Schnitzereien. Unter der Inschrift «Zum Ghetto» [die das «Wohnlager» bezeichnet] sieht man eine gekrümmte Judengestalt mit einem Bündel auf dem Rücken. Beim Hauptweg sind es die Gestalten zweier SS-Männer, und die Inschrift gibt bekannt, dass der Boulevard von Treblinka nach dem ältesten Mitglied des hiesigen SS-Sonderkommandos benannt wurde: «Karl-Seidel-Straße».[7]

Rajchman und Glazar teilen eine weitere Einschätzung:

> Treblinka ist fachmännisch angelegt. Auf den ersten Blick könnte man glauben, es handelt sich um einen gewöhnlichen Bahnhof.[8]

Und im Grunde waren alle drei Lager der Aktion Reinhardt ursprünglich ja nichts anderes: ein Bahnhof mit angeschlossenen Gaskammern – oder eher umgekehrt, Gaskammern mit Gleisanschluss. Erst im Laufe ihres Betriebs bauten die Deutschen die Mordzentren nach und nach um, einerseits um sie für die SS-Männer wohnlicher zu machen, andererseits um eine noch effizientere Tötung sowie eine Verwertung von Raubgut zu er-

Chil Rajchman (1914–2004), Treblinka-Überlebender.

möglichen. In Sobibór kam 1943 eine große Erweiterung dazu, wo Häftlinge von der Roten Armee erbeutete Munition für Wehrmacht und Waffen-SS bearbeiteten – eine hochgefährliche Tätigkeit, für die die Fläche des Lagers von 24 auf 60 Hektar wuchs.

Verglichen mit Auschwitz-Birkenau, dem größten Vernichtungslager, war Sobibór aber immer noch sehr klein: In Ostoberschlesien nahm die SS eine Fläche von 171 Hektar in Beschlag, und selbst das war nur ein Teil der weitverzweigten Anlage mit zahlreichen Außen- und Nebenlagern. In Buchenwald wiederum maß alleine der Appellplatz 1,5 Hektar und war damit annähernd so groß wie zwei Fußballfelder. Das lag einfach daran, dass dort wie anderswo zahlreiche Häftlinge ausgebeutet wurden, während es in Globocniks Anlagen – mit Ausnahme des «Lagers IV» in Sobibór – ausschließlich um Vernichtung ging. Die Funktionsmerkmale von KZs fehlten deshalb, Thomalla formte weniger den Raum, als dass er vorhandene Gegebenheiten wie Wald oder existierende Gebäude in die Grundrisse mit einbezog.

Die in Deutschland bestehenden KZ-Gedenkstätten sowie natürlich der gigantische Komplex Auschwitz in Polen dominieren die Vorstellungen der Menschen heute, die dann auf die Lager der Aktion Reinhardt übertragen werden. Das gilt beispielsweise für Krematorien, die im heutigen Geschichtsbild ein zentrales Element nationalsozialistischer Vernichtungslager sind, obwohl die drei Mordzentren im Osten ohne sie auskamen: Die Leichen wur-

keine Krematorien

den zunächst in Gruben verscharrt und erst in einer späteren Phase – halb verwest – ausgegraben und unter freiem Himmel verbrannt. Bełżec, Sobibór und Treblinka waren zu einem einzigen Zweck und nur für eine begrenzte Dauer angelegt; die einzigen gemauerten Gebäude blieben die Gaskammern. Trotzdem war der Bereich, in dem die Vernichtung stattfand, der kleinste Teil der Lager.

Bei der allgemeinen Fokussierung auf die Vergasung geraten außerdem die Exekutionsstätten, die in allen drei Mordanstalten vorhanden waren, aus dem Blick. Sie stellten allerdings einen wesentlichen Teil der Lager dar, denn längst nicht allen Juden, die dort eintrafen, war es möglich, selbst den Weg zur Gaskammer zu beschreiten. Die SS-Männer sortierten deshalb Tausende gleich an den Rampen aus. In Bełżec wurden diese Opfer dann auf Bahren von Häftlingen zu einer Grube am Rande des Vernichtungsbereichs geschleppt, wo die Deutschen sie erschossen. In Sobibór war das Massengrab ähnlich lokalisiert, den Transport übernahmen Fuhrwerke. Hinter der von der SS als Warteraum umfunktionierten Kapelle kam es zur Exekution, nachdem die Täter den Opfern erzählt hatten, sie kämen in ein Lazarett. Diesen Sprachgebrauch übernahm man auch in Treblinka, wo die Erschießung an einem Unterstand stattfand. Die Häftlinge konnten das Geschehen beobachten, lediglich für die todgeweihten Neuankömmlinge an der Rampe war es, genau wie in Sobibór und Bełżec, nicht sichtbar.[9]

Annika Wienert hat in einer wichtigen Studie diese und andere Verzerrungen von Wirklichkeit und Wahrnehmung aufzeigen können. Besonders sprechend ist das Beispiel Stacheldraht, der heute als eines der universellen Symbole für die deutschen Haftstätten steht. In Bełżec, Sobibór und Treblinka diente er jedoch nur in zweiter Linie der Einsperrung: An den Außengrenzen der Lager mussten ihn die Trawnikis beim Bau in zwei Reihen spannen, wobei die innere davon mit Tannenzweigen als Sichtschutz und Tarnung durchwirkt war. Für den Überlebenden Richard

Glazar war das ein zentrales Merkmal Treblinkas, weshalb er seine Erinnerungen «Die Falle mit dem grünen Zaun» betitelte.[10] Demgegenüber diente der äußere Stacheldraht ausschließlich der Sicherung gegen die Umgebung. Die SS hatte so viel Angst vor Partisanen und Befreiungsaktionen, dass sie sogar Panzersperren anlegen ließ. Und genauso hatten die Wachtürme eine Funktion nach innen und nach außen.

Die Architektur der Vernichtungslager erfüllte jedoch nur sehr begrenzt die beabsichtigte Täuschung von Opfern und Außenwelt – dazu war der Massenmord dann doch zu offensichtlich und bekannt. Funktionalität sowie die erwünschte Normalisierung des Täteralltags, der «gewöhnliche» Arbeitsbedingungen vorspiegeln sollte, bestimmten ihren Aufbau in viel höherem Maße. In Treblinka hatte die SS beispielsweise von jüdischen Handwerkern ein eigenes Bahnhofsgebäude errichten lassen – oder besser: die Fassade eines deutschen Bahnhofs. Eine Irreführung der eintreffenden Opfer gelang damit kaum, aber auf die Täter in der Fremde wirkte es anheimelnd. Mit derselben Absicht schufen sie sich sogar einen kleinen Zoo, in dem sie im Wald gefangene Füchse hielten, oder gaben in Sobibór ihren Unterkünften Namen wie «Gottes Heimat» – für die Villa des Kommandanten –, «Fröhliche Herberge» und «Zum lustigen Floh».[11]

Es ist heutzutage schwer, das Aussehen der Tötungsstätten exakt zu rekonstruieren. Baupläne fehlen, es hat sie vermutlich auch nie gegeben, einfach weil ständig improvisiert und konstant verändert wurde. Die Planierung der Gelände und ihre Umgestaltung zu Bauernhöfen durch die Täter nach dem Abschluss des Massenmords verschärften das Problem. Wenn Angeklagte nach 1945 ihren «Arbeitsplatz» skizzieren sollten, verfälschten sie ihn oder waren von echten Erinnerungsschwierigkeiten geplagt. Umgekehrt hatten die als Zeugen auftretenden Überlebenden oft nur den Teil des Lagers gesehen, in dem sie arbeiten mussten, wohingegen ihnen Kenntnisse über die SS- und Trawniki-Bereiche weitgehend fehlten. Alleine für Sobibór gibt es deshalb über 20 verschiedene

Karten, die natürlich alle die großen Linien zeigen, aber in Details durchaus abweichen – deshalb wurde der exakte Ort, an dem die Gaskammern standen, erst dank archäologischer Ausgrabungen im Sommer 2014 identifiziert.[12]

5. «Aktionen». Die Auflösung der Ghettos in Polen und die Deportationen in die Vernichtungslager

> Sie bringen uns nach Chełmno und vergasen uns. Dort liegen schon 25tausend Juden. Das Gemetzel geht weiter. Habt Ihr denn kein Erbarmen mit uns? Natan, das Kind, Mutter und ich haben uns gerettet, sonst niemand. Ich weiß nicht, was mit uns weiter sein wird, ich habe keine Lebenskraft mehr.[1]

Diese Nachricht aus der im Warthegau gelegenen Stadt Kutno erreichte das Warschauer Ghetto Ende Januar 1942. Im Westen Polens hatte zu dieser Zeit der Massenmord schon begonnen, während die Juden im Generalgouvernement noch nichts von der bevorstehenden Aktion Reinhardt ahnten. Das Schicksal der Verwandten und Bekannten, so erschütternd es auch war, schien weit entfernt.

Doch nicht einmal zwei Monate später, Mitte März 1942, war Bełżec einsatzbereit. Hermann Höfle wollte dort bis zu 5000 Menschen täglich ermorden. Zwar waren es in den ersten vier Wochen «nur» etwa 2500 Juden, die jeden Tag in Zügen in das Lager deportiert und dann vergast wurden, aber der Genozid hatte dennoch eingesetzt. Zunächst traf es das Ghetto in Lublin. An Globocniks Dienstsitz testeten seine Männer seit dem 16. März, wie «jüdische Wohnbezirke» am effizientesten aufzulösen waren. In dieser ersten Phase der Aktion Reinhardt bis Mitte 1942 spielte die Zivilverwaltung eine wichtige Rolle.

Zum Beispiel bereitete Kreishauptmann Otto Busse im Mai 1942 in Hrubieszów ein Verzeichnis derjenigen Juden vor, die er gerne deportieren lassen wollte. Und mehr noch: Als ihm der Einsatzstab Reinhardt dafür grünes Licht signalisierte, bestellte Busse selbst die notwendigen Güterwaggons und befahl dem Judenrat, weitere Menschen für den Abtransport auszuwählen. Als dieser dazu nicht in der Lage bzw. willens war, ergriff Busse die Initiative und ließ die Juden durch den Sonderdienst und die Gendarmerie abholen. Bei einer zweiten «Aussiedlung» setzte Busse sogar deutsche Zivilbeamte für die Bewachung der Opfer ein, etwa den Leiter der Kreissparkasse und Lehrer. Bilanz der Ghettoauflösung: über 5000 Tote. Und dies blieb kein Einzelfall.[2] Höfles Männer hatten gar nicht so viel zu tun. In vielerlei Hinsicht war der Holocaust eine arbeitsteilige Kollektivtat, für den eine kleine Kerngruppe überzeugter Fanatiker ausreichte.

SS-Männer aus Lublin trafen üblicherweise erst einen Tag vor dem Zug ein, der die Juden des jeweiligen Ortes dann nach Bełżec, Sobibór oder Treblinka fuhr. Polizeieinheiten umstellten die «Wohnviertel» und trieben die Juden zum Bahnhof und in die bereitgestellten Waggons. Ein deutscher Polizist beschrieb diesen Vorgang nach dem Krieg wie folgt:

> Wenn es nicht klappen wollte, wurde [...] mit Reitpeitschen und Schusswaffen nachgeholfen. Die Verladung war einfach fürchterlich. Es gab ein unheimliches Geschrei der armen Menschen, da diese in 10 oder 20 Waggons gleichzeitig verladen wurden.[3]

Transportunfähige Kranke, Alte und zurückgelassene Kleinkinder erschossen die Deutschen direkt – nicht selten sogar noch im Krankenhaus.

Aus der Opferperspektive schildert der Sobibór-Überlebende Toivi Blatt – bei Kriegsbeginn ein Kind von gerade zwölf Jahren – eine ganz ähnliche Ghettoauflösung in einer Landgemeinde im Distrikt Lublin:

> Da nicht genügend Viehwaggons da waren, hatte Engels [der für die Deportation zuständige Deutsche] eine Auswahl treffen müssen. Alles schrie und weinte und drängte sich. Es war ein einziges Chaos.

> Engels wurde wütend. Er stützte sein Maschinengewehr auf die Schulter Abram Blatts, des Vorsitzenden des Judenrats, mähte eine Menschengruppe nieder und zwang den Rest, in die Viehwaggons zu steigen. Sie waren so überfüllt, dass manche erstickten, noch ehe der Zug die Stadt verlassen hatte. Wer nicht mehr in die Waggons passte, wurde nach Hause geschickt – auch meine Familie. Ich lief zum Bahnhof. Auf einer Wiese neben den Gleisen lagen ungefähr 300 Leichen.[4]

Wilde Schießereien mit mehreren Hundert Toten waren auch anderswo üblich – und gelegentlich kam es sogar zu «friendly fire», also Verletzten unter den Besatzern, die von Kameraden verwundet wurden.

Nicht immer gab es Bahnhöfe in direkter Nähe der Ghettos. Verkehrstechnisch wenig erschlossen war beispielsweise der Kreis Biała Podlaska im Distrikt Lublin. Weil die Deutschen auf längere Fußmärsche zur nächsten Bahnstation verzichten wollten, massakrierten sie die Juden gleich vor Ort, so etwa in Łomazy: Teile des 101. Polizeibataillons erhielten den Befehl, die etwa 1700 Juden des Dorfes zu ermorden. Die Erschießungen selbst wurden von Trawnikis durchgeführt, um den deutschen Polizisten diese unangenehme Aufgabe zu ersparen. Sie sollten lediglich dafür sorgen, dass niemand entkam. Auf dem Marktplatz und dem angrenzenden Sportgelände trieben sie die Opfer zusammen und ließen sie dort warten, während 70 Juden in einem nahe gelegenen Wald ein Massengrab ausheben mussten – in voller Gewissheit über ihr bevorstehendes Schicksal.

Rund 50 Trawnikis, die vorher wie die meisten Deutschen ausgiebig Wodka getrunken hatten, begannen mit den Exekutionen, zu denen nach und nach größere Gruppen aus dem Dorf getrieben wurden. Im Wald angelangt, mussten die Juden sich ausziehen, nur Frauen durften ihr Unterhemd anbehalten; Kleidung und Wertgegenstände sammelten die Polizisten ein. Sie zwangen die Opfer, in die Grube zu steigen – die sich nach und nach mit Leichen füllte – und auf den Genickschuss zu warten. Weil die Mörder immer betrunkener wurden, kam es zu zahlreichen nicht tödlichen Fehlschüssen, und in dem Massengrab vermischte sich das Grundwasser mit dem Blut der Juden. Nach einigen Stunden mussten vorher ausgewählte Männer die Grube zuschaufeln und wurden dann selbst erschossen. Unter der dünnen Erdschicht waren immer noch Bewegungen zu erkennen.[5]

Bei ihren «Aktionen» griffen die Deutschen neben den Trawnikis zusätzlich auf polnische Hilfe zurück. Die «policja granatowa» (Blaue Polizei) sorgte im Generalgouvernement für den alltäglichen Polizeidienst und übernahm alle Aufgaben, für die die deutschen Kräfte nicht ausreichten. Die meisten Angehörigen dieser Truppe hatten den Beruf schon vor dem Krieg ausgeübt, aber es gab auch viele neue Rekruten, die oftmals nur eine Grundschulbildung aufwiesen – gerade weil sie nur Hilfstätigkeiten ausführen sollten. Dazu gehörte 1942 allerdings auch der Dienst bei den Ghettoauflösungen.

In Ausnahmefällen nahmen daran sogar Männer des Baudienstes teil, einer mit dem Reichsarbeitsdienst vergleichbaren Institution für junge Polen. Wer im Generalgouvernement 20 Jahre alt geworden war, musste für zwölf Monate in dieser Einheit dienen, die normalerweise bei staatlichen Bauprojekten eingesetzt wurde. Im Rahmen der Aktion Reinhardt teilten die Okkupanten den Baudienst darüber hinaus bei den Deportationen ein, wobei dieser weniger für die Bewachung als vielmehr für die Beerdigung der Leichen und das Aufspüren versteckter Juden zuständig war. Genauso wie die «Blauen» erwies er sich als zuverlässiger Partner der Deutschen, der genauso gegen die Juden vorging wie Ordnungspolizei oder Trawnikis. Wenn die Opfer schließlich ermordet oder deportiert waren, plünderten die Polen gemeinsam mit ihren deutschen Kollegen die jüdischen Hinterlassenschaften.[6]

Die «Aktionen» forderten schon vor dem Eintreffen der Züge in den Vernichtungslagern mehrere Hunderttausend Tote. Alleine für den Distrikt Krakau ist von 70 000 erschossenen Juden auszugehen – rund ein Viertel der dortigen jüdischen Gesamtbevölkerung. Im Lubliner Gebiet sah es nicht viel anders aus. Bei knapp 320 000 Juden lassen sich mindestens 25 000 als Opfer der Erschießungen tatsächlich in den Quellen nachweisen. Dazu müssen aber weitere 40 000 Menschen gezählt werden, wie sich aus der Differenz von Vorkriegseinwohnerschaft einerseits und Deportierten plus Überlebenden andererseits ergibt.[7] Angesichts der lückenhaften Überlieferung ist die Gesamtzahl der während der Aktion Reinhardt außerhalb der Vernichtungslager ermordeten Juden nur annähernd zu bestimmen. Konservativ geschätzt ist von mindestens 300 000 Toten auszugehen, wobei 350 000 als Gesamtzahl vermutlich sogar realistischer ist.

Im Frühjahr 1942 begannen zeitgleich Deportationen aus dem Distrikt Galizien, wo im Spätsommer 1941 bereits die Einsatzgruppen gewütet und zehntausende Juden erschossen hatten. Nun insistierte der dortige SS- und Polizeiführer, Friedrich Katzmann, darauf, die Ghettos an der Bahnstrecke von Lublin über Bełżec nach Lemberg zu eliminieren und ihre Insassen in das Vernichtungslager zu schicken. Katzmann war so begierig darauf, das «Judenproblem» in seinem Gebiet zu lösen, dass Höfles Engagement sich auf die grundlegende Koordination beschränkte und seine Männer sich ganz auf Lublin konzentrieren konnten. In Galizien zeigte sich außerdem einmal mehr, dass der Judenmord unter den Deutschen im Osten nicht umstritten war, sondern sogar begrüßt wurde: Die Zivilverwaltung nahm erneut aktiv an den Deportationen teil, erst ab Oktober 1942 agierte Katzmann, der nicht zuletzt die Auswahl der jeweils zu leerenden Ghettos traf, ohne Rücksprache.

Die SS pferchte bis zu 160 Personen in einen Waggon, um dessen Kapazität maximal auszunutzen. Zugkoppelungen und das Anfahren von mehreren Orten waren üblich, anderswo trieb man die Juden der umliegenden Orte über mehrere Kilometer zum nächstgelegenen Bahnhof. Die Waggons selbst wurden mit Stacheldraht umwickelt, um die Insassen an der Flucht zu hindern; ab Herbst 1942 zwangen die Täter die Opfer vereinzelt sogar, sich zu entkleiden, damit Flüchtende nackt und damit auffällig sowie der Kälte ausgeliefert waren. Die Züge selbst begleitete Wachpersonal – durchweg Angehörige der Ordnungspolizei –, das rigoros auf Flüchtlinge schoss.[8]

Wen die Deutschen nicht erwischten, der musste seine polnischen Nachbarn fürchten, wie Toivi Blatt bei seinem Fluchtversuch erfuhr:

> Das Glück war auf meiner Seite. Mein polnischer Schulkamerad Janek Knapczyk kam mir entgegengelaufen. «Janek», flehte ich ihn an, «hilf mir … versteck mich irgendwo!» Obwohl Janek es offensichtlich eilig hatte, war er bereit, einem guten Freund in der Not beizustehen. Aber er schaffte es gerade noch, mir den Weg zu weisen und in einem Atemzug zu sagen: «Klar, lauf zur Scheune.» Er lief weiter. Mühelos fand ich die Scheune. Doch die Scheunentür war verriegelt. Ich suchte nach einem anderen Eingang, fand aber keinen. […] Ich lief auf Janek zu. Als ich näher hinsah, fiel ich fast in Ohnmacht … da war Knapczyk, aber in Begleitung eines Nazis. Sie hatten mich schon entdeckt. Mein Freund zeigte auf mich und sagte «Das da ist ein Jude. Nehmen Sie ihn mit!»[9]

Globocniks Männer hatten innerhalb weniger Monate höchst effiziente Praktiken mit einer furchterregenden Logistik entwickelt, bei denen Deutsche, Polen und Trawnikis zusammenarbeiteten. So gelangte aus Galizien im Frühjahr 1942 alle zwei bis drei Tage ein Zug nach Bełżec; das bedeutete auch, dass «eine einzige Zuggarnitur für die Deportation von über 200 000 Menschen ausreichte».[10] Allerdings sollten Züge aus ganz Polen in die drei Vernichtungslager fahren, weshalb sich sogar Heinrich Himmler selbst einmischte. Im Januar 1943 schrieb er an Albert Ganzenmüller, den Staatssekretär im Reichsverkehrsministerium, über den

> Abtransport der Juden. […] Hierzu brauche ich Ihre Hilfe und Ihre Unterstützung. Ich muss, wenn ich die Dinge rasch erledigen will,

> mehr Transportzüge bekommen. Ich weiß sehr wohl, wie angespannt die Lage für die Bahn ist und welche Forderungen an Sie immer gestellt werden. Trotzdem muss ich an Sie die Bitte richten: Helfen Sie mir und verschaffen Sie mir mehr Züge.[11]

Die Reichsbahn half gerne. Die Logistik stellte tatsächlich das kleinste Problem für die Mörder dar. Die letztlich geringe Anzahl an benötigten Loks und Waggons war der Grund, warum der Holocaust auch keine Auswirkungen auf den Nachschub der Wehrmacht hatte und die Kriegführung nicht behinderte. Von den Militärs kam daher nicht einmal deshalb Protest gegen den Genozid. Viel wichtiger war für sie, dass im Generalgouvernement weiterhin genügend jüdische Zwangsarbeiter zur Verfügung standen, um Kriegsgerät und Uniformen zu fertigen. Die SS jedoch wollte diese Beschäftigten deportieren und ermorden. In einer Besprechung im Sommer 1942 erklärte sie der Wehrmacht:

> Weder Rü.-In [die Rüstungsinspektion] noch die sonstigen Dienststellen im G[eneral]G[ouvernement] würden die Juden bis zum Kriegsende behalten. Die ergangenen Befehle seien klar und hart. Sie hätten Geltung nicht nur für das GG., sondern für sämtliche besetzten Gebiete.

Die Generäle fügten sich. Im Dezember 1942 hieß es bei einem weiteren Treffen:

> Es wurde übereinstimmend festgestellt, dass die Übergabe der Juden an den Höheren SS- und Polizeiführer im GG in allen Distrikten programmgemäß und reibungslos vonstatten geht.[12]

Nur einmal, zwischen dem 20. Juni und dem 7. Juli 1942, war die Wehrmacht für eine Unterbrechung des Massenmords verantwortlich: Wegen der Sommeroffensive in der Sowjetunion kam es zu einer Transportsperre im Generalgouvernement, die auch die Deportationszüge betraf. Bis zu diesem Zeitpunkt waren bereits rund 90 000 Juden nach Bełżec und weitere 70 000 nach Sobibór gelangt. Die Zwangspause nutzten Globocniks Männer für eine Reorganisation der Lager, die Fertigstellung von Treblinka – und zahllose Exekutionen.

In der zweiten Phase der Aktion Reinhardt ab Sommer 1942 nahm die Vernichtung dann eine kaum vorstellbare Geschwindigkeit an. Das Warschauer Ghetto wurde seit dem 22. Juli geleert, und nur wenige Tage später traf es mit Radom den letzten Distrikt des Generalgouvernements und dort erneut als Erstes die Hauptstadt. Die vergrößerte Kapazität der nun drei Lager ermöglichte Züge mit bis zu 6000 «Passagieren», deren Reisegeschwindigkeit wegen der vielen Waggons nicht mehr als 50 Stundenkilometer betrug. Alleine bis November 1942 deportierten die Deutschen rund eine Million Menschen zu den Gaskammern im Osten Polens.

In einer erneuten Phase der Umorganisation versuchten Globocnik und Brack im darauffolgenden Winter, ihre Zuständigkeit auf Gebiete jenseits des bereits weitgehend «judenfreien» Generalgouvernements zu erweitern. Sie waren dabei wenig erfolgreich, weil inzwischen die Vernichtung der westeuropäischen Juden in Auschwitz ganz zu Himmlers Zufriedenheit ablief. Nur ergänzend zog er dafür die Lager der Aktion Reinhardt heran, weshalb Bełżec im März 1943 abgebaut wurde. Die Auflösung der letzten Ghettos und Lager in Polen geschah außerdem oft in Form von Massakern vor Ort. Dennoch deportierte die SS 1943 nach Treblinka und Sobibór jeweils mehr als 70 000 Menschen. Während Treblinka die Zuständigkeit für den Bezirk Białystok erhielt und außerdem Züge aus dem Regierungsbezirk Zichenau sowie aus Thrakien und Mazedonien eintrafen, kamen in Sobibór Juden aus Frankreich, den Niederlanden, Litauen und Belarus an.[13]

Nicht immer gelangten die nicht aus Polen stammenden Opfer jedoch direkt in eines der drei Lager. Vor allem 1942 fuhren die Züge aus dem Westen zunächst zu einem der sogenannten Durchgangsghettos, die Höfle im Distrikt Lublin geschaffen hatte. Es handelte sich dabei um Orte wie Izbica oder Piaski, die direkt an der Bahnstrecke nach Bełżec lagen oder wie Opole Lubelskie und Rejowiec zumindest einen guten Gleisanschluss hatten. In Izbica kam bereits am 11. März 1942 ein Zug aus Theresienstadt mit tausend deutschen Juden an, weitere folgten kurz darauf. Zeitweise lebten über 19 000 Menschen in einem Ort mit Holzhäusern, ungepflasterten Straßen, ohne Kanalisation und fließend Wasser, wo es fast nirgendwo Strom gab und dessen Einwohnerzahl vor dem Krieg lediglich bei 4500 gelegen hatte. Von dort stammte Toivi Blatt, der über das Geschehen berichtet:

> Manchmal wurde die jüdische Bevölkerung durch die Akcjas [Aktionen] regelrecht eliminiert, doch nur kurze Zeit später trafen bereits wieder neue Transporte ausländischer Juden aus Deutschland, Österreich, Frankreich, der Slowakei und dem tschechischen Protektorat ein, um das Ghetto wieder aufzufüllen. Die ursprüngliche Bevölkerung von Izbica war so gut wie verschwunden.[14]

Höfle hatte die dortigen Vorgänge mit dem zuständigen Kreishauptmann Adolf Schmidt genau abgestimmt. Schmidt erhielt für die Aufnahme von 6000 Juden einerseits 20 000 Złoty, andererseits die Zusicherung, dass sein Kreis «als erster überhaupt von Juden später frei gemacht würde».[15] Doch während des ganzen Jahres 1942 und der ersten Hälfte 1943 trafen ständig Juden aus anderen Teilen Europas ein, insgesamt über 130 000 Menschen – und die allermeisten kamen zunächst in Durchgangsghettos. Alleine im Distrikt Lublin waren das 14 000 Juden aus dem Reichsprotektorat Böhmen und Mähren, 40 000 aus der Slowakei, 19 000 aus Deutschland und weitere 6000 aus Österreich, dazu 4000 aus Frankreich und nicht zuletzt 34 000 aus den Niederlanden.[16] Kaum mehr als ein Dutzend von ihnen überlebte die spätere Deportation nach Sobibór oder Bełżec.

Der viele Monate andauernde Genozid blieb den Juden des Generalgouvernements nicht verborgen. Wenn man alles zusammennimmt, war das Ausmaß der Warnungen, die in Warschau und anderswo ankamen, ziemlich groß. Natürlich verfügten nur wenige Einzelpersonen über alle Informationen, denn diese verteilten sich auf Viele und bündelten sich bei den Judenräten. Dennoch: Der Massenmord geschah nicht unbemerkt, und im Frühsommer 1942 waren zahlreiche Fakten bekannt. Mitte Juni ging beispielsweise die Gruppe Oneg Shabat um den Historiker Emanuel Ringelblum im Warschauer Ghetto von 75 000 Deportierten nach Bełżec aus dem Distrikt Lublin aus – eine erstaunlich präzise Schätzung. Der Gesamtplan freilich, also der Genozid an allen europäischen Juden, blieb ihnen unbekannt.[17]

Je länger der Massenmord andauerte, desto präziser wurden die Kenntnisse davon. Es gab natürlich keine offiziellen Bekenntnisse von deutscher Seite, keine Bekanntmachungen über Deportationen und Vergasungen selbst, aber die «Krakauer Zeitung» beschrieb durchaus deren «positive Folgen» für die Besatzer:

> Mit der Befreiung der Stadt Lublin von den Juden ist nicht nur ein Seuchenherd beseitigt worden, sondern auch ein Ausgangspunkt des Schleichhandels. Es wird noch viel Mühe kosten, bis auch dieser Teil der Stadt ein neues schöneres Aussehen erhält. Der Schmutz wird mit den baufälligen Hütten verschwinden, an ihrer Stelle werden sich Grünflächen und Blumenbeete ausbreiten, und nichts wird mehr an die Zeit des Verfalls erinnern. Lublin, die einstige Zentrale des europäischen Judentums, wird dann erst die Bezeichnung «Stadt» mit voller Berechtigung tragen können.[18]

Rudolf Reder, ein Bełżec-Überlebender, kannte im August 1942 in Lemberg sehr genau die Bedeutung des deutschen Euphemismus «Deportation nach Osten» und erinnerte sich später an die allgemein herrschende Befürchtung, bald selbst ermordet zu werden.[19] Aber genau wie wohl fast alle polnischen Juden hegte er die verzweifelte Hoffnung, es würde nicht so schlimm kommen, diese «Aussiedlung» werde die letzte sein, oder es handele sich um ein gigantisches Missverständnis. Typisch ist die Aufzeichnung Toivi Blatts vom 22. Oktober 1942, der trotz zahlloser Deportationen aus Izbica direkt nach Bełżec noch «einen winzigen Hoffnungsschimmer [hatte], vielleicht nur in ein Arbeitslager zu kommen».[20]

Das hätte in der Tat zumindest vorübergehend die Rettung bedeutet. Außerdem wandelte die SS manche Ghettos in Lager um, in denen alle Insassen für sie oder für die Wehrmacht arbeiten mussten. Aber das betraf nur diejenigen, die nach den umfangreichen Deportationen zurückblieben – in Warschau rund 60 000 der vormals über 400 000 Ghettobewohner. Wer nicht zu diesen Glücklichen gehörte, den verschleppten Globocniks Männer nach Treblinka. Der Vorsitzende des Judenrats, Adam Czerniaków, notierte über den Auftakt der «Aktion» am 22. Juli 1942:

> Um 10 Uhr erschien Sturmbannführer Höfle mit Begleitern [...] Man eröffnete uns, dass – mit gewissen Ausnahmen – die Juden ohne Unterschied des Geschlechts und des Alters in den Osten ausgesiedelt werden sollen. Bis heute n.m. [Nachmittag] um 4 Uhr müssen 6000 Menschen bereitgestellt werden. Und so (mindestens) wird es jeden Tag sein.

Czerniaków schrieb gleich darauf an seine Frau:

> Sie verlangen von mir, mit eigenen Händen die Kinder meines Volkes umzubringen. Es bleibt mir nichts anderes übrig, als zu sterben.[21]

Nach diesen Zeilen nahm er Zyankali.

Zum Büttel der Deutschen wollte er sich nicht machen, aber aufhalten konnte er sie mit seinem Selbstmord nicht. In den folgenden sechs Wochen fuhr täglich ein Zug mit Warschauer Juden nach Treblinka. Bereits nach wenigen Tagen war jedem im Ghetto klar, dass das den Tod bedeutete. Die Informationen darüber waren erstaunlich präzise, wie ein Tagebucheintrag Abraham Lewins vom 29. August beweist:

> Heute hatten wir noch ein Gespräch mit Dawid Nowodworski [einem Angehörigen der jüdischen Widerstandsbewegung], der aus Treblinka zurückgekehrt war. Er erzählte uns ausführlich von all seinen Leiden vom Augenblick an, da er erfasst wurde, bis zu seiner Flucht aus dem Vernichtungslager und seiner Rückkehr nach Warschau. Seine Worte bestätigen noch einmal, was wir schon vorher wussten, und stellen unbezweifelbar fest, dass die Leute aus allen Transporten vernichtet worden waren und kein Mensch sie retten konnte. Also sowohl die Erfassten als auch die Freiwilligen. Wenn man bedenkt, dass man in den letzten Wochen mindestens 300 000 Juden aus Warschau, Radom, Siedlce und vielen, vielen anderen Städten vernichtet hat! Auf Grund seiner Erzählung haben wir einen Bericht verfasst, so schrecklich und erschütternd, dass dies mit menschlicher Sprache einfach nicht auszudrücken ist. Es ist zweifellos das größte Verbrechen von allen, die je in der menschlichen Geschichte vollbracht wurden. [...] Sovielmal haben wir uns vergebens der Hoffnung hingegeben, dass die «Aktion» enden wird; gewiss werden wir auch diesmal betrogen und werden weiter bluten.[22]

Im Angesicht der Vernichtung gab es die verschiedensten Reaktionen. Der berühmte Arzt und Pädagoge Janusz Korczak, der im Warschauer Ghetto ein Waisenhaus leitete, erzählte seinen Schützlingen, sie würden aufs Land fahren. Er wollte es ihnen leichter machen, pries die Zugfahrt als Freude und Abenteuer an – und begleitete die Mädchen und Jungen freiwillig in den Tod. Die Kinderkrankenschwester Adina Blady Szwajgier wählte einen anderen, letztlich genauso schweren Weg: Sie gab ihren jungen Patienten Morphium und tötete sie, bevor die Deutschen es taten:

> Und genau so, wie ich mich während der letzten zwei Jahre meiner täglichen Arbeit über die kleinen Betten gebeugt hatte, flößte ich nun diesen kleinen Mündern die letzte Medizin ein.[23]

In den Zügen erwartete die Todgeweihten eine qualvolle Zeit. Ru-

Deportation aus dem Warschauer Ghetto.

dolf Reder berichtet über viele Stunden in einem Waggon nach Bełżec, ohne Wasser und Essen, «wir standen mehr oder weniger einer auf dem anderen».[24] Abraham Krzepicki beschrieb etwas ausführlicher die Transporte aus Warschau im heißen Sommer 1942:

> Es ist unmöglich, sich den Horror in diesem geschlossenen, stickigen Güterwagen vorzustellen. Es war eine große Kloake. Jeder drängte sich zum Fenster, wo es ein wenig Luft gab, aber es war unmöglich, in die Nähe des Fensters zu gelangen. Alle lagen auf dem Boden. Ich legte mich auch hin. Ich konnte einen Spalt im Boden fühlen. Ich lag mit meiner Nase auf dieser Spalte, um Luft zu schnappen. […] In jeder Ecke häuften sich menschliche Exkremente.

Und weiter:

> Hätte die Reise noch einen weiteren halben Tag gedauert, so wäre die Zahl der Toten sehr viel größer gewesen. Wir wären vor Hitze und

wegen des Luftmangels umgekommen. Wie ich später erfuhr, stellte man bei einigen Transporten, die in Treblinka ankamen und entladen wurden, fest, dass alle Passagiere tot waren.[25]

Im Sommer 1942 wusste in Polen jeder, welches Schicksal die Insassen dieser Waggons erwartete. Der 1923 in Tschenstochau geborene Samuel Willenberg, der sich 1939 als Freiwilliger zur polnischen Armee gemeldet hatte, schildert, wie während seiner Deportation am Bahnhof von Siedlce gehalten wurde:

> Leute standen auf den Plattformen, wartend auf einen Zug. Wir überhörten ihre Grüße: «Juden, sie werden Seife aus euch machen.»[26]

6. Vernichtung. Der Massenmord durch Gas und die Beseitigung der Leichen

Bei den ersten Deportationszügen, die im März 1942 in Bełżec eintrafen, experimentierten Wirth und seine Untergebenen noch mit dem Ablauf der Vernichtung. Sie hatten in den Monaten zuvor zuerst die von der «Euthanasie» bekannten Gaswagen benutzt und damit geistig und körperlich behinderte Menschen der Umgebung ermordet. Aber für die geplante Dimension der Aktion Reinhardt war diese Methode ineffizient. Als später die Gaskammern standen, verwendeten die SS-Männer zunächst Kohlenmonoxid aus Flaschen, aber diese mussten umständlich aus Deutschland herangeschafft werden. Vermutlich im April 1942 holte Wirth deshalb den Mechaniker Lorenz Hackenholt, der einen Panzermotor installierte und betrieb, dessen Abgase in die Kammern einströmten.

Genau wie bei diesem «technischen» Aspekt musste die SS in Bełżec auch bei der Ankunft der Juden zunächst ein geeignetes Procedere finden. Üblich war, die eintreffenden Züge zu teilen und jeweils acht bis zehn Waggons auf einmal ins Lager zu schieben. Die Opfer mussten auf die etwa ein Meter tiefer gelegene Rampe springen, wobei es immer wieder zu Verletzten kam, die dann erschossen wurden. Das machte das Lagerpersonal außerdem mit allen anderen Schwachen und Kranken, die nicht selbst den Weg zur Gaskammer antreten konnten. Berek Freiberg sagte direkt nach dem Krieg über seine Erlebnisse in Sobibór aus:

> Ein anderes Mal fanden wir nach solch einer Badaktion [einer Vergasung] ein Kind von eineinhalb Jahren zwischen den Lumpen. Ein Ukrainer befahl mir, das Kind zu nehmen und es in eine Grube Mist

> zu legen. Er sagte: «Oh, schade um die Kugel!», nahm die Schaufel vom Mist und zerteilte das Kind in Stücke. Das Kind gab bloß noch ein klägliches Quietschen von sich. Manchmal passierte es, dass über Nacht Mütter auf dem Platz Kinder zur Welt brachten. Die Kinder warf man gewöhnlich auf den Müll, entweder zerriss man sie an den Füßen in zwei Teile, oder man warf sie in die Luft, und beim Herunterfallen auf die Erde zerbrachen sie. Mit Kindern machten sie kein Gewese.[1]

Es bewährte sich jedoch nicht, die Waggons von den Tätern selbst öffnen zu lassen, denn mehr als einmal griffen einzelne Juden sie an. Schnell ordnete Wirth daher an, dass die im Lager arbeitenden Häftlinge den Empfang übernehmen sollten. Dahinter stand zudem die Absicht, die Opfer bis zuletzt über den wahren Zweck des Lagers zu täuschen. Und in der Tat: Die Gaskammern und das ganze Lager II, in dem der eigentliche Mord stattfand, waren vom Gleis aus nicht zu sehen. Wenn die Deportierten ausgestiegen waren, hielt ihnen außerdem ein SS-Mann eine Ansprache. Rudolf Reder beschreibt, wie ihm Fritz Jirmann zurief – auf Deutsch, aber übersetzt auch ins Polnische und Jiddische: «Ihr geht's jetzt baden, nachher werdet ihr zur Arbeit geschickt.» In der Anfangsphase des Genozids funktionierte die Illusion, die Opfer freuten sich, vereinzelt klatschten sie sogar. Reder schreibt weiter:

> Ich erinnere mich, wie diese Worte Tag um Tag wiederholt wurden, normalerweise dreimal täglich, während der vier Monate, die ich da war. Es war ein Moment der Hoffnung und Täuschung. Für einen Augenblick atmeten die Leute etwas auf. Es war ganz ruhig.[2]

Danach trieb die SS wieder zur Eile. Anfänglich mussten sich die Juden in Bełżec an der Rampe ausziehen, erst später baute man für Männer und Frauen getrennte Entkleidungsbaracken und noch später dahinter ein weiteres Gebäude, in dem ihnen die Haare abrasiert wurden. Wer bei alldem zu langsam war, den schlugen Deutsche und Trawnikis erbarmungslos, bis die Opfer den «Schlauch» erreichten. In Sobibór und Treblinka war es ganz ähnlich, wobei in letzterem Lager

> direkt in den Schlauch die «kleine Kasse» eingebaut [war]. Am Schalter dieser kleinen Holzbude müssen alle ihre Dokumente, Uhren und Schmuck abgeben. Hier wird jedem sein Name und ein Stück weiter das nackte namenlose Leben weggenommen.[3]

Christian Wirth war stolz auf die Gaskammer, die er in Bełżec hatte erbauen lassen. Kurz vor ihrer Inbetriebnahme führte er sie sogar Adolf Eichmann vor, der das Lager im Februar 1942 besuchte. Bei Außenmaßen von zwölf mal acht Metern war sie in drei Räume unterteilt. 600 Menschen trieb die SS in dieses Gebäude, dann lief der Motor für 20 Minuten. Üblicherweise waren bereits nach 15 Minuten alle Opfer tot. Diese grausame Effizienz genügte allerdings für die Aktion Reinhardt nicht, so dass die erwähnte Transportsperre im Juni 1942 genutzt wurde, um einen neuen Bau zu errichten, der mit zehn mal 24 Metern viel größer war und sogar 1500 Menschen fasste.

Ganz ähnlich war es in Sobibór, wo die anfänglich drei Räume mit je 16 Quadratmetern ebenfalls nicht den Wünschen der Täter entsprachen. Im September 1942 ersetzten sie deshalb die Anlage nach dem Vorbild in Bełżec durch eine mit der doppelten Kapazität. Aleksandr Petscherski, ein jüdischer Kriegsgefangener der Roten Armee, versuchte nach dem Krieg, den Schrecken der Gaskammer in Worte zu fassen:

> Von der Decke, durch breite Metallrohre, krochen langsam dunkle dichte Gasschwaden herunter, die mit Hilfe der Elektromaschine eingepumpt wurden. Es wurde allen klar, dass sie einem qualvollen Tod geweiht waren. Verzweifeltes Weinen, erschrockene Schreie der Kinder vereinigten sich zu einem einzigen Schrei. Die Mütter drückten die Kinder an die Brust oder deckten sie mit ihren Körpern,

> nachdem sie sie auf den Boden gelegt hatten. Sterbend versuchten die Frauen instinktiv trotz der Qualen ihre Kinder zu retten und, wenn auch nur für eine Weile, ihren Tod zu verzögern. Viele warfen sich hin und her wie angeschossene Vögel, um einen Winkel zu finden, wo sie vielleicht gerettet werden könnten. Aber das Gas kroch unerbittlich immer tiefer und tiefer. Schrecklich waren die Qualen dieser Menschen, die langsam erstickten.[4]

Auch Treblinka unterschied sich nur wenig von diesem Muster. Die Gaskammer war in drei Räume mit einer Größe von jeweils etwa 4,50 mal 4,50 Meter unterteilt; in jeden passten etwa 200 Opfer. Überlebende berichten außerdem von einem Davidsstern auf dem Dach und Blumenkübeln vor dem Eingang. Wie in Sobibór kam es im September 1942, nach der Ermordung von über 300 000 Juden aus Warschau, zu einem Neu- und Erweiterungsbau, der wohl zehn, nun etwa vier mal sieben Meter große Räume umfasste, so dass 4000 Menschen auf einmal vergast werden konnten. Das blieb aber eine eher theoretische Zahl, weil an der Rampe nur für etwa 20 Bahnwaggons mit maximal 2500 Menschen Platz war. Allerdings konnte die SS so eine Art Schichtbetrieb in den Gaskammern etablieren.

Die Vernichtung ließ sich ebenso simpel wie effektiv steuern. Die Täter benötigten keine komplizierten Vorrichtungen, die Motoren – teils mit Diesel, teils mit Benzin betrieben – waren einfach zu reparieren oder auszutauschen, Verzögerungen wegen technischer Probleme blieben die Ausnahme.[5] Christian Wirth war mit seiner Vergasungsmethode so zufrieden, dass er sogar Globocniks Wunsch nach einer noch schnelleren Mordprozedur zurückwies: Als der SS-Obersturmbannführer Kurt Gerstein im August 1942 aus Berlin mit 100 Kilogramm Blausäure nach Lublin reiste, wollte Wirth dieses Gift nicht verwenden, weil ihm die Versorgung mit Nachschub unklar war.[6]

Tatsächlich hing die Mordkapazität der Aktion-Reinhardt-Lager hauptsächlich von der «Entsorgung» der Leichen ab. Richard

Glazar schildert, wie in Treblinka die Abläufe waren, nachdem sich die Türen der Gaskammern geschlossen hatten:

> In etwa zwanzig Minuten wird Treblinkas Endprodukt daraus. Und schon greifen weitere Sklaven nach diesem nackten, zusammengepressten, aschfahlen, violett durchfärbten Produkt. Die einen ziehen die Leichen durch die hochgeklappten Öffnungen in den Außenwänden der Gaskammern heraus, andere Spezialisten brechen den Toten die goldenen Zähne heraus [...] Weitere ordnen sie in den Massengräbern. Dann folgen schon die letzten Arbeitsvorgänge, das «Einpudern» mit Kalk und das Zuschütten mit dem Sandboden von Treblinka – ein ununterbrochen arbeitender Bagger erledigt dies.[7]

Alle anderen Arbeitsschritte, die nicht die Maschine bewältigte, mussten Häftlinge ausführen; die Täter waren sich für solche Arbeiten zu schade.

In der Anfangszeit der Lager ließ die SS die Leichen noch in riesigen Gruben verscharren. Diese waren teils vorher ausgehoben, teils erst während des laufenden Betriebs geschaffen worden. In Bełżec konnten Archäologen 33 Massengräber identifizieren, die relativ wahllos auf dem ganzen Gelände verteilt sind. In Sobibór und Treblinka ordneten Wirths Männer sie planvoll hinter den Gaskammern an, bis zu 70 Meter lang und 20 bis 30 Meter breit – wenige, aber große und tiefe Gruben, deren Aushub gleichzeitig als Sichtschutz diente. Und weil die Leichenbeseitigung so kritisch für den Massenmord war, scheuten die Deutschen keine Kosten beim Ausheben der Gräber – sie griffen nicht nur auf jüdische Zwangsarbeiter zurück, sondern auch auf große Eimerbagger. Globocnik schickte zur Erweiterung seines Maschinenparks noch im Spätsommer 1942 Johann Oppermann auf eine Einkaufstour nach Hamburg. Der fand bei der Firma August Harms zwei gebrauchte Bagger, berichtete darüber nach Lublin und erhielt von Globocnik postwendend den Funkspruch: «Ich will beide sofort kaufen.»[8]

Rudolf Reder berichtet über seine Erfahrungen in Bełżec:

> Das Schrecklichste für mich war, dass sie uns befahlen, die Leichen einen Meter hoch auf bereits volle Gräber zu legen und sie mit neuem Sand zu bedecken – dann floss dickes schwarzes Blut aus den Gräbern und überflutete die ganze Oberfläche wie ein Meer. Wir mussten darüber laufen, von einer Ecke des Grabs zur anderen, um zum nächsten zu kommen. Unsere Beine versanken im Blut unserer Brüder, wir trampelten auf einem Berg von Körpern – das war das Schlimmste, das Allerschrecklichste …[9]

Wegen ihrer Dimension blieben die Gruben wochenlang geöffnet. Die grausamste Aufgabe für die Lagerhäftlinge war daher die Leichenbeseitigung. Über Treblinka heißt es:

> Die, die man jetzt hinter den Wall führt, steigen ganz tief hinab in das Reich des Todes. Mit nichts anderem werden sie in Fühlung kommen, nur ihn werden sie in Händen haben, nur ihn, aber in Tausenden Gestalten aus nacktem Fleisch. Von überall wird der Tod sie mit Abertausenden von aufgerissenen Augen und Mündern anstarren. Mit den Beinen und Armen wird er um sie herumschlenkern. Durchdringen wird er sie mit stickig-süßlichem Geruch.[10]

In Treblinka war Irmfried Eberl, der erste Kommandant, mit der Leichenbeseitigung überfordert. Ehrgeiz und Karrierestreben hatten ihn immer neue Deportationszüge anfordern lassen – alleine im Juli und August 1942 trafen etwa 300 000 Juden aus dem Warschauer Ghetto an, fast 10 000 jeden Tag. Doch man kam mit dem Verscharren der Ermordeten nicht mehr nach. In den Worten von Abraham Krzepicki:

> Es waren überall Leichen, Dutzende, Hunderte und Tausende Leichen. Leichen von Männern, Frauen und Kindern aller Altersgruppen, in verschiedenen Körperhaltungen und einer Mimik, als ob sie

unmittelbar, nachdem sie ihren letzten Atemzug getan hatten, eingefroren worden wären. Himmel, Erde und Leichen! Eine gigantische Fabrik, die Leichen produzierte.[11]

Krzepicki hatte nicht übertrieben: Die Toten lagen überall im Lager, auch weil SS und Trawnikis ständig auf die Opfer schossen. Diese «Unordnung» war für Wirth und Globocnik Anlass, den unbeliebten und kaum zu den anderen Tätern passenden Eberl am 24. August 1942 abzulösen. Sie bestimmten Franz Stangl zu seinem Nachfolger, der jedoch erst Mitte September aus Sobibór anreiste. Die Reorganisation von Treblinka leitete also noch Eberl, allerdings anhand von Anweisungen Wirths und Stangls.

Selbst ohne Effizienzsteigerungen waren Bełżec, Sobibór und Treblinka gigantische Mordmaschinerien. Leider ist die exakte Zahl der Opfer trotz über 70 Jahren Forschung nicht zu bestimmen – und vermutlich wird das nie der Fall sein. Globocniks Männer haben viel Energie auf die Verschleierung ihrer Spuren verwandt und damit durchaus Erfolg gehabt. Verglichen mit dem Kenntnisstand unmittelbar nach dem Krieg, ist das heutige Wissen aber recht präzise. Vor allem die Untersuchungsergebnisse zu den Deportationszügen erlauben eine verhältnismäßig genaue Eingrenzung von Minimal- und Maximalzahlen, da deren Insassen letztendlich alle ermordet wurden.

Ein erstaunlicher Zufallsfund vom Anfang des Jahrtausends liefert außerdem Zahlen für das Jahr 1942. Stephen Tyas und Peter Witte entdeckten in den Akten des britischen Geheimdiensts einen abgehörten Funkspruch, in dem Hermann Höfle am 11. Januar 1943 Adolf Eichmann über den aktuellen Stand des Genozids zum Jahreswechsel informiert hatte. Offensichtlich konnten die Briten damals nichts damit anfangen, was angesichts der augenscheinlich kryptischen Ziffern- und Buchstabenfolgen nicht verwundert. Nach einer Zeile über jüngst eingetroffene Deportationen schrieb Höfle: «Stand […] 31.12.42, L 24733, B 434508, S 101370, T 71355, zusammen 1274166.»[12]

Mit B, S und T sind die Vernichtungslager Bełżec, Sobibór und Treblinka gemeint, die Zahlen dahinter nennen die dort ermordeten Opfer. Mit L ist das Konzentrationslager Lublin bzw. Majdanek benannt, das ebenfalls Globocnik unterstand, aber – trotz fast 25 000 Ermordeten – kein Vernichtungslager war und nicht zur Aktion Reinhardt gehörte. Weil der Funkspruch Auskunft über den Holocaust in Polen gab und Höfle mit seinen «Erfolgen» Eindruck machen wollte, nannte er es dennoch. Bemerkenswert ist außerdem ein Fehler bei der Opferzahl aus Treblinka: Die Briten notierten 71355, was ganz offensichtlich viel zu niedrig ist; gleichzeitig ist die Gesamtsumme mit 1274166 angegeben, was sich aus der Addition nicht ergibt. Die korrekte Zahl für Treblinka wäre daher 713 555. Heinrich Himmler ließ diese Angabe durch den Leiter der Statistischen Abteilung im SS-Hauptamt, Richard Korherr, in einer Übersicht über die «Endlösung» verwenden und legte sie am 19. April 1943 Adolf Hitler vor.

Höfles Funkspruch berichtet lediglich über das Jahr 1942, aber auch für diesen Zeitraum sind seine Zahlen aus verschiedenen Gründen nicht ganz stimmig. Anzunehmen ist beispielsweise, dass er nur Juden aus dem Generalgouvernement auflistete, diejenigen aus anderen Regionen aber nicht mitzählte. Unklar ist ferner, ob die bereits im Zug verstorbenen Juden berücksichtigt sind, die, wenn auch nicht direkt zu den Opfern der Lager, dann doch zu denen der Aktion Reinhardt gerechnet werden müssen. Geht man von den Insassen der Deportationszüge aus, müssen insbesondere bei Treblinka deutlich mehr Tote angesetzt werden, weil alleine im heißen Sommer 1942 viele Tausende Warschauer Juden während der Transporte starben. Dennoch: Über 1943 ist noch weniger bekannt.

Ausgehend von neuesten Forschungsergebnissen, ergeben sich folgende Opferzahlen:[13] Bełżec: mindestens 440 823, maximal 596 200; Sobibór: mindestens 170 618, maximal 238 900; Treblinka: mindestens 780 863, maximal 951 800. Diese Spannen zwischen Minimal- und Maximalzahlen sind groß. Sie ergeben sich aus un-

GPDD 355a 2.

12. OMX de OMQ 1000 89 ? ?
Geheime Reichssache! An das Reichssicherheitshauptamt, zu
Händen SS Obersturmbannführer EICHMANN, BERLIN ...rest missed..

13/15. OLQ de OMQ 1005 83 234 250
Geheime Reichssache! An den Befehlshaber der Sicherheitspol.,
zu Händen SS Obersturmbannführer HEIM, KRAKAU.
Betr: 14-tägige Meldung Einsatz REINHART. Bezug: dort.
Fs. Zugang bis 31.12.42, L 12761, B 0, S 515, T 10335 zusammen
23611. Stand... 31.12.42, L 24733, B 434508, S 101370,
T 71355, zusammen 1274166.
SS und Pol.führer LUBLIN, HOEFLE, Sturmbannführer.

Das Telegramm Hermann Höfles vom 11.1.1943 mit der Zahl der Mordopfer der Aktion Reinhardt.

terschiedlichen Berechnungsweisen: Während für das Minimum von Höfles Zahlen ausgegangen wird, zu denen dann noch Schätzungen für 1943 kommen, üben andere Wissenschaftler mit einiger Berechtigung Kritik an der SS-Statistik, weil deren Grundlage nicht bekannt ist. Realistisch sind vor dem Hintergrund aller Erwägungen wohl folgende Schätzungen:

Bełżec: 470 000;

Sobibór: 180 000;

Treblinka: 870 000.

In den Lagern der Aktion Reinhardt – und auf dem Weg dorthin – sind demnach mindestens 1 520 000 Menschen ermordet worden. Wie bereits im vorigen Kapitel ausgeführt, sind die Opfer der «Aktionen» in den vielen Ghettos noch schwieriger zu bestimmen. Für die Distrikte Lublin und Krakau liegen die genauesten Untersuchungen vor, die davon ausgehen, dass zusätzlich auf fünf Deportierte ein vor Ort Erschossener kam – und das ist erneut eine konservative Einordnung. Es gibt keinen Grund, für den Rest Polens ein weniger brutales Vorgehen der Täter anzunehmen. Die Gesamtopferzahl der Aktion Reinhardt beträgt daher mit Sicherheit mindestens 1,8 Millionen Menschen, was in etwa der heutigen Einwohnerzahl von Hamburg entspricht.

Juden aus dem Generalgouvernement bildeten darunter die größte Gruppe. Aus seinen fünf Distrikten gelangten rund 1,3 Millionen tatsächlich in die Vernichtungszentren, wobei diejenigen aus dem Distrikt Warschau ausschließlich in Treblinka, die aus Galizien und Krakau ausschließlich in Bełżec und die aus Lublin und Radom jeweils in mehreren Lagern ermordet wurden. Globocniks Männer deportierten weitere 100 000 Juden aus dem Bezirk Białystok und ca. 1000 aus dem Bezirk Zichenau (Ciechanów) nach Treblinka. Dort trafen außerdem etwa 6000 Juden aus Griechenland und 7100 aus Jugoslawien ein. Dort und in Sobibór ermordeten die Deutschen auch 5000 Landsleute sowie 20 000 Juden aus dem Reichsprotektorat Böhmen und Mähren bzw. Insassen des Ghettos Theresienstadt, die teils ebenfalls aus dem Reich stammten. Außerdem starben in Sobibór 1000 österreichische, 10 000 slowakische, 33 000 niederländische und 4000 französische Juden, dazu 8700 aus Weißrussland und 4000 aus Litauen.[14]

Inwieweit sich diese «Juden» selbst als solche betrachteten, spielte für die deutschen Täter keine Rolle. Ihre rassistischen Zuschreibungen und kruden Pauschalisierungen hatten für die Opfer allerdings eine tödliche Relevanz, der sie nicht entkommen konnten. Jenseits dessen fanden sich unter den Ermordeten der Aktion Reinhardt aber tatsächlich einige Menschen, die nach den nationalsozialistischen Kriterien keine Juden waren. Zum einen betraf das eine geringe Zahl von Polen und Ukrainern, zusammen vermutlich nicht mehr als hundert bis zweihundert Menschen, die in der Tat versehentlich verschleppt wurden, aber als Augenzeugen die Lager nicht mehr lebend verlassen durften. Zum anderen waren das etwas über 2000 Sinti und Roma, die als «Zigeuner» verfolgt wurden. Etwa 240 Familien mussten beispielsweise im Warschauer Ghetto leben und gelangten von dort nach Treblinka; andere trieben die Täter bei «Aktionen» gemeinsam mit Juden in die Waggons. Im Lager erschoss die SS sie meist direkt. In Sobibór und Bełżec starben nur wenige «Zigeuner».[15]

Neben dieser wahrhaft europäischen Dimension der Aktion Reinhardt, die einmal mehr die «Arbeitsteilung» im Holocaust belegt, ist außerdem der zeitliche Ablauf des Genozids bemerkenswert. Wie aus Höfles Telegramm bereits hervorgeht, ermordeten er und seine Männer die allermeisten Opfer schon 1942. 1943 arbeitete die Vernichtungsmaschinerie von Sobibór und Treblinka viel langsamer, 150 000 Juden starben dort noch; in Bełżec war der Betrieb bereits eingestellt. Der Grund dafür war so einfach wie schrecklich: Es gab schlicht nichts mehr zu tun. Beinahe alle polnischen Juden hatten bereits ihr Leben lassen müssen, das Land war so gut wie «judenfrei». Vor allem Überlebende in einigen SS-Arbeitslagern waren nun unter den Opfern, dazu kamen noch Züge aus Griechenland und Mazedonien sowie Białystok.

Es war Globocnik jedoch nicht gelungen, die Zuständigkeit für die Ermordung der westeuropäischen sowie später der ungarischen Juden zu erlangen. Himmler und mit ihm Eichmann ließen sie nach Auschwitz deportieren. In den Lagern der Aktion Reinhardt ging man stattdessen zur Beseitigung der Leichen über. Himmler hatte bereits Anfang 1942 den Einsatzgruppenführer Paul Blobel damit beauftragt, in der besetzten Sowjetunion die Massengräber der Opfer der Deutschen zu öffnen und die dort verscharrten Toten zu verbrennen. Das diente der Verschleierung von Spuren, um den Alliierten bei wechselndem Kriegsglück keine Beweise für die eigenen Verbrechen zu hinterlassen. Blobel entwickelte dazu im Rahmen der «Sonderaktion 1005» Methoden, die er auch in Chełmno erfolgreich anwandte, von wo aus das Wissen weiter nach Ostpolen gereicht wurde.

Globocnik hatte ursprünglich etwas ganz anderes im Sinne gehabt und wollte in den Massengräbern «Bronzetafeln versenken, auf denen festgehalten ist, dass wir den Mut gehabt haben, dieses große und so notwendige Werk durchzuführen».[16] Die hygienischen Probleme in den Lagern im Sommer 1942 sowie die Initiativen in Berlin bewirkten ein Umdenken. Ende Oktober mussten die Lagerhäftlinge in Sobibór mit den Exhumierungen beginnen, einen Monat später dann in Bełżec; die eigentliche Verbrennung war in beiden Fällen im März 1943 abgeschlossen. All dies geschah ohne Krematorien, unter freiem Himmel. Wirths Männer griffen dabei neben den Kenntnissen Blobels erneut auf eigene Erfahrungen aus den «Euthanasie»-Anstalten zurück, und wie schon bei den Vergasungen waren die Methoden ebenso simpel wie effizient: Sie legten etwa zehn Meter lange Eisenbahnschienen auf Backsteine, stapelten abwechselnd die halb verwesten Leichen und Holz darauf, gossen Öl und Benzin darüber und entzündeten dann diesen Scheiterhaufen. Mit nur einer Feuerstelle ließen sich 2000 Körper innerhalb von 24 Stunden verbrennen.[17]

In Treblinka waren Anfang 1943 die Massengräber so überfüllt, dass die Juden aus den neu eintreffenden Deportationszügen nach ihrer Ermordung anschließend verbrannt wurden. Die systematische Exhumierung begann erst im Februar und dauerte wegen der riesigen Leichenmengen bis August 1943, auch weil Stangl nicht auf die Erfahrungen der anderen Lager zurückgriff. Der Überlebende Samuel Willenberg schreibt über die ersten Versuche der SS:

> Sie versuchen alles, was sie können, um diese tausende von Körpern loszuwerden, aber sie fanden erst einmal raus, dass es nicht hilft, einfach Rohöl darüber zu kippen. [...] Ein paar Tage später kam ein Zug mit offenen Frachtwaggons mit einer Ladung eiserner Schienen.

Was dann folgte, war grauenerregend:

> Ein schrecklicher Geruch von brennenden, zerfallenden Körpern breitete sich im Lager aus, als der Kran ohne Pause arbeitete. Wir sahen Teile menschlicher Körper durch die Luft fliegen. Kleine Fäden baumelten von den Zähnen der Schaufel [des eingesetzten Baggers]; das waren menschliche Eingeweide. Immer und immer wieder öffnete sich das Maul des Krans für frische Beute; alle paar Minuten sahen wir es Zoll um Zoll in die Höhe fahren, erneut gefüllt mit Leichen – Händen, Füßen, anderen Teilen der Anatomie. Der Kran quälte uns, warf Körper auf den lodernden Herd, unzählige Tage lang.[18]

Noch schlimmer war dieser Vorgang für die Häftlinge, die dabei mithelfen mussten und die Arbeit erledigten, die der Bagger nicht schaffte. Chil Rajchman, ein bei Kriegsausbruch 25-jähriger Textilkaufmann aus einer traditionellen jüdischen Familie aus Łódź, war einer von ihnen:

> Einmal stellten wir einen Rost bei einem großen Grab auf, in das über eine Viertelmillion Leichen geworfen worden waren. Der Rost wurde wie üblich beladen und am Abend angezündet. Es wehte ein starker Wind, und das Feuer brannte so heftig, dass es sich bis in das große Grab ausbreitete. Das Blut von einer Viertelmillion Menschen ging in Flammen auf und brannte bis zum Abend des folgenden Tages. Die Lagerleitung trat vollzählig an, um das Wunder zu betrachten. Sie bestaunte dieses großartige Feuer. Das Blut war bis zur Erdoberfläche aufgestiegen und hatte sich wie Brennstoff entzündet.[19]

Doch das, was nach der Verbrennung übrig blieb, konnte nicht einfach wieder begraben werden.

> Die Glieder der Leichen, die auf den Rosten verbrannt wurden, waren oft noch ganz. Wir zogen verkohlte, aber ganze Köpfe, Arme und Beine aus der Asche hervor. Das Aschekommando musste sie mit Holzstampfern zerkleinern. Diese ähnelten Eisenschaufeln, die zum Zerkleinern des Schotters auf den Straßen eingesetzt wurden, so wie andere denen ähnelten, die bei Sand- und Steinarbeiten eingesetzt wurden. Man hatte Gitter aus engmaschigem Eisendraht aufgestellt: Damit konnte die zerkleinerte Asche gesiebt werden, so wie man Kiesel vom Sand trennt. Was auf dem Gitter hängen blieb, wurde erneut zermalmt.[20]

Die Asche wurde teilweise als Dünger per Zug in die Heimat verschickt.

7. In der Hölle. Leben und Überleben im Vernichtungslager

In den Lagern der Aktion Reinhardt waren kaum mehr als 20 deutsche SS-Männer gleichzeitig anwesend, dazu kamen jeweils etwa 80 bis 100 «hilfswillige» Trawnikis. Um 1,8 Millionen Menschen töten zu können, zwangen die Deutschen deshalb in Bełżec etwa 500, in Treblinka und Sobibór jeweils deutlich über 700 Juden dazu, für sie zu arbeiten. Sie mussten im Grunde sämtliche Tätigkeiten bis auf die eigentliche Vergasung durchführen. Die SS sparte sich so Personal und behielt eine «weiße Weste» – nach dem Krieg wiesen tatsächlich Angeklagte vor deutschen Gerichten die Verantwortung von sich mit dem Argument, die jüdischen Häftlinge hätten alle Aufgaben erledigt.[1]

Diese höchst zynische Argumentation entbehrt natürlich jeglicher Grundlage. Die Lagerinsassen sahen sich brutalster Gewalt ausgesetzt, sie wurden bis zum Tode erschöpft – und wer krank war oder nicht mehr konnte, den erschossen die Täter. Wegen der ständig eintreffenden Transporte kamen die Mörder gar nicht auf die Idee, die Juden irgendwie zu schonen, denn «Ersatz» war immer verfügbar. An den Bahnrampen fand deshalb nur sehr selten eine «Selektion» statt. Anders als in Konzentrationslagern oder selbst in Auschwitz mit seinen Zehntausenden jüdischen Häftlingen, die die SS für verschiedenste Zwangsarbeiten und pseudowissenschaftliche Versuche verwendete, waren Juden in den Lagern der Aktion Reinhardt nur für die unmittelbare Vernichtung von Nutzen – und auch nur so lange, wie diese andauerte. Wegen des stetigen «Austauschs» der Häftlinge waren bereits nach wenigen Monaten nur noch einzelne Handwerker der Erstbelegung am Leben.

Die Auswahlkriterien für die Häftlinge in Bełżec, Sobibór und Treblinka waren denkbar schlicht: Neben ein paar Fachleuten, Küchenhelfern oder Ärzten für den unmittelbaren Lagerbetrieb benötigten Globocniks Leute eigentlich nur kräftige Männer, die Gräber ausheben und Leichen schleppen konnten. Letztere waren im sogenannten Todesbereich (Lager II) untergebracht und hatten keinen Kontakt mit den anderen Teilen der Anlagen. Dort wiederum gab es Juden, die Dienstleistungen erbringen mussten: Außer den erwähnten Ärzten – die auch Deutsche und Trawnikis versorgten – und Köchen brauchten die Täter Menschen, die die geraubten Gegenstände ordneten und verpackten. Wenn ein neuer Zug an der Rampe hielt, suchten sie dafür manchmal Tischler, Schneider, Kürschner oder Goldschmiede. Unter den 2000 versammelten Menschen meldeten sich meist einige, aus denen die SS dann nochmals selektierte. Man musste viel Glück haben, um ausgewählt zu werden – zumal längst nicht bei jedem Transport überhaupt jemand verschont wurde.

Wen das Lagerpersonal nicht direkt in die Gaskammern trieb, der musste schnell lernen. Dem Häftling Richard Glazar erklärte ein jüdischer Vorarbeiter bei seiner Ankunft in Treblinka am 10. Oktober 1942:

> Nach zwei, drei Tagen, wenn du noch am Leben sein wirst und du zu mir kommst, wirst du wissen, dass es in Treblinka alles gibt – alles – nur kein Leben.[2]

Ganz ähnlich war die Einführung von Samuel Willenberg:

> Hier gibt es überhaupt nichts. Nicht einmal Leben. Du bist in Treblinka, dem größten Scheißhaufen von Lager überhaupt. Hast Du bemerkt, dass sie unsere Köpfe nicht geschoren haben? Niemand interessiert sich dafür. Das ist kein Arbeit- oder Konzentrationslager; es ist einfach nur ein gigantisches Vernichtungslager, eine Völkermordoperation.[3]

Die wenigen Ausgewählten waren tatsächlich

> in der Hölle, in einer Hölle voller Teufel. Wir warten auf den Tod, der jeden Augenblick kommen kann, bestenfalls in ein paar Tagen. Und um diese paar Tage zu überleben, müssen wir unsere Hände schmutzig machen und die Verbrecher bei ihrem Werk unterstützen.[4]

Und noch einmal Richard Glazar:

> Wir sind nicht mehr, wir existieren nicht mehr, sind tot, auf eine Weise tot, dass wir davon wissen.[5]

Dieser apokalyptische Ton stellte keine Übertreibung dar. Chil Rajchman beispielsweise war in Treblinka für das Sortieren von Kleidung zuständig:

> Ich entdecke das Kleid, das meine Schwester getragen hat. Ich unterbreche die Arbeit, nehme das Kleid in die Hand und betrachte es ein paar Augenblicke. […] Ich reiße ein Stück Stoff ab und stecke es in meine Tasche. Ich habe es zehn Monate aufbewahrt, so lange wie ich in Treblinka war.[6]

Rajchman schildert eine typische Erfahrung: Die Häftlinge waren ständig mit dem Tod konfrontiert – dem von Familienangehörigen und Freunden, dem von Unbekannten und als andauernde Drohung auch dem eigenen. Aber bei ihrer Arbeit durften sie sich kein Innehalten erlauben, sonst prügelten sie die Deutschen und die Trawnikis erbarmungslos – oder griffen gleich zur Schusswaffe. Mordechaj Goldfarb berichtet über die Misshandlungen in Sobibór, die auch in Bełżec und Treblinka zum Alltag gehörten:

> Und sie schlugen mit einer Peitsche, die am Ende mit Blei versehen war und ins Fleisch einschnitt. Mein Bruder fiel bewusstlos vom

> Brett, blutüberströmt, ich aber hielt es aus, ich zählte bis 75. Mir verpassten sie am meisten, da ich Meister und verantwortlich für die restlichen Maler war. Acht Wochen lang konnte ich nicht sitzen.[7]

Stumpfsinnige und traurige Aufgaben waren es, die den «glücklichen» Ausgewählten zufielen. Nach dem Krieg berichteten viele von ihnen so eindrucksvoll davon, dass die Pein aus jedem Wort spricht. Sie schrieben darüber, wie sie zusahen bei der Vernichtung von Hunderttausenden. Berek Freiberg etwa musste in Sobibór die Haare der Opfer abschneiden, bevor diese in die Gaskammern gingen, weil die Deutschen diesen wertvollen Rohstoff für ihre Kriegsindustrie benötigten.

> Es waren 20 Scherer da, die den Frauen die Haare abschnitten. Wenn die Frauen nackt hereinkamen und im Zimmer die Männer sahen, wollten sie sich zurückziehen, aber die Deutschen ließen das nicht zu und schlugen sie, so dass sie sich nackt hinsetzen mussten. Ich war einer der Scherer. Einen Kopf zu scheren dauerte ungefähr eine halbe Minute. Wir nahmen die langen Haare und schnitten sie schnell ab, dadurch blieben Stufen und Stellen mit Haar auf dem Kopf.[8]

Die gigantische Opferzahl brachte es mit sich, dass vergleichbar große Mengen an Hinterlassenschaften anfielen. Selbst wenn die Juden oft nur einen Koffer oder gar kein Gepäck mitnehmen konnten, hatten viele doch einen allerletzten Notgroschen bewahrt, den sie in den Deportationszug mitnahmen. Die Täter raubten ihnen alles:

> Unglaublich, woraus das letzte Gepäck von Abertausenden besteht. Ein Köfferchen, ausgestattet wie ein kleines Labor, eine zusammenfaltbare Ledertasche und darin Schlosserwerkzeug, verschiedenste Sperrhaken, eine Garnitur von Injektionsspritzen mit glänzendem Gefäß zum Auskochen. Ein riesiger Trödelladen, in dem alles vorhanden ist – außer Leben. Der Wind wirbelt kleinere Stücke auf,

> Papiergeld, grünliche polnische Zlotys, rötliche russische Rubel, deutsche Mark, amerikanische Dollars, Edelsteine und Gold, Wertsachen, die man auf der Flucht leicht mitnehmen kann, ein kleines Herz aus Gold mit Halskettchen. Oben auf einem roten Federbett mit braunen Durchfallflecken sitzt eine schwarze Rabbinermütze, daneben Beinprothesen, eine Kinderkrücke.[9]

Die Lagerinsassen mussten all diese Dinge ordnen und für die Weiterverwendung verpacken. Über Treblinka berichtet Aleksander Kudlik:

> Ich verbrachte etwa sechs Monate mit goldenen Füllern – zehn Stunden am Tag, sechs Monate lang, nur Füller sortieren.[10]

Die geraubten Gegenstände wuchsen im Laufe der Zeit zu regelrechten Bergen an.

> Uns wird befohlen, die paarweise zusammengebundenen Schuhe zu einem Haufen zu bringen, der so hoch ist wie ein vierstöckiges Gebäude und nur aus Schuhen besteht, aus Zehntausenden Paaren von Schuhen.[11]

Das ständige Wühlen im Gepäck Ermordeteter brachte für die dazu gezwungenen Juden – so grausam es klingen mag – einige Vorteile im Angesicht der Vernichtung mit sich. Am wichtigsten war das im Vergleich zum Ghetto deutlich bessere Essen, das unmittelbar aus den Transporten stammte. Insbesondere die ausländischen Juden hatten oft Proviant dabei, den die Lagerinsassen an sich nahmen und von dem sie leben konnten.

Auch gab es keine einheitliche Häftlingskleidung. Richard Glazar beschreibt, wie er anfängliche Skrupel überwand:

> Da, zieh dir das grüne Manchestersakko zu der hellbraunen Reithose an! Um den Hals binde dir ein rotgelbes Seidentuch! Das beein-

Jüdische Häftlinge des Lagers I in Bełżec – nur aus diesem Lager gibt es überhaupt Fotos der Insassen.

> druckt die da irgendwie. Auf den gehen sie dann nicht mit Peitschenhieben los. Wenn es heute dreckig wird oder zerreißt, ziehst du morgen etwas noch Fescheres, Ausgefalleneres an. [...] Den seidenen Pyjama, den ich aus meinem Bettzeug herausholte und den ich jetzt anhabe, werde ich morgen oben wegwerfen. Vielleicht ist mein nächster Pyjama in Treblinka noch gar nicht eingetroffen, erst unterwegs. Vielleicht werde ich morgen keinen mehr brauchen.[12]

So wie Glazar ein erfahrener Häftling eingewiesen hatte, half man sich gegenseitig, Solidarität war ein hohes Gut, selbst wenn es immer wieder Egoisten gab, die nicht teilen wollten. Die große Mehrzahl der Gefangenen aber hielt zusammen, man tauschte und beobachtete die Täter, um anderen kostbare Minuten von Ruhe zu ermöglichen. Unter den Insassen gab es freilich deutliche Hierarchien. So hatten die Deutschen Kapos bzw. Vorarbeiter benannt, die den anderen Juden Anweisungen gaben und sie teils selbst misshandelten, um den Druck der Täter weiterzugeben. Diese «Funktionäre» waren privilegiert, hatten einen separaten Schlafbereich in den Baracken und konnten sich aus dem Raubgut leichter bedienen als die anderen Insassen. Ihre Sonderstellung bedeutete außerdem größere Überlebenschancen, weil Deutsche und Trawnikis auf sie angewiesen waren und nicht ständig neues Personal anlernen wollten.

Besser als den vielen männlichen Häftlingen ging es den Frauen, die die SS für vorgeblich weibliche Tätigkeiten wie Kochen, Waschen oder Sortieren einsetzte. Sie lebten in separaten Baracken, hatten einen eigenen Appell und wurden meist etwas weniger schlecht behandelt. In Sobibór, wo 1943 sowjetische Beutemunition für deutsche Zwecke nutzbar gemacht wurde, setzte der Kommandant Franz Reichleitner dafür bis zu 150 Frauen ein. Treblinka blieb weit hinter dieser Höchstzahl zurück. Dort arbeiteten nur etwa 25 Jüdinnen in drei getrennten Wäschereien für SS, Trawnikis und Juden. Im Lager fand sich sogar ein Ehepaar, Familie Blau aus Wien, die Stangl aus seiner dortigen Zeit kannte und bei der Ankunft an der Rampe rettete. Beide Blaus kamen in der Küche zum Einsatz. In Sobibór betrieben die Deutschen für sich in einem kleinen Holzhaus sogar eine Art Bordell mit zwei bis vier jüdischen Mädchen. Aber es kam in allen drei Lagern zu Vergewaltigungen – und zwar durch Täter, nicht durch andere Juden.[13]

Eine noch größere Grenze als die zwischen Männern und Frauen stellten die Lagerteile dar. Ankunfts- und Mordbereich waren durch Stacheldraht voneinander abgegrenzt, es gab jeweils eigene Schlafbaracken für die Arbeitshäftlinge. Weil die Todgeweihten keinerlei Besitz mit in die Gaskammern nehmen durften, erhielten die dort arbeitenden Juden nur die kaum ausreichende offizielle Verpflegung und hatten keinen Zugriff auf Kleidung oder Wertgegenstände, deren Aneignung den Kauf von Vorteilen erlaubt hätte. Wegen ihrer körperlich anstrengenden Arbeit waren sie viel mehr von Krankheiten und Erschöpfung bedroht, worauf die SS fast immer mit der Erschießung der Betroffenen reagierte – für diese Tätigkeit benötigte sie schließlich keine qualifizierten Kräfte, die Menschen waren austauschbar. Wenn viele Züge eintrafen, gingen die Deutschen teilweise sogar dazu über, nur für einen Tag aus den Deportierten zusätzliche Helfer auszuwählen, die sie noch am selben Abend vergasten.

In jeder Hinsicht war der Weg ins Lager II eine Einbahnstraße: Wer aus dem Sortierbereich etwas dorthin verschaffen musste, durfte dem Grenzzaun nicht zu nahe kommen; tat er es doch, riskierte er, nicht mehr zurückzukommen. Der Einsatz bei Gaskammern und Massengräbern endete deshalb immer mit dem Tod. Die Schwere dieser Tätigkeit war auch der Grund, warum die Deutschen dafür keine Frauen einsetzten. Nur in Treblinka gab es ab Februar 1943 weibliche Häftlinge im Vernichtungsbereich: Im Lager war eine Typhusepidemie ausgebrochen, und um die Hygiene im Lager II zu fördern, ließ Stangl dort eine Wäscherei bauen und von Jüdinnen betreiben. Bis zu diesem Zeitpunkt war es den Häftlingen schlicht nicht möglich gewesen, ihre Kleidung zu reinigen.

Umgekehrt boten die im Lager I anfallenden Aufgaben durchaus Möglichkeiten, das eigene Leben zu verlängern. Manche Funktionshäftlinge waren tatsächlich Fachkräfte, die in Begleitung von Wachmännern sogar das Gelände verlassen durften. In Bełżec beispielsweise amtierte ein jüdischer Bankier aus Cieczyn als Zahlmeister, der mit den Polen der Umgebung deren Dienstleistungen abrechnete und dafür bis ins zehn Kilometer entfernte Tomaszów Lubelski fuhr.[14] Solche Außeneinsätze waren höchst begehrt, denn sie boten die Chance eines lebensverlängernden Tauschhandels. Was auf den ersten Blick merkwürdig erscheinen mag, hatte einen ganz realen Hintergrund:

> Jeder der jüdischen Arbeiter hatte Geld wie Heu. Sie hatten das Geld aufgelesen, das man im Lager auf Schritt und Tritt finden konnte. Die Bauern des Bezirks wussten dies genau und hatten kapiert, dass sie nirgendwo auf der Welt solche Preise für ihre Produkte verlangen konnten wie in Treblinka. Sie hatten es von den Arbeitern im Wald erfahren und sehr schnell die Möglichkeit für Geschäfte erkannt. Sie

> trafen Abmachungen mit den Ukrainern, die hier als Vermittler fungierten. Und so geschah es, dass täglich Körbe mit weißen Brathähnchen-Rouladen, Käse, Butter, Sahne und so weiter in Treblinka eintrafen.[15]

Natürlich war dergleichen offiziell streng verboten. Sowohl die Häftlinge wie die Trawnikis riskierten Strafen, wenn die Deutschen sie erwischten. Für die Juden bedeutete das den Tod oder mindestens brutale Misshandlung. Trotzdem gingen alle Beteiligten das Risiko nur zu gerne ein, denn den einen erlaubte es eine ungeahnte Bereicherung, den anderen half es beim Überleben. Und so drängten sich die Gefangenen in die Außenkommandos, die in die umliegenden Wälder marschierten, dort Holz und Zweige für die damit bestückten außenliegenden Lagerzäune sammelten und anschließend die Tarnung der Mordzentren erneuerten.

> Die Ukrainer, ihre Gewehre auf uns angelegt, umzingelten uns. Dann warf einer von ihnen eine Kappe mit Totenkopfemblem in die Mitte und sagte auf Russisch: «So, Kameraden: gebt Geld!» Jeder von uns gab, was wir hatten. Dollars, Goldmünzen und Goldrubel mit dem Bildnis des Zaren ergossen sich. Kleinbaum [einer der Häftlinge] fragte den Wachmann, was für eine Art Paket wir im Gegenzug erhalten würden. Falls sein Inhalt nur für ein Mittagessen vor Ort reichen würde, gäbe er 300 bis 400 Dollar. […] Das Paket enthielt dann einen vier-Kilo-Laib dunklen Brots aus dem Dorf, einen Liter Wodka, drei Kilo Speck, ein paar Sardinenbüchsen und etwas Schokolade. Die involvierte Geldsumme war ein Rockefeller-Vermögen im Polen jener Zeit.[16]

Meist genügte es,

> nur ein Stück weg vom Lager, tiefer in den Wald zu gehen. Und schon erscheinen vereinzelt «Spekulanten», aber die kleinsten in der ganzen Spekulationskette. Barfüßige Buben und Mädchen, zer-

> lumpte Wesen tauchen auf und verschwinden gleich wieder in der Ferne zwischen den Bäumen. Es sieht so aus, als ob sie dürres Holz sammeln würden. Ein Stück weiter haben sie in Wirklichkeit ein Paket versteckt. […] Mein Gott, woher kommt im vierten Kriegsjahr, in diesem verelendeten, verwüsteten Land so viel Essen? Wo barfüßige, zerlumpte Leute Pakete mit Feinkost für zwanzigtausend Zloty, für goldene Uhren verkaufen …?[17]

Die Vernichtung erlaubte vor allem den Mördern eine Bereicherung im großen Stil. Ein Überlebender berichtete nach dem Krieg über die Lager-SS:

> Sie waren jung, gesund, gut genährt, hatten reichlich zu trinken, wälzten sich in jüdischem Geld, ihre Taschen waren mit den Diamanten der Juden gefüllt, und sie waren vom Dienst an der Front befreit. Was will man mehr? Und so amüsierten sie sich auf Kosten der Juden und beliebten über unsere Demütigung und unser Leid zu scherzen.[18]

Tatsächlich leisteten sich die Täter auf Kosten der Opfer viele Vergnügen. Beispielsweise gab es in Bełżec seit Sommer 1942 ein Orchester aus jüdischen Häftlingen, das bei der Ankunft neuer Deportationszüge aufspielte, um die Ankömmlinge zu beruhigen und zu täuschen. Noch häufiger spielten die Musiker aber für die Deutschen im Lager.

In Treblinka hatte die SS den bekannten Warschauer Violinisten und Komponisten Artur Gold an der Rampe selektiert, um ein Orchester aus bis zu zehn Personen zu bilden, die dann in einer Art Frack Operettenhits darboten. Auch musste Gold für den stellvertretenden Lagerkommandanten Kurt Franz die Musik zum sogenannten «Lied von Treblinka» schreiben, dessen Text Franz bei dem Häftling Walter Hirsch in Auftrag gegeben hatte. Die Insassen sangen dieses Lied jeden Tag mehrfach – wer es am zweiten Tag seines Aufenthalts noch nicht auswendig konnte, riskierte, erschossen zu werden:

> Festen Schritts und Tritts und den Blick geradeaus,
> immer mutig und froh in die Welt geschaut,
> marschiert die Kolonne zur Arbeit.
> Für uns gilt heute nur Treblinka,
> das unser Schicksal ist.
> Darum haben wir uns auf Treblinka
> umgestellt in kurzer Frist.
> Wir hören auf den Ton der Kommandanten
> und folgen ihnen auf den Wink
> und geh'n in Schritt und Tritt zusammen
> für alles, was die Pflicht von uns verlangt.
> Die Arbeit soll uns alles hier bedeuten
> und auch Gehorsamkeit und Pflicht,
> wir wollen weiter, weiter leisten,
> bis uns das kleine Glück auch einmal winkt.[19]

Letztlich mussten die Häftlinge dankbar sein, wenn die Täter sie nur mit Spott und Verachtung bedachten. Fußballspiele zwischen ihnen und der SS oder den Trawnikis konnten bei Erfolg schnell brutale Revanche nach sich ziehen. Boxkämpfe bis zum Tode zur Unterhaltung der Wachmannschaften hatten mit Sport ebenfalls nichts zu tun. Es gab keine Grenzen für das, was die Deutschen den Juden ungestraft antun konnten. Exzessive, vollkommen grundlose und sadistische Gewalt wurde ständig ausgeübt. Ein typisches Beispiel aus Sobibór beschreibt Mordechaj Goldfarb. Ihn hatte der stellvertretende Kommandant Gustav Wagner geschickt, um Farbe aus einem Magazin zu holen. Aber Wagner war ein ungeduldiger Mann und wollte nicht warten. Er lief selbst zum Depot, wo Goldfarb bereits einige Eimer in der Hand hatte. Wagner schlug ihm heftig ins Gesicht und beschimpfte ihn wütend.

> Dann lief er davon, konnte sich aber nicht beruhigen, kehrte wieder zurück und schrie wieder dasselbe und schlug wieder zu. So dauerte das bis fünf Uhr nachmittags. Um die Farbe zu holen, waren wir in

der Früh losgegangen. Wagner raste also aus der Baracke und kehrte zurück, und jedes Mal schlug er uns, dann weinte er vor Wut und schlug wieder zu. Unser Blut vermischte sich mit der Farbe. Dann schrie er, er wolle uns nicht sehen, und schickte uns los, drei Waggons mit Kies zu entladen. Mir gab er den größten Eimer und hetzte seinen Hund, der «Bari» genannt wurde, auf mich. Der Hund riss meine Kleidung in Stücke und sprang mir … zwischen die Beine! Darauf war er dressiert. [… Am nächsten Tag] bemerkte ich nicht, wie Wagner herankam, und nahm meine Kappe nicht vor ihm ab. Er trat an mich heran und versetze mir einen solchen Tritt, dass ich einen Leistenbruch erlitt.[20]

Wachhunde gab es auch in den anderen beiden Lagern, wo sie ebenfalls die Häftlinge attackierten. Nur aus Sobibór ist allerdings überliefert, dass Karl Frenzel, der Kommandant des Lagerbereichs I, sein Tier auf den Spruch «Mensch, fass den Hund» abgerichtet hatte – worauf dieser dann die Juden anfiel. Dafür brauchten Frenzel und seine Kameraden keinen besonderen Grund, weshalb sie ihn beispielsweise auf Insassen auf der Latrine hetzten, die der Hund in den Unterleib biss. Genauso willkürlich waren die Strafen, die die SS ständig verhängte. Auspeitschen, Essensentzug oder der Einsatz in einem Sonderkommando, das stets im Laufschritt arbeiten musste, stellten nur einige davon dar – und über allem schwebte stets die Gefahr, sofort erschossen zu werden.[21]

Bei alldem blieben die Deutschen immer darauf bedacht, ihren Status als vorgeblich überlegene Herrenmenschen zu betonen, um sich insbesondere gegenüber den «fremdvölkischen» Trawnikis abzugrenzen. Eitelkeiten wie spezielle Uniformen, die jüdische Schneider extra anfertigten und pflegten, waren nur ein Aspekt davon. Franz Stangl war in Treblinka berüchtigt für seinen überheblichen Auftritt.

Mit der Reitgerte leicht gegen die Stiefel tippend, geht er wortlos noch vor dem Ende des Appells fort. Mit leicht gebogener Nase und

> vorspringendem Kinn, durch lockere Körperhaltung und Bewegungen, die nur den höheren Rängen zustehen, wirkt er wie ein Burgherr, der die Macht unter die anderen Herren verteilt.[22]

Weil nur so wenige SS-Männer in den Lagern eingesetzt waren, hatte jeder einen klar abgegrenzten Zuständigkeitsbereich, in den ihm die Kameraden wenig hereinredeten. Die weniger militärische als vielmehr kollegiale Organisation brachte selbst vergleichsweise niederen Rängen viele Freiheiten, die sie gegenüber Juden und Trawnikis ausleben konnten. In Kombination mit den materiellen Vorteilen herrschten für die Täter bei der Aktion Reinhardt wahrhaft «schöne Zeiten». Und so war dies der Titel eines Fotoalbums, das Treblinkas stellvertretender Lagerkommandant Kurt Franz von seinen Kameraden überreicht bekam. Franz dachte später offensichtlich gerne an die Judenvernichtung in Polen zurück und hatte kein Unrechtsbewusstsein – oder nur ein deformiertes: nach 1945 radierte er das «schöne» weg; lesbar blieb es dennoch. Er bewahrte das Album auf, bis Ermittler es 1959 bei ihm daheim fanden.

Auf 29 Bildern hatten Franz' Untergebene Treblinka als eine beschauliche Idylle inszeniert. Viele Fotos zeigten Füchse und andere Tiere des Lagerzoos, einen Wachhund, einen Eimerbagger im Einsatz, aber auch die Sprengung eines Schornsteins in Ostrów Mazowiecka, dessen Backsteine dann für den Bau der Gaskammern verwendet wurden. Kein einziges Bild zeigt explizit Gefangene oder gar Leichen.[23] Das Album spiegelte also nicht annähernd den Lageralltag wider, sondern versinnbildlichte die Sehnsucht nach einer Normalität, die es nicht gab.

Der offensichtlich ersehnten Ablenkung von der «schweren Plicht» dienten die zahlreichen Kameradschaftsabende, die mit Musik und Kartenspiel außerdem den Gruppenzusammenhalt stärken sollten. Und wer es gar nicht mehr im Lager aushielt, durfte in die nächstgelegenen Städte fahren und in den dortigen Soldatenheimen andere Deutsche treffen. Der reichlich konsumierte Alkohol trug ebenfalls zur Zerstreuung bei und erlaubte

Titelseite von Kurt Franz' Album «Schöne Zeiten».

mindestens teilweise, das tägliche Mordgeschehen zu verdrängen. Freilich blieben alkoholisierte Exzesse nicht aus, es kam immer wieder zu Streitigkeiten, bei denen vereinzelt sogar geschossen wurde. Genauso wie der Verkehr mit polnischen Prostituierten, Jüdinnen im Lager oder im Falle Treblinka mit Rot-Kreuz-Schwestern im nahe gelegenen Małkinia fand das jedoch nicht die Zustimmung der Vorgesetzten in Berlin und Lublin. Dort beobachtete man mit gewisser Sorge, welche psychischen Probleme die Männer entwickelten, sprach von «völliger Entwürdigung und Verrohung»[24] – und änderte doch nichts.

Ähnliches ließ sich bei den Trawnikis beobachten, für die die Erlebnisse bei der Aktion Reinhardt noch weit schockierender waren. Ohne bereits mit der «Euthanasie» einen Massenmord organisiert und dort gewissermaßen eine Gewöhnungsphase durchlaufen zu haben, fanden sie sich in Bełżec, Sobibór und Treblinka mit völlig neuen Gegebenheiten konfrontiert. Bis vor Kurzem selbst noch Gefangene der Deutschen, setzten diese sie nun zur Bewachung von Juden ein. Die SS ließ sie zwar ständig spüren, dass sie nur «Hilfswillige» und Menschen zweiter Klasse seien, aber diesen Druck konnten sie an die Lagerinsassen weitergeben, diese schikanieren, den eigenen Antisemitismus ausleben und nicht zuletzt sich in großem Maßstab bereichern. Auch weil die Trawnikis gegenüber den Deutschen zahlenmäßig deutlich in der Mehrheit waren – bis zu sieben von ihnen kamen auf einen SS-Angehörigen –, entwickelten sie im Laufe der Zeit nicht selten das Gefühl, die eigentlichen Herren der Lager zu sein.[25]

Um ihre Macht zu bewahren, unterwarfen die Deutschen die «Fremdvölkischen» einer harten Disziplin und ebenfalls schweren Strafen. Selbst bei geringen Verstößen gegen die Lagerordnung erhielten diese 25 Stock- oder Peitschenhiebe und waren der SS kaum weniger ausgeliefert als die Juden. Nur die wenigen Volksdeutschen unter ihnen hatten es besser. Sie erhielten zusätzlichen Urlaub, bekleideten Unteroffiziersstellen und wurden auch sonst bevorzugt behandelt. Trotzdem schliefen sie mit den anderen Trawnikis in einem abgetrennten und umzäunten Lagerbereich, was auch das Misstrauen der Deutschen verdeutlicht. Tatsächlich kam es immer wieder zu Desertionen, fast ein Drittel aller Trawnikis flüchtete.

Die wenigsten «Hilfswilligen» lassen sich namentlich identifizieren. Auch in der Erinnerung von Überlebenden bleiben die meisten von ihnen blass, lediglich die exzessiven Gewalttäter finden Erwähnung. In Treblinka war das beispielsweise «Iwan der Schreckliche», der zeitweise den Motor der Gaskammer bediente. Bevor die Opfer dieses Gebäude betraten, peitschte und quälte er sie auf jede erdenkliche Weise.[26] Chil Rajchman hat ihn charakterisiert:

> Iwan ist etwa fünfundzwanzig Jahre alt und sieht wie ein riesiges, gesundes Pferd aus. Seine Kraft lässt er gern an den Häftlingen aus. Von Zeit zu Zeit juckt es ihn in den Fingern: Er hält einen Häftling

> an, der gerade vorbeikommt, und schneidet ihm mit einem Messerhieb ein Ohr ab. [...] Eines Tages näherte sich Iwan mit einem Schürhaken in der Hand dem Brunnen, während ich zusammen mit einem anderen Dentisten namens Finkelschtejn Zähne reinigte. Er befahl Finkelschtejn, sich auf die Erde zu legen, dann stieß er ihm den Schürhaken ins Gesäß.[27]

Weil die Trawnikis auf der Hierarchieleiter klar unterhalb der Deutschen rangierten, gelang den Häftlingen jedoch immer wieder die Verständigung mit ihnen. Die geschilderten Episoden der Waldkommandos belegen eindrucksvoll, wie sehr die sprachliche Nähe zwischen diesen Tätern und den Opfern die Sache erleichterte. Samuel Willenberg hat ihre Beziehung zusammengefasst:

> Meine persönliche ukrainische Wache, obwohl sie mich im Notfall schlagen konnte, durfte mich auf keine andere Weise berühren, mit mir sprechen oder gar irgendetwas von mir annehmen. Die SS-Männer behielten die Ukrainer genau im Auge. Sie durften nicht alleine im Lager sein, wo sie etwas stehlen konnten, und es war ihnen nicht erlaubt, mit den Gefangenen zu fraternisieren. Das verschaffte uns einen gewissen Vorteil: Wir verarbeiteten Güter im Wert von Millionen von Dollars, und die Ukrainer waren darauf reduziert, um ein paar Leckerbissen zu betteln. Sie würden diese Almosen in Geld umtauschen und in ihrer Freizeit für Prostituierte und Schnaps bei den Bauern nahe des Lagers ausgeben. Die Huren wurden von diesen ganz gezielt aus Warschau hergebracht.[28]

Die Vernichtungslager blieben trotz solcher Atempausen für die jüdischen Insassen grauenvolle Orte. Dennoch war Flucht für die wenigsten von ihnen eine denkbare Option. Neben der ständigen Erschöpfung und den praktischen Herausforderungen waren die angedrohten Kollektivstrafen abschreckend, die bei einem entwichenen Insassen den Tod seiner Arbeitsgruppe sowie jedes zehnten Häftlings vorsahen. Außerdem hatten sowieso nur einige wenige überhaupt die Gelegenheit, an Außeneinsätzen teilzunehmen, der einzigen Gelegenheit, bei der sich – selten – die Chance zum Weglaufen ergab. Alle anderen blieben ohne Unterbrechung dem alltäglichen Terror von SS und Trawnikis ausgesetzt, mussten die Vernichtung mit ansehen und waren sich des eigenen Schicksals nur zu bewusst.

Rudolf Reder, der im besonders grausamen Lager II arbeitete, schreibt über Bełżec:

> Wir beschwerten uns nicht, wir waren total resigniert. Wir bewegten uns ohne eigenen Willen. Wir waren eine Masse.[29]

Stattdessen suchte er Zuflucht bei seiner Religion, er nahm Tallith und Tefillin von Toten und sprach nachts das Kaddisch für all die unschuldigen Opfer. Auch das war kein ungewöhnliches Verhalten. Im Gepäck der Deportierten fanden sich sogar Gebetbücher, die kleine Gottesdienste erlaubten. Im Angesicht des eigenen Todes versuchten viele,

> so weit wie möglich nach dem jüdischen Gesetz zu leben. An den Feiertagen versammelten sich kleine Gruppen frommer Juden.[30]

8. Rettung!? Aufstände und Flucht aus den Vernichtungslagern

Die Lagerinsassen waren vom Gefühl totaler Hoffnungslosigkeit so überwältigt, dass sie es noch viele Jahre nach dem Krieg in ihren Erinnerungen schilderten. Dabei zeugen gerade diese Memoiren vom unbedingten Überlebenswillen, schließlich hatten die Deutschen ihre Autoren nicht ermorden können. Trotz der brutalen Effizienz der Aktion Reinhardt kam es immer wieder zu Fluchten und zu Widerstand. Die Täter mussten ständig damit rechnen, von den Juden attackiert zu werden. Wirths Maßnahme in Bełżec, die Deportationszüge nur mehr von Häftlingen öffnen zu lassen, zeugt davon; tatsächlich waren Attacken an der Rampe gar nicht so selten. Die vielen Täuschungsmanöver – von Orchestermusik bis hin zu den als Badeanstalten getarnten Gaskammern – belegen ebenfalls die Furcht der «Herrenmenschen».

Es ist bemerkenswert, welchen Erfindungsreichtum die gar nicht so passiven Opfer an den Tag legten, um mit einfachsten Mitteln die hochgerüsteten SS-Männer und ihre «Hilfswilligen» anzugreifen. Ihnen war wohl bewusst, dass Widerstand unter diesen Umständen eigentlich immer einem Todesurteil gleichkam und außerdem die Mitgefangenen einer Kollektivstrafe aussetzte. Trotzdem bäumten sie sich auf. In Treblinka erstach Meir Berliner am 11. September 1942 beispielsweise den SS-Mann Max Biala auf dem Appellplatz. Abraham Krzepicki berichtet davon:

> Ich stand neben Berliner. Ich habe nichts bemerkt. Ich sah weder, wann noch woher er sein Messer zog. Ich sah ihn erst, als er aus unserer Reihe sprang und mit aller Kraft dem Scharführer, der die Selektion durchführte, das Messer in den Rücken stieß.[1]

Zum Gedenken an Biala und zugleich als ständige Mahnung, immer wachsam zu sein, ließ Stangl die Baracken der Trawnikis in «Max-Biala-Kaserne» umbenennen. Gleichzeitig gab es brutale Vergeltung an den Häftlingen.

In Sobibór und Treblinka kam es zu großen Aufständen und im Anschluss zu Massenfluchten. Dementsprechend überlebten viel mehr Menschen als in Bełżec. Im kleinsten aller Vernichtungslager war die Überwachung schon wegen der geringen Fläche viel besser. Daher wissen wir heute von nur fünf Flüchtlingen, von denen einer schon vor dem eigentlichen Beginn der Aktion Reinhardt aus dem noch im Bau befindlichen Komplex entwich. Der chassidische Rabbi Izrael Szapiro aus Błażowa, in der Nähe von Lemberg, entkam etwas später, wurde aber erneut gefasst; das Kriegsende erlebte er in Buchenwald, aber über seine Erfahrungen in Bełżec berichtete er lediglich ein einziges Mal. Noch unklarer ist das Schicksal von Sylko Herc aus Krakau, der im Frühjahr 1943 von einem Zug springen konnte, als das Vernichtungslager aufgelöst wurde und die Täter die zu diesem Zeitpunkt noch lebenden Häftlinge nach Sobibór transportierten. Vermutlich überlebte er den Krieg nicht.

Chaim Hirszman floh wie Herc aus jenem letzten Zug – und entkam den Deutschen genau wie der aus Lemberg stammende Rudolf Reder. Letzterer hatte vier Monate im Mordbereich arbeiten müssen und konnte im November 1942 auf abenteuerliche Weise entweichen. Weil er aus Lemberg stammte, musste er mehrere SS-Männer in einem LKW dorthin begleiten, die Einkäufe für das Lager machen wollten und dafür einen ortskundigen Helfer benötigten. Des Nachts kam es zu einem Trinkgelage, nach dem der zu Reders Bewachung abgestellte volksdeutsche «Hilfswillige» Karol Trautwein einschlief. Reder lief zu seiner früheren Vermieterin, die ihn versteckte. Es folgten 20 Monate Angst vor Entdeckung und Denunziation, bis endlich die Rote Armee die Stadt befreite. Und ständig quälten ihn Erinnerungen an die Zeit im Vernichtungslager.

> Bilder des Horrors, den ich erlebt hatte, verfolgten mich. Wach und schlafend hörte ich das Jammern der gequälten Opfer. Und die Schreie der Kinder. Und das Heulen des Motors [bei den Gaskammern].[2]

Nach einer erfolgreichen Flucht ließen die Häftlinge das Grauen nur körperlich hinter sich. Außerdem war das Entkommen noch nicht die Rettung. Dazu war die Besatzung mit ihrer brutalen Judenverfolgung viel zu drückend. Abraham Krzepickis Geschichte belegt das deutlich. Nachdem ihn die Deutschen am 25. August 1942 aus dem Warschauer Ghetto nach Treblinka deportiert hatten, gelang es ihm, von dort gemeinsam mit drei Mitgefangenen nur 18 Tage später zu entkommen: An jenem Tag musste er mit anderen Häftlingen Güterwaggons mit geraubten Kleidungsstücken beladen. Die vier Flüchtlinge versteckten sich unter einem Berg von Mänteln, was die SS nicht bemerkte. Sie fuhren ein paar Kilometer mit dem Zug und sprangen dann ab. Krzepicki gelangte einige Wochen später nach Warschau zurück.[3]

Er stellte dort fest, dass von seinen drei Kameraden jede Spur fehlte. Für den 25-jährigen Zionisten war die Schlussfolgerung aus seinen Erlebnissen klar: Die Juden mussten Widerstand leisten. Er schloss sich der Jüdischen Kampforganisation (Żydowska Organizacja Bojowa) an und nahm im April 1943 am Aufstand im Warschauer Ghetto teil. Dieses Aufbegehren mochte hoffnungslos erscheinen, als eine Verzweiflungstat ohne jede Aussicht auf Erfolg. Aber es setzte erneut dieses so wichtige Zeichen: Juden ließen sich nicht «wie Schafe zur Schlachtbank» führen. Das war jedenfalls der Eindruck, den der Aufstand vermittelte – und zwar sowohl den Tätern wie ihren Opfern. Es dauerte beinahe einen Monat, bis deutsche Truppen unter SS-Gruppenführer Jürgen Stroop mit massivster Gewalt die Kämpfer um Mordechaj Anielewicz niederringen konnten. Krzepicki bezahlte mit dem Leben für seine Überzeugung; seine Kameraden mussten ihn beim Rückzug aus einem brennenden Gebäude schwer verwundet zurücklassen.

Die Überlebenden des Aufstands wurden nach Treblinka deportiert, wo ihre Schilderungen großen Eindruck auf die Insassen machten. Deren Verzweiflung war Anfang 1943 noch gewachsen, weil ihnen die immer seltener werdenden Deportationszüge das Ende der Vernichtungsaktion anzeigten, was gleichzeitig bedeutete, dass sie selbst demnächst für die SS überflüssig sein würden. Erste Planungen für einen Ausbruch hatten daher schon im März begonnen, waren allerdings von den Deutschen durchkreuzt worden: Das Organisationskomitee verfügte damals zwar über ein erfolgversprechendes Konzept, konnte dieses aber nur langsam umsetzen. Dadurch wuchs die Gefahr einer Entdeckung, und tatsächlich fand die Lager-SS bei Dr. Julian Chorążycki, einem ehemaligen Hauptmann der polnischen Armee, viel Geld, das dieser für Fluchtzwecke gesammelt hatte. Er entzog sich dem Verhör am 19. April durch Gift. Wenig später erschoss der SS-Mann August Miete den Lagerältesten Benjamin Rakowski, der ebenfalls in die Konspiration involviert war.

Die Widerstandspläne waren damit vorerst gescheitert, man musste einen neuen Anlauf nehmen. Als besonders schwierig erwies sich die Koordination zwischen den beiden Lagerteilen, weil der Todesbereich stark abgeschirmt war. Und um die Geheimhaltung nicht zu gefährden, wollten die Organisatoren den Kreis der Mitwisser nicht allzu sehr ausdehnen. Letztlich waren es vor allem die Funktionshäftlinge, die die Planung und Vorbereitung übernahmen. Sie schafften Messer und Äxte zur Seite; der Schlosser Eugeniusz Turowski fertigte einen Nachschlüssel für die Waffenkammer der SS an, aus der kurz vor der Erhebung unauffällig Pistolen und Gewehre verschwanden; nicht zuletzt nahm man größere Mengen an Geld und Wertgegenständen aus dem Raubgut, um auf der Flucht überleben zu können.

Am 2. August sollte der Aufstand losbrechen. Und das Schicksal meinte es gut mit den zu dieser Zeit über 800 Insassen, denn einige SS-Männer waren auf Heimaturlaub, andere mit einigen Trawnikis zum Schwimmen gegangen. Weil Fritz Küttner jedoch bei Häftlingen Geld gefunden hatte und diese erschießen wollte, musste man improvisieren und früher losschlagen als geplant. Chil Rajchman schildert das entstehende Chaos aus der Perspektive des Todesbereichs:

> Vom Lager Nr. 1 her hören wir zwei Schüsse, das Signal für den Beginn des Aufstands. Nach ein paar Minuten bekommen wir den Befehl, die Arbeit liegen zu lassen. Jeder läuft zu seinem verabredeten Posten. Kurz darauf schlagen hohe Flammen aus den Gaskammern: sie sind angezündet worden. Der Ukrainer, der neben der Baracke Wache geschoben hat, liegt auf der Erde wie ein frisch geschlachtetes Schwein. Kamerad Shelo hat die Waffe an sich genommen. Aus allen Richtungen sind Schüsse zu hören. Die Ukrainer, die unsere Kameraden von ihren Wachtürmen heruntergelockt haben, liegen tot auf der Erde. Die zwei SS-Männer, die Baggerführer, sind getötet worden. Wir laufen zum Zaun und rufen: «Revolution! Revolution!» Ein paar flüchtende Ukrainer werfen die Arme hoch. Wir nehmen ihnen die Waffen ab. Wir sind schon am dritten Zaun. Wir durchtrennen die Stacheldrahtzäune, einen nach dem andern.[4]

Aber der Plan ging nur teilweise auf. Rund hundert Häftlinge blieben in Treblinka, weil sie zu überrascht, zu geschwächt oder zu stark bewacht waren. Der Großteil der Flüchtlinge fiel im Kugelhagel der Wachmänner. Und obwohl einige der Trawnikis die Gelegenheit zur Desertion nutzten, standen die allermeisten loyal zu den Deutschen. Es gelang nicht, auch nur einen einzigen SS-Mann zu töteten – Berichte wie der von Rajchman stellten sich als Irrtum heraus –, die Verluste unter den Bewachern beliefen sich auf lediglich zwei «Hilfswillige». Das Feuer verschlang zwar einen Großteil der Holzbauten und der Tarnung des Lagers, aber die Gaskammern blieben intakt. Die Schäden waren letztlich schnell zu beheben. Nach nur zwei Wochen ermordeten die Deutschen die nächsten Opfer eines Transports aus Białystok – und die nicht geflohenen

Häftlinge. Nur zwanzig von ihnen schickten sie ins Arbeitslager Treblinka I, wo einige von ihnen überlebten.[5]

Schätzungsweise 200 bis 250 Juden entkamen während des Aufstands. Das war ein großartiges Gefühl, wie es nur wiedergewonnene Freiheit geben kann:

> «Weg jetzt, alle weg – in die Wälder!» Das Tor ist aufgebrochen, wir rennen hinaus und weiter über den Gemüseacker. «Karl, juhu!» Wir lachen beide wie verrückt, während wir nebeneinander herlaufen. Ich schreie, höre mich schreien, wie beim Herumtollen. [...] Als wir [nach einem halben Tag] in völliger Dunkelheit zum anderen Ufer [des Bug] schwimmen und herauswaten, beginnt sich hinter uns der Himmel etwas aufzuhellen, und als wir das Ufer hinaufkriechen und uns umdrehen, sehen wir einen riesigen Feuerschein über Treblinka – größer und anders gefärbt als in all den Nächten zuvor, als er von dem großen Verbrennungsrost gespeist wurde.[6]

Die Deutschen hatten den Opfern ihrer Mordpolitik keine andere Wahl gelassen. So war es auch im Falle von Sobibór: In dem erwähnten Zug aus Bełżec, aus dem Sylko Herc und Chaim Hirszman entkamen, fanden die Häftlinge beim Sortieren der Kleidung der ermordeten «Passagiere» warnende Briefe:

> Wir haben ein Jahr in Bełżec gearbeitet. Ich weiß nicht, wohin sie uns jetzt bringen. Sie sagen, nach Deutschland. [...] Wenn dies eine Lüge ist, wisst auch ihr, dass Euch der Tod erwartet. Glaubt den Deutschen nicht! Rächt uns![7]

Und tatsächlich hatte einer der niederländischen Insassen des Todesbereichs im April 1943 die Idee, einen Tunnel von der Schlafbaracke bis jenseits des Stacheldrahtzauns zu graben, um damit eine Massenflucht zu ermöglichen. Er konnte einen Trawniki-Mann bestechen und ihn scheinbar davon überzeugen, beide Augen zuzudrücken. Doch dieser Ukrainer verriet den Plan, als der

Bau schon begonnen hatte. Die SS ermordete daraufhin alle rund 150 Häftlinge dieses Lagerteils, außerdem selektierte Karl Frenzel im Lager I weitere 70 niederländische Juden, die ebenfalls erschossen wurden.

Eine abschreckende Wirkung erzielten die Deutschen damit kaum. Ganz im Gegenteil waren immer mehr Gefangene der Ansicht, dass Widerstand und Flucht ihre einzige Möglichkeit blieben – selbst wenn die Konsequenzen bei einem Scheitern tödlich waren. So kam es im Juli 1943 zu einem bemerkenswerten Vorfall beim sogenannten Waldkommando. Dessen Bewacher hatten die Häftlinge Józef Kopp und Szlomo Podchlebnik ins nächste Dorf geschickt, um Wasser zu holen. Die beiden nutzten diese Gelegenheit für ein Tauschgeschäft mit der dortigen Bevölkerung und gaben dem sie begleitenden ukrainischen Trawniki-Mann reichlich von ihrem eben erstandenen Wodka. Es gelang Kopp und Podchlebnik, ihn zu überwältigen und zu töten. Ihre Abwesenheit blieb allerdings nicht lange unbemerkt, und als das Waldkommando einen anderen Ukrainer ins Lager schickte, um dort Verstärkung anzufordern, ergriffen weitere 14 Häftlinge die Flucht. Elf von ihnen konnte die herbeigeeilte Unterstützung um den Lagerkommandanten Franz Reichleitner wieder einfangen. Sie wurden zunächst grausam misshandelt, dann inszenierte die SS ihre Exekution als öffentliche Hinrichtung vor allen Insassen.[8]

Unter den überlebenden Häftlingen verbreitete sich immer mehr die Gewissheit, dass sie die nächsten, die letzten Opfer sein würden. Leon Feldhendler aus Żółkiewka ergriff die Initiative und gewann Ende September 1943 Aleksandr Petscherski als militärischen Anführer seiner Widerstandsbewegung. Der Leutnant der Roten Armee war mit einem Deportationszug aus den besetzten sowjetischen Gebieten eingetroffen und verfügte über reichlich Kampferfahrung. Zusammen verwarfen sie schnell eine heimliche Flucht. Insbesondere Tunnels schienen ungeeignet, um über 500 Leute aus dem Lager zu retten. Und tatsächlich ging es Feldhendler und Petscherski um nicht weniger als die Befreiung aller

Gefangenen. Schnell war klar, dass nur mit bewaffneter Gegenwehr dieses Ziel erreicht werden könnte. Um die entsprechenden Pläne zu entwickeln und dann durchzuführen, weihten sie zunächst die Kapos und wichtige Funktionshäftlinge in ihre Überlegungen ein; weniger als fünfzig Insassen wussten überhaupt, dass etwas passieren würde. Der Plan war bestechend: Innerhalb einer Stunde sollen so viele Deutsche wie möglich getötet und dann zu einem offenen Aufstand und schließlich einer Massenflucht übergegangen werden.

Nach umfassenden Vorbereitungen schlägt man am 14. Oktober 1943 los, ein Datum, an dem mehrere SS-Männer – darunter der Kommandant Franz Reichleitner – abwesend sind. Eigentlich will man um 16 Uhr beginnen, aber Untersturmführer Johann Niemann taucht bereits eine Viertelstunde vorher in der Schneiderei auf, wo er eine neue Uniform bestellt hat. Er legt seine Jacke und seine Waffe ab – und Aleksandr Schubajew erschlägt ihn mit einer Axt. Es ist die erste Pistole, die den Häftlingen in die Hände fällt. Weitere werden folgen.

Der Kommandant des Todesbereichs, Anton Getzinger, erscheint pünktlich um 16 Uhr in der Schusterwerkstatt, weil es dort angeblich schöne neue Stiefel gibt. Er stirbt ebenso durch einen Axthieb wie zehn Minuten später Siegfried Graetschus, der auf einen ähnlichen Trick hereingefallen ist. Um 16:30 Uhr sind weitere Deutsche und erste «Hilfswillige» tot, die Telefonleitungen aus dem Lager gekappt, außerdem hat der Schmied Szlomo Szmajner aus der Baracke der Trawnikis einige Gewehre in Abflussrohren herausschleppen können. Bis 17:30 Uhr läuft alles wie geplant, sogar die meisten Insassen wissen noch nicht, was vor sich geht.

Weil alle Häftlinge geschlossen durch das Haupttor fliehen sollen, blasen die Kapos frühzeitig zum Appell. Petscherski hält auf Russisch eine kleine Ansprache, in der er die angetretenen Häftlinge über die Situation informiert, sie zur Vergeltung aufruft und Rettung durch die Rote Armee, durch den Sieg der Sowjetunion verspricht. Feldhendler übersetzt ins Jiddische, der Jubel ist groß.

Aleksandr Petscherski (1909–1990), Organisator des Aufstands in Sobibór.

Aber jetzt fallen erste Schüsse. Der SS-Mann Erich Bauer war frühzeitig von einer Reise zurückgekommen und hatte den toten Rudolf Beckmann in der Kommandantur gefunden. Er fing an, wild um sich zu schießen. Glücklicherweise sind die Trawnikis auf den Wachtürmen noch nicht im Bilde und ahnungslos – Schüsse gehören zum Alltag in Sobibór. Erst langsam realisieren die noch am Leben befindlichen Wachen, was vor sich geht, und eröffnen das Feuer.

Die Masse der Häftlinge strömt zum Haupttor, einige von ihnen liefern sich eine Schießerei mit Deutschen und Trawnikis, andere stürmen die Waffenkammer, müssen aber enttäuscht weiter, weil die Gewehre gerade gereinigt werden und auseinandergebaut sind. Das Tor wird erbittert verteidigt, es gibt viele Tote unter den Gefangenen. Eine kleine Gruppe versucht deshalb, etwas davon entfernt über den Zaun zu klettern, doch auf der anderen Seite ist ein Minenfeld angelegt. Explosionen sind zu hören, Körperteile wirbeln durch die Luft, das Chaos ist perfekt. Anderswo im Lager I stellt man sich klüger an, der Stacheldraht wird mit Schaufeln und Spaten niedergerissen, die Minen werden mit Hilfe von Holzplanken gesprengt. An beiden Stellen gelingt schließlich der Durchbruch, die Insassen strömen im Kugelhagel in die Freiheit.

Die Aufständischen konnten zwölf SS-Männer und zehn Trawnikis töten. Rund 380 Juden flohen an jenem 14. Oktober 1943 aus dem Vernichtungslager Sobibór, zugleich starben fast 300 innerhalb der Umzäunung – teils während der Kampfhandlungen, teils danach, weil die SS diejenigen aus Rache erschoss, die in anderen Lagerbereichen nicht an der Erhebung hatten teilnehmen können.[9] Unmittelbar nach dem Aufstand begann die Jagd auf die Entkommenen. Darin unterschieden sich Treblinka und Sobibór nicht. Die Gemeinschaft der Häftlinge wurde erneut auf harte Proben gestellt, die Freiheit erwies sich nicht als unbeschwert. Beispielsweise bat ein schwerverwundeter Flüchtling Samuel Willenberg kurz nach der Flucht aus Treblinka:

> «Katzap, erschieße mich – im Namen des Herrn, an den Du nicht glaubst.» Ich deutete in Richtung Todeslager. «Schau, dort», sagte ich, «dort sind Deine Frau und Kinder.» Als er in Richtung des Tors zwischen uns und dem Todeslager blinzelte, drückte ich mein erbeutetes Gewehr an seinen Kopf und betätigte den Abzug.[10]

In Treblinka erlebten nur etwa hundert Flüchtende den nächsten Tag:

> Auch ein Wagen verfolgt uns, auf dem ein Maschinengewehr befestigt ist, das in alle Richtungen feuert. Viele von uns werden getötet. Der Boden ist mit Leichen übersät.[11]

In Sobibór erreichten rund 200 Juden den Rettung versprechenden nahen Wald. Doch die Deutschen hetzten sie ohne Gnade. Die SS konnte dabei auf die Hilfe der Wehrmacht bauen und machte sich außerdem die lokale Blaue Polizei dienstbar. Die allermeisten Polen übergaben gefasste Juden ohne zu zögern den Deutschen – oder erschossen sie gleich selbst. Tatsächlich kam Letzteres sogar deutlich häufiger vor, weil es keine Bürokratie und keine langen Fahrten zur nächsten SS-Dienststelle bedeutete. Vorgeblich schützte man so Landsleute, die eventuell etwas von dem jüdischen Flüchtling mitbekommen hatten, vor Denunziation. Diese Befürchtung war immerhin insofern real, als die Deutschen jegliche Hilfe für Juden unter Todesstrafe gestellt hatten und diese in Europa einzigartige Vorschrift rigoros umsetzten.

Diese Strafandrohung machte es den Einheimischen enorm schwer, ihren jüdischen Mitmenschen zu helfen. Sie mussten ihr eigenes Leben und das ihrer Familie riskieren. In Verbindung mit dem bestehenden polnischen Antisemitismus erwies sich die deutsche Judenverfolgung dadurch als besonders effizient. Von den schätzungsweise 225 000 Juden, die in Polen versuchten, der Vernichtung durch Flucht zu entgehen, überlebten nur etwa 50 000 den Krieg. Die Zahlen zeigen außerdem, dass sich Überlebenschancen vor allem vor der Deportation in die Lager der Aktion Reinhardt auftaten – aber selbst diese waren nicht besonders gut. Tatsächlich war die Gewalt der Polen gegen Juden in der zweiten Kriegshälfte «nicht länger ein vereinzelter Ausbruch von Hass, sondern […] den Menschen im ganzen besetzten Land vertraut».[12]

Diese Erfahrung mussten viele Flüchtlinge aus Treblinka und Sobibór machen. Iccak Lichtman, der aus Sobibór entkam, berichtet:

> Eines Nachts nämlich, als eine Gruppe auf der Suche nach verstreuten jüdischen Partisanen war, töteten Mitglieder der AK acht unserer Leute und nahmen die Waffen an sich. Nur einem gelang es wie durch ein Wunder zu fliehen und zu uns zurückzukehren.[13]

Die AK (Armia Krajowa, Heimatarmee) war der organisierte nationalpolnische Untergrund, der sich zwar durchaus für Juden engagierte, vielfach Hilfe bereitstellte und Denunzianten und Kollaborateure bestrafte – aber dennoch selbst antisemitisch eingestellt war. Manche seiner Mitglieder sahen im Krieg die Chance, endlich mit den Juden abzurechnen.

Die entflohenen Häftlinge waren sich dieser Problematik bewusst. Noch im Lager hatte etwa Richard Glazar gehört:

> Neun von zehn Polen, die alle die Deutschen hassen, sind solche Judenhasser, dass sie ohne weiteres jeden Juden ausliefern, besonders wenn sie dafür noch eine Belohnung bekommen. Ich hörte von Fällen, dass ein Pole im Dorf einen Juden versteckt hat, und als die Deutschen dahinterkamen, holte er die Flinte aus dem Versteck und ließ sich zusammen mit dem Juden samt der ganzen Hütte in die Luft jagen. Solche findet man heute, nach dreieinhalb Jahren Krieg, vermutlich nicht mehr.[14]

Toivi Blatt kam, nachdem er Sobibór hinter sich gelassen hatte, mit zwei Freunden bei einem Bauern in der Nähe seines Heimatorts Izbica unter. Sie durften in einem Versteck in dessen Scheune leben, aber wo es anfangs reichlich Essen und gelegentlichen Ausgang an der frischen Luft gab, verschlechterte sich die Situation stetig. Im Laufe von sechs Monaten nahm ihnen der Pole sämtliches Geld ab, das die drei in weiser Voraussicht aus dem Lager mitgenommen hatten. Ende April 1944 versuchte der Landwirt, sie in ihrem Versteck zu ersticken, was nur durch Zufall misslang. In der darauffolgenden Nacht kehrte er mit einem bewaffneten Helfer zurück. Sie feuerten sechsmal auf die versteckten drei Jugendlichen. Einer starb, die anderen beiden wurden leicht verletzt und konnten entkommen.

Blatt flüchtete weiter. Einige Wochen verkroch er sich in Ruinen in Izbica und bekam von verschiedenen Bekannten im Dorf immer wieder Essen zugesteckt. Aber das Risiko einer Entdeckung wuchs von Tag zu Tag. Er zog weiter, und erneut nahm ihn eine Familie auf. Sie deklarierte ihn als «Verwandten aus dem Osten» und ließ ihn als Hirten arbeiten. Blatt lebte dennoch in ständiger Angst vor Entdeckung, die von allen Seiten drohte, selbst bei Spielen wie «Szukaj Żyda» (Such den Juden):

> Bei diesem Spiel suchte sich die Gruppe ein Opfer aus und rief dann: «Jude! Jude kaputt!» Derjenige wusste dann, was auf ihn zukam, und versuchte wegzulaufen, wurde aber meistens gefangen. Dann lief das

> Spiel immer nach demselben Muster ab. Mit strenger Stimme, die deutsche Autorität vorgeben sollte, fragten sie ihn: «Jude?» Wenn der Gefangene zugab, Jude zu sein, musste er sich auf den Boden setzen, während seine Freunde um ihn herumliefen, ihre Stöcke wie Gewehre angelegt. «Jude! Christusmörder! Peng! Peng! Jude! Christusmörder! Peng! Peng! Peng!» riefen sie. Daraufhin fiel der «Jude» um und war «tot», und das Spiel war zu Ende. Manchmal jedoch, wenn der «Jude» nicht zugeben wollte, dass er einer war, kam die Probe aufs Exempel: ob er beschnitten war oder nicht. Dabei zwangen ihn die anderen zu Boden. Es endete damit, dass das Opfer mit heruntergezogener Hose auf dem Rücken lag, damit alle den untrüglichen Beweis seines «arischen Blutes» in Augenschein nehmen konnten.[15]

Diese Episode eines pubertären Spiels unter Heranwachsenden illustriert die antisemitische Stimmung im Lande. Zugleich belegt sie die ganze Ambivalenz des Helfens, das durchaus verbreitet war. Samuel Willenberg, der in Warschau untertauchte, erfuhr vielfach Unterstützung – gab sich aber meist als polnischer Flüchtling aus. Einer seiner Wohltäter erklärte, woher er die Mittel für seine Gefälligkeiten hatte:

> Wenn die Deutschen die Judenjungen ermorden, kann man gutes Geld machen […]. Ich laufe durch Warschau und halte die Augen offen. Auf einmal sehe ich diesen traurigen Kerl und komme nicht umhin, festzustellen, dass er Angst hat und unsicher ist. Ich schleiche mich an und flüstere: «Hallo, Herr Jude, gehen wir einfach so spazieren an diesem schönen Tag?» Jetzt ist er über und über verängstigt – seine Augen, sein Gesicht. Er beginnt zu stottern, rollt seine Augen und sagt: «Mein Herr, lassen Sie mich alleine.» Ich sage: «OK, aber lass uns in diesen Hauseingang zusammen gehen.» Er geht hinein. Er glaubt mir nicht und ist stocksteif vor Furcht. Was denkst Du, dass er ein großer Held ist? Natürlich geht er hinein. Dort schüttle ich ihn kräftig und nehme alles. Judenjungen haben normalerweise viele Leckereien bei sich.[16]

Wer keine freundlichen Menschen fand und versteckt wurde, überlebte nicht. Viele Flüchtlinge aus den Vernichtungslagern starben deshalb auf die eine oder andere Weise vor der Befreiung. Bis heute kann die Zahl der Aufständischen, die 1945 noch lebten, nur geschätzt werden. Für Treblinka ist von etwa 70 Menschen auszugehen, für Sobibór sind es 54 Männer und acht Frauen, darunter 49 aus Polen, zwei Niederländer, neun aus der Sowjetunion, ein Tscheche und ein Franzose.[17] Einen großen Vorteil auf der Flucht hatten diejenigen, die aus der Umgebung des jeweiligen Lagers stammten. In Sobibór kamen die meisten überlebenden polnischen Juden aus nahe gelegenen Ghettos wie Włodawa, Izbica oder Żółkiewka, weshalb sie wie etwa Toivi Blatt ihre geographischen Kenntnisse nutzen und außerdem auf alte Bekanntschaften zurückgreifen konnten. Andere, wie Chaim Hirszman oder Aleksandr Petscherski, flohen über den Bug und versuchten, sich den in den dortigen Wäldern operierenden Partisanen anzuschließen. Auch hier konnte es durchaus von Bedeutung sein, die eigene jüdische Herkunft zu verbergen.

Andererseits gibt es in keinem Land so viele «Gerechte unter den Völkern» wie in Polen. Die israelische Gedenkstätte Yad Vashem zeichnet seit 1953 diese Judenretter aus, und bis Ende 2014 waren es über 6500 mit polnischer Nationalität. Dementsprechend berichten viele Überlebende von selbstlosen, heldenhaften Taten. Chil Rajchman gelang nur deshalb die Flucht aus Treblinka:

> Als ich bei ihm [einem Bauern] eintrete, sehe ich eine Frau mit einem kleinen Kind auf dem Arm. Ich drücke das Kind an mich und küsse es. Die Frau schaut mich überrascht an, und ich sage: «Liebe Frau, seit einem Jahr habe ich kein lebendes Kind mehr gesehen …» Wir weinen alle drei. Sie gibt mir zu essen, und als sie merkt, dass meine Kleider nass sind, bringt sie mir ein Hemd von ihrem Mann. Es sei das letzte, sagt sie. […] Ich bleibe etwa zwei Wochen. Abends gehe ich zu den guten Menschen, durchs Fenster reichen sie mir zu essen.[18]

Samuel und Maniefa Willenberg 1943 in Warschau, nach der Flucht aus Treblinka.

Abraham Krzepickis Weg nach Warschau soll als letztes Beispiel illustrieren, warum Geschick, Geld, Gutherzigkeit und Glück zusammenkommen mussten, um als Jude nach der Aktion Reinhardt überleben zu können. Krzepicki war, wie erwähnt, in einem Eisenbahnwaggon aus Treblinka entkommen und anfänglich noch in Begleitung eines Mithäftlings. Im nächsten Dorf boten sie einem Bauern 300 Złoty für seine Unterstützung an. Aber der lehnte ab, zu groß war seine Angst. So ging es auch im nächsten Haus. Aber zumindest verkauften ihnen zwei Frauen für 20 Złoty einen Laib Brot – selbst auf dem für seine astronomischen Preise berüchtigten Warschauer Schwarzmarkt hätte man dafür kaum mehr als fünf oder sechs Złoty bezahlt. Später am gleichen Tag bot ihnen ein anderer Bauer Unterkunft an und erhielt dafür neben einer Uhr und weiteren Wertgegenständen 5000 Złoty. Beide Seiten wussten, was eine Flucht aus Treblinka bedeutete.

Krzepickis Bekannter ging mit dem Polen, er selbst marschierte weiter. Im nächsten Dorf versteckte ihn ein Bauer, ohne dafür

Geld zu nehmen, und brachte ihn einen Tag später nach Stoczek. In diesem Ort gab es noch eine jüdische Gemeinde in einem Ghetto, in dem sich schon andere Flüchtlinge aufhielten, die teilweise ohne einen Fetzen Kleidung am Leib aus den Deportationszügen entkommen waren. Auch dort musste Krzepicki für die Unterkunft einen zehnfach überhöhten Preis bezahlen, weil jeder wusste, in welcher Notlage er sich befand. Als er weiterzog, raubte man ihm die 50 000 Złoty, die er aus dem Vernichtungslager mitgenommen hatte. Mehrere Tage lang vermied er jegliche Siedlungen, weil er die Erfahrung gemacht hatte, dass beinahe alle Polen ausschließlich Geld von ihm erpressen wollten.

Doch dann traf er gemeinsam mit einem anderen Flüchtling eine Frau, die nicht einmal die Summe annehmen wollte, die sie ihr anboten. Sie gab ihnen reichlich zu essen und verweigerte noch immer eine Bezahlung dafür. Ihr Mann brachte Krzepicki und seinen Kameraden in der Scheune des Bauernhauses unter, wo sie drei Mal am Tag mit Suppe, Knödeln und Milch versorgt wurden. Nach ein paar Wochen schmuggelte sie ein anderer Pole nach Warschau. «Wir verabschiedeten uns von unseren Gastgebern und dankten ihnen für ihre wahre Menschlichkeit und Güte.»[19]

9. Ein öffentliches Geheimnis. Das Wissen über die Aktion Reinhardt

Als Abraham Krzepicki nach seiner Flucht aus Treblinka im Spätherbst 1942 das Warschauer Ghetto erreichte, berichtete er von seinen Erlebnissen. Der Gruppe um Emanuel Ringelblum stand er ausführlich Rede und Antwort, Rachel Auerbach schrieb seine Erfahrungen auf. Einerseits wollten sie die deutschen Verbrechen für die Nachwelt festhalten, andererseits ging es darum, die Zeitgenossen aufzurütteln: Der Genozid durfte kein Geheimnis bleiben! Alle Ressourcen waren zu mobilisieren, um die Aufmerksamkeit der Welt auf die Vernichtung der Juden in Polen zu lenken.

In den Ghettos war das Wissen über den Holocaust und die Aktion Reinhardt recht umfangreich. Die grausamen Nachrichten verbreiteten sich erstaunlich schnell und waren relativ detailliert. Mindestens auf der Ebene der Judenratsmitglieder und intellektuellen Eliten war genau bekannt, welches Schicksal die Juden traf. Für eine Rettung der noch Lebenden schien es daher essentiell, zunächst die polnische Exilregierung in London zu informieren, damit diese dann die Alliierten ins Bild setzen und von ihnen eine Reaktion fordern konnte. Aber das war leichter gesagt als getan. Ringelblum hatte schon am 30. Juni 1942 notiert:

> Wie ist es möglich, dass die polnische Regierung, die über einen eigenen Radiosender verfügt, von all dem nichts gewusst hat, was sich hier abspielte? Es drängt sich doch die bittere Frage auf: Wenn man in London von einem Tag zum anderen von 100 im Pawiak [dem Warschauer Gefängnis] Erschossenen wusste, wieso dauerte es dann mehrere Monate, bis man dort erfuhr, dass Hunderttausende

Juden hingemordet worden? Auf diese Frage lässt sich nicht mit irgendwelchen Ausflüchten antworten.[1]

Ringelblums Tagebucheintrag enthält bereits den brisanten Vorwurf der Untätigkeit, der bis 1945 vielfach erhoben wurde und auch danach Gegenstand erbitterter Debatten und umfangreicher historischer Forschung geworden ist.[2] Es scheint fast, als ob derartige Schuldzuweisungen wichtiger gewesen sind als die Untersuchung der deutschen Verbrechen selbst. Diese fanden jedenfalls nicht unbemerkt statt. Schon die Exekutionen der Einsatzgruppen in Ostpolen im Spätsommer 1941 wurden vielfach beobachtet, und auch die Vergasung der westpolnischen Juden in Chełmno war, wie bereits angedeutet, kein Geheimnis. Allerdings schenkten jüdische und polnische Funktionäre im Exil den Berichten zunächst wenig Beachtung, weil sie sie für übertrieben und unzuverlässig hielten. Außerdem schien die Dimension dieser Massenmorde so gigantisch, dass man befürchtete, ihre Publikmachung könnte als Gräuelpropaganda aufgefasst werden und damit der eigenen Sache mehr schaden als nützen. Offizielle Verlautbarungen im Radio oder in der internationalen Presse unterblieben daher fast gänzlich, selbst wenn in den internen Bulletins des Widerstands durchaus davon zu lesen war.

Dieses Schema setzte sich bei der Aktion Reinhardt fort. Der polnische Untergrund war darüber und insbesondere über die Vernichtung der Warschauer Juden erneut ausgezeichnet informiert. Schon im März 1942 machten Gerüchte über eine geplante Aktion gegen die Juden im Generalgouvernement die Runde. Wenig später gab es Gewissheit: Die Täter waren bei der Deportation von Juden auf polnische Eisenbahner und Lokführer angewiesen, und viele von diesen arbeiteten für den Widerstand – wie beispielsweise der Bahnhofsvorsteher im Dorf Treblinka, der genaue Aufzeichnungen führte und die Zahl der im Lager Eintreffenden weitergab. Berichte von Flüchtlingen wie Abraham Krzepicki lieferten weitere Details.

Doch aus Polen gelangten diese Kenntnisse nur in geringem Umfang nach London. Und sogar angesichts der Auflösung des Warschauer Ghettos waren die wenigen Berichte nicht von Alarmismus geprägt: In einer der vier Depeschen an die Exilregierung anlässlich dieser «Aktion» betraf die wesentliche Aussage das Steigen der Schwarzmarktpreise. Dem Genozid an den Juden komme vor allem deshalb Bedeutung zu, weil den Polen Ähnliches drohe. Zusätzlich relativierte man die Brisanz der Deportationen etwas, indem man von einem Mord «nur» an den nicht arbeitenden Juden schrieb. Es handle sich um Elemente einer neuen Terrorwelle gegen Polen, die aus der Verzweiflung der Deutschen über die politische Lage entstanden sei.

Im November berichtete Jan Karski ausführlich von seinen Beobachtungen, die er im Auftrag der Exilregierung gemacht hatte: Er war ins Warschauer Ghetto eingeschleust und über die Deportationen im Sommer informiert worden. Außerdem schmuggelte er sich, verkleidet als Trawniki-Mann, in das Durchgangsghetto Izbica, von dem aus Juden nach Bełżec verschleppt wurden.[3] Seine erschreckenden Schilderungen erregten kaum Aufsehen, obwohl er sie im Juli 1943 sogar US-Präsident Franklin D. Roosevelt vortrug. Aber auch im Oval Office war das Interesse am Holocaust im Grunde nicht vorhanden. Und so litt Karski ein Leben lang darunter, die Mächtigen der Welt nicht von der Notwendigkeit einer Intervention überzeugt zu haben.

Mit diesem Gefühl war er nicht allein. In London drängte Ignacy Schwarzbart, einer der beiden jüdischen Repräsentanten der polnischen Exilregierung, während des ganzen Jahres 1942 immer wieder auf eine gegen den Holocaust gerichtete Verlautbarung. Er legte Beweis um Beweis vor und trat schließlich selbst an die Öffentlichkeit. Seine Ministerkollegen jedoch waren weit weniger alarmiert über die Vorgänge und wollten sie lediglich im weiteren Kontext der deutschen Verbrechen an Polen sehen und als einen Teil davon präsentieren. Schwarzbart zeigte sich verbittert:

> Berichte, Berichte, Berichte, anstelle von Taten. Es ist meine tiefste Überzeugung, dass diese Herren das Werk der Zerstörung durch Hitlers Hände getan sehen wollen. Danach, wenn es keine Juden mehr gibt, können sie dann in den Kirchen niederknien und Jesus Christus um Erbarmen anflehen.[4]

Die polnische Exilregierung entschloss sich erst am 24. November 1942 zu einer offiziellen Bekanntmachung über den Genozid. Einige Tage zuvor hatte sie einmal mehr eine erstaunlich präzise Meldung empfangen, in der Treblinka allerdings summarisch für alle drei Lager der Aktion Reinhardt stand:

> Die zeitgenössischen Hunnen haben binnen weniger als zwei Monaten ein Verbrechen begangen, dessen Grauen mit nichts zu vergleichen ist. Vor den Augen der ganzen Welt wurden während des Sommers 1942 300 000 Warschauer Juden und mindestens 1 000 000 Juden vom flachen Lande, aus dem sogenannten Generalgouvernement, nach Treblinka deportiert, wo sie alle, von den Säuglingen bis zu den Greisen, durch Ersticken in Dampfkammern ermordet wurden. Es ist schwer, die ganze Entsetzlichkeit dieser Tat zu begreifen. Es scheint ein Alptraum zu sein, und doch ist es Wirklichkeit.[5]

Am 1. Dezember 1942 erhielt der britische Außenminister Anthony Eden von seinem exilpolnischen Kollegen Edward Raczyński offiziell Nachricht über den Holocaust. Am 18. Dezember veröffentlichten die Alliierten eine erste Erklärung über den Mord an den polnischen Juden, die jedoch wenig Widerhall fand. Die Anti-Hitler-Koalition wollte einen Krieg gewinnen. Die Judenvernichtung war ihr nicht wichtig – das zeigen die Akten sehr deutlich. Die Aktion Reinhardt war Ende 1942 zwar offiziell vor den Augen der Welt enthüllt, aber damit war kein Aufschrei verbunden, keine Empörung. Niemand interessierte sich für weitere Details.

Auch in den folgenden Monaten ließen die Alliierten wenig

mehr als vereinzelte bedauernde Worte von sich hören, während die Deutschen der «Endlösung» immer näher kamen. Der zweite jüdische Vertreter in der Londoner polnischen Regierung, Szmuel Zygielbojm, scheiterte ebenso wie Schwarzbart mit seinen Bemühungen, dieser Katastrophe Aufmerksamkeit zu verschaffen. Nach dem Aufstand im Warschauer Ghetto war er so verzweifelt, dass er seinem Leben am 12. Mai 1943 in England ein Ende setzte. Voller Traurigkeit schrieb er in seinem Abschiedsbrief:

> Ich bin der Erleichterung beraubt, die von der Illusion hervorgerufen werden könnte, dass meine Arbeit irgendwie wichtig dafür wäre, jemand aus den brutalen Klauen der Auslöschung zu retten.[6]

Jenseits allen Desinteresses am Schicksal der Juden beobachtete der polnische Widerstand, wie sehr die Täter den Terror gegen Polen öffentlich als eine Art Abschreckung inszenierten. Im Gegensatz dazu stand der Holocaust, den die Nationalsozialisten durchaus verheimlichen wollten – und zwar sowohl vor der eigenen Bevölkerung als auch vor den Kriegsgegnern. Daraus sprachen die rudimentären Reste eines Unrechtsbewusstseins oder zumindest das Wissen, dass die eigenen Moralvorstellungen nicht von allen geteilt wurden. Die abgelegenen Vernichtungslager mit ihrer Tarnung, der kleine Kreis der Eingeweihten, das konspirative Vorgehen und die Geheimhaltungsverpflichtungen belegen dies deutlich.

Das Schicksal der Juden im Generalgouvernement war dennoch weithin bekannt und vor allem sichtbar, selbst wenn die meisten Deutschen das Ausmaß und die Zusammenhänge nur unvollständig erkennen konnten. Es erforderte bereits 1940 keine allzu scharfsinnige Beobachtungsgabe, um festzustellen, dass die Juden für rechtlos erklärt worden waren. Der Grund für den guten Informationsstand lag nicht zuletzt in den Besuchen der vielen Ghettos, die die Besatzer trotz der immer wieder ausgesprochenen Verbote unternahmen. Vor allem in Warschau führte der erste Spaziergang der meisten Neuankömmlinge an ebenjenen Ort, über den sie schon so viel gehört oder in der Presse gelesen hatten. Es fand ein regelrechter Ghettotourismus statt. Das Erlebte wurde den Angehörigen in der Heimat in Feldpostbriefen ausführlich geschildert – versehen mit Wertungen von genereller Ablehnung bis hin zur Freude über das Elend der Juden.[7]

Die Deportationen aus Warschau im Sommer 1942 blieben infolge der Ghettobesuche nicht verborgen. Sie waren «der breiten Öffentlichkeit nach und nach bekannt geworden» – so schrieb die Zivilverwaltung bereits am 15. August 1942, als erst ein Viertel der Ghettoinsassen dieses Schicksal getroffen hatte. Zwei Monate später notierte der Warschauer Distriktgouverneur: «Die Evakuierung der Juden hat in der Öffentlichkeit großes Aufsehen erregt.»[8] Und schon seit Anfang August 1942 sprachen die Besatzer von Treblinka als Vernichtungslager, identifizierten die Deportationen also eindeutig als Teil eines gigantischen Massenmords. Friedrich Haßler, Major des Wehrmacht-Rüstungskommandos in Warschau, berichtet:

> Es wurde aber z. B. beobachtet, dass immer dieselbe Zuggarnitur fuhr und aus der Schnelligkeit, mit der die Züge nach Warschau zurückkehrten, konnte man feststellen, dass sie unmöglich bis nach Russland gefahren sein konnten.[9]

Haßler erkundigte sich daraufhin nach den Fahrtzielen und über den Ort Treblinka, woraufhin keine Fragen mehr offenblieben.

Um von der Vernichtung zu erfahren, mussten die Deutschen nicht selbst nach Treblinka fahren – obwohl auch das vorkam. Von Eisenbahnern erhielten sie mündlich weitere Auskünfte und konnten so schnell auf die korrekte Zahl von rund 5000 deportierten Juden pro Tag schließen. Wilm Hosenfeld, der als Wehrmachtsoffizier in Warschau diente und vielfach Polen und Juden half, sprach sogar schon am 23. Juli 1942 – also einen Tag nach Beginn der Deportationen – von einer «Vernichtungsaktion». Seine

Informationen sind erstaunlich präzise, er zählte für die erste Woche 30 000 abtransportierte Menschen und vertraute seinem Tagebuch grausame Details über die Vorgänge in Treblinka an, die sein Gewährsmann von einem dort entflohenen Juden gehört hatte.[10]

Direkt bei den Lagern der Aktion Reinhardt konnte man noch mehr über den konkreten Ablauf der Morde erfahren. Der Unteroffizier Wilhelm Cornides war im August 1942 im Generalgouvernement unterwegs und hatte vielfach über den Genozid gehört. Er wollte es genauer wissen und beobachtete im galizischen Rawa Ruska einen Deportationszug von 35 mit Menschen überfüllten Viehwaggons. Ein Bahnpolizist erklärte ihm, dass dies wohl die letzten Juden aus Lemberg seien, die seit drei Wochen nach Bełżec transportiert würden. «‹Und dann?› ‹Gift.› Ich fragte: ‹Gas?› Er zuckte mit den Achseln.» In der Stadt erzählten andere Besatzer noch mehr über die täglich durchfahrenden Juden, woraufhin Cornides einen Zug in die gleiche Richtung nahm. Im Abteil berichtete man ihm über die Leichen, die ständig neben der Strecke gefunden würden, und er sah einen entgegenkommenden, leeren Deportationszug. Wenig später fuhr er an Bełżec vorbei.

> [Zunächst] sah man nur eine hohe Hecke von Tannenbäumen. Ein starker süßlicher Geruch war deutlich zu bemerken. «Die stinken ja schon», sagte die Frau [die mit Cornides im Abteil saß]. «Ach Quatsch, das ist ja das Gas», lachte der Bahnpolizist. Inzwischen – wir waren ungefähr 200 Meter gefahren – hatte sich der süßliche Geruch in einen scharfen Brandgeruch verwandelt. «Das ist vom Krematorium», sagte der Polizist. Kurz darauf hörte der Zaun auf. Man sah ein Wachhaus mit SS-Posten davor. Ein doppeltes Bahngleis führte in das Lager hinein. [...] Einer der Schuppen war offen, man konnte deutlich sehen, dass er mit Kleiderbündeln bis an die Decke gefüllt war. Beim Weiterfahren schaute ich noch einmal zum Lager zurück. Der Zaun war zu hoch, als dass man irgendetwas hätte sehen können.

Einen Tag später, am 1. September 1942, war Cornides in Chełm im Distrikt Lublin und zog weitere Erkundigungen über den Völkermord ein. Man erzählte ihm über den gigantischen Raub in den Lagern und die Arbeitsteilung zwischen SS und Trawnikis:

> «Neulich war ein Ukrainer bei uns, der hatte einen ganzen Stoß Banknoten bei sich und Uhren und Gold und alles Mögliche. Das finden die alles, wenn sie die Kleider zusammentragen und verladen.» Auf die Frage, auf welche Weise denn die Juden umgebracht werden, antwortete der Polizist: «Man sagt ihnen, dass sie zur Entlausung müssen und dann müssen sie ihre Kleider ausziehen und dann kommen sie in einen Raum, da lässt man zuerst eine Hitzewelle hinein und da ist dann schon eine kleine Dosis von dem Gas dabei. Das genügt zur Betäubung. Der Rest kommt dann nach. Und dann werden sie gleich verbrannt.»[11]

Nicht alle Informationen Cornides' trafen zu. Wissen vermengte sich mit Gerüchten, etwa über die Verbrennung der Leichen, die im Sommer 1942 nur in Ausnahmefällen durchgeführt wurde. Ein Krematorium gab es auch nicht, und die Vorstellung von Giftgas ging über die simple Methode der Motorenabgase hinaus. Aber das waren Details, die tatsächlich hinter den blickdichten Lagerzäunen versteckt blieben. Jenseits dessen illustriert Cornides' Bericht, wie erschreckend offensichtlich der Massenmord für alle Deutschen in Polen war und wie leicht man an präzise Informationen insbesondere über dessen Dimension kommen konnte.

Dieses «Verschwinden» der Juden war spektakulär und deshalb in den Monaten August und September 1942 bei den deutschen Besatzern in aller Munde. Sie tauschten sich darüber aus und waren problemlos in der Lage, das Ausmaß der Vernichtung im Generalgouvernement und die Art der Tötung durch Gas zu erkennen. Die Folgen der Aktion Reinhardt waren so offensichtlich, dass Generalgouverneur Hans Frank bei einer Rede vor der

NSDAP-Distriktstandortführung im Opernhaus von Lemberg bereits am 1. August 1942 voller Zynismus spottete:

> Ich spreche hier nicht von den Juden, die wir hier noch haben; mit diesen Juden werden wir auch noch fertig. Übrigens habe ich heute gar nichts mehr davon gesehen. Was ist denn das? Es soll doch in dieser Stadt einmal Tausende und Abertausende von diesen Plattfußindianern gegeben haben – es war keiner mehr zu sehen. Ihr werdet doch am Ende mit denen nicht böse umgegangen sein?

Das Protokoll vermerkt an dieser Stelle «große Heiterkeit».[12]

Auch nach 1942 erhielten neugierige Besucher, die in Warschau den Touristenmagneten Ghetto vermissten, schnell präzise Auskunft über die Vorgänge von Deportation und Vernichtung. Hunderttausende von Landsern, die auf ihrer Durchreise an die Front in der Stadt Aufenthalt hatten, erfuhren so von den Folgen der Aktion Reinhardt. Sogar in kleineren Städten war das Schicksal der dortigen Juden bekannt. Beispielsweise fotografierte der deutsche Soldat Johannes Hennig im Sommer 1942 in Siedlce eine Gruppe von Juden, die schwer beladen mit Gepäck auf dem Weg zum Bahnhof war. Der handschriftliche Kommentar auf der Rückseite des Bildes lautet: «Austrieb der Juden, mit Gewalt in die Gaskammern.»[13]

Die Frage nach der Verbreitung dieser Informationen in die Heimat ist schwer zu beantworten. Dennoch geht die Forschung vor allem auf Grundlage von Umfragen nach 1945 davon aus, dass mindestens ein Drittel der deutschen Bevölkerung schon während des Krieges vom Holocaust Kenntnis erhalten hat. Konkrete Details oder ein Gesamtüberblick waren nur einem Teil von ihnen zugänglich, aber dank der Erzählungen und Briefe der im Osten eingesetzten Männer sowie in der zweiten Kriegshälfte gelegentlichen alliierten Radiosendungen ergab sich doch ein klares Bild über die Verbrechen.[14] Im besetzten Polen dürfte es sowieso kaum einen Deutschen gegeben haben, der nicht über den Genozid an den Juden Bescheid wusste und Teilaspekte davon, wie beispielsweise Deportationen, mit eigenen Augen gesehen hatte. Es war schwierig, über den Massenmord nichts zu erfahren.

Zwar war mit dem Gespräch über den Holocaust selten eine bewertende Stellungnahme dazu verbunden – aber nur wenige Deutsche standen den Verbrechen grundsätzlich ablehnend gegenüber. Das Interesse an den Gewalttaten war deutlich größer als das Mitleid oder gar die Identifikation mit den Opfern. Nicht der Genozid war grundsätzlich umstritten, sondern höchstens die Art seiner Ausführung. Und schon Emanuel Ringelblum wies darauf hin, wie sehr man sich vor den Konsequenzen des eigenen Verhaltens fürchtete:

> Einzelne Deutsche, die von Chełmno erfahren hatten, empörten sich, dass sie dafür doch mit dem Leben ihrer Frauen und Kinder würden bezahlen müssen, man werde doch blutige Rache dafür nehmen.[15]

Nur vereinzelt kam es zu echter Ablehnung, gar zu Widerstand gegen die Vernichtungspolitik. Ein seltenes Beispiel gab der SS-Offizier Kurt Gerstein, der, wie bereits erwähnt, mit Blausäurekanistern zu Christian Wirth geschickt wurde. Wirth zeigte sich bekanntlich nicht daran interessiert, etwas an der Mordmethode mit Abgasen zu ändern. Daraufhin zerstörte Gerstein, der schon lange innerlich vom Nationalsozialismus abgerückt war, die Behälter mit dem Gift. Aber er tat noch mehr. Auf der Rückfahrt nach seinem Besuch in Bełżec und Treblinka traf er im Zug aus Warschau am 20. August 1942 den Sekretär der schwedischen Botschaft in Berlin, Göran von Otter:

> Gerstein war nur mit Mühe zu bewegen, leise zu sprechen … Wir standen die ganze Nacht zusammen, 6 Stunden, vielleicht auch 8 Stunden. Und immer wieder sprach Gerstein von dem, was er erlebt hatte. Er schluchzte und schlug die Hände vors Gesicht. Ich dachte, er wird diese Gewissensqualen nicht mehr lange aushalten.

Von Otter verfasste in Berlin einen ausführlichen Bericht, aber aus Schweden kam keine Reaktion.[16]

Dies ist umso bemerkenswerter, als Gerstein ein ebenso glaubwürdiger wie gut informierter Augenzeuge war, der in jenem August 1942 Bełżec sogar betreten hatte. Seine Beschreibung war höchst präzise:

> Ich sah an diesem Tage keine Toten, nur der Geruch der ganzen Gegend im heißen August war pestilenzartig, und Millionen von Fliegen waren überall zugegen. Dicht bei dem kleinen zweigleisigen Bahnhof war eine große Baracke, die sogenannte Garderobe, mit einem großen Wertsachenschalter. Dann folgte ein Zimmer mit etwa 100 Stühlen, der Friseurraum. Dann eine kleine Allee im Freien unter Birken, rechts und links von doppeltem Stacheldraht umsäumt, mit Inschriften: Zu den Inhalier- und Baderäumen! – Vor uns eine Art Badehaus mit Geranien, dann ein Treppchen, und dann rechts und links je 3 Räume 5 x 5 Meter, 1,90 Meter hoch, mit Holztüren wie Garagen. An der Rückwand, in der Dunkelheit nicht recht sichtbar, große hölzerne Rampentüren. Auf dem Dach als «sinniger kleiner Scherz» der Davidstern!![17]

Daran anschließend beschrieb Gerstein ausführlich die Ankunft eines Zugs mit 6700 Juden aus Lemberg, von denen fast 1500 schon an der Hitze gestorben waren. Ihnen wurden die Wertsachen abgenommen, dann die Haare geschoren, schließlich trieben SS und Trawnikis sie nackt in die Gaskammern. Ständig erklären ihnen die Täter, dass ihnen nichts geschehen würde, dass sie noch für Arbeiten gebraucht würden.

> Die Kammern füllen sich. Gut vollpacken – so hat es der Hauptmann Wirth befohlen. Die Menschen stehen einander auf den Füßen. 700–800 auf 25 Quadratmetern, in 45 Kubikmetern!

Aber dann funktionierte der Motor nicht, die Reparatur dauerte beinahe drei Stunden, während deren die Opfer in den Gaskammern ausharren mussten.

Schließlich sprang der Motor doch an, es dauerte laut Gersteins Stoppuhr 32 Minuten, bis alle Juden ermordet waren.

> Wie Basaltsäulen stehen die Toten aufrecht aneinander gepresst in den Kammern. Es wäre auch kein Platz, hinzufallen oder auch nur sich vornüber zu neigen. [...] Man wirft die Leichen – nass von Schweiß und Urin, kotbeschmutzt, Menstruationsblut an den Beinen, heraus. Kinderleichen fliegen durch die Luft. Man hat keine Zeit, die Reitpeitschen der Ukrainer sausen auf die Arbeitskommandos. Zwei Dutzend Zahnärzte öffnen mit Haken den Mund und sehen nach Gold. Gold links, ohne Gold rechts. Andere Zahnärzte brechen mit Zangen und Hämmern die Goldzähne und Kronen aus den Kiefern. [...] Die nackten Leichen wurden auf Holztragen nur wenige Meter weit in Gruben von 100 x 20 x 12 Meter geschleppt. Nach einigen Tagen gärten die Leichen hoch und fielen alsdann kurze Zeit später stark zusammen, so dass man eine neue Schicht auf dieselben draufwerfen konnte. Dann wurde 10 Zentimeter Sand darüber gestreut, so dass nur noch vereinzelte Köpfe und Arme herausragten.[18]

Saul Friedländer, der bedeutende Holocaust-Historiker und -Überlebende, hat die ganze Tragik dieses Augenzeugen – und auch die Problematik der Öffentlichkeit des Genozids – in wenige treffende Worte gefasst:

> Das wahre Drama Gersteins war die Einsamkeit seines Handelns. Das Schweigen und die völlige Passivität der Deutschen, das Ausbleiben jeder Reaktion bei den Alliierten und den Neutralen, ja des gesamten christlichen Abendlandes gegenüber der Vernichtung der Juden verleihen der Rolle Gersteins erst die wahre Bedeutung: Sein Rufen blieb ohne Widerhall, seine Hingabe war einsam.[19]

10. Das Ende. Die «Aktion Erntefest» und der Abbau der Vernichtungslager

Globocniks Männer hatten sich Mühe gegeben, die Aktion Reinhardt geheim zu halten. Es gelang ihnen nicht. Aber das stellte nicht den Grund für das Ende des Massenmords dar. Viel entscheidender waren die Aufstände in Treblinka und Sobibór sowie in den Ghettos Warschau und Białystok: Sie zeigten eine scheinbare Bedrohung durch die Juden und suggerierten die Notwendigkeit, die letzten Insassen von Lagern und «Wohnbezirken» zu töten. Danach konnten die drei Vernichtungszentren geschlossen werden. Über hunderttausend Juden hatten im Generalgouvernement überhaupt nur deswegen bis Herbst 1943 überleben dürfen, weil die SS sie parallel zum Genozid als Zwangsarbeiter ausbeutete und vor Ort in der Kriegsindustrie einsetzte. Das war freilich ein Widerspruch zum übergreifenden und nach wie vor verfolgten Ziel der «Endlösung der Judenfrage», der als Konflikt zwischen dem SS-Reichssicherheitshauptamt und dem SS-Wirtschafts- und Verwaltungshauptamt schwelte. Während Ersteres auf die Vernichtung drängte, wollte Letzteres von den Juden profitieren.

Heinrich Himmler hatte diese Situation im Oktober 1942 selbst geschaffen, indem er anordnete, Juden nicht nur in «Restghettos» für die Rüstungswirtschaft einzusetzen, sondern zusätzlich im Generalgouvernement SS-eigene Betriebe in Lagern aufzubauen. Er befahl: «Jedoch auch dort sollen eines Tages dem Wunsche des Führers entsprechend die Juden verschwinden.»[1] Etwas über ein Jahr später war der Zeitpunkt für dieses «Verschwinden» gekommen. Zugleich galt es, Bełżec, Sobibór und Treblinka abzubauen, denn die Mordanstalten wurden schlicht nicht mehr gebraucht.

Bereits im Dezember 1942 waren in Bełżec die letzten Deportationszüge eingetroffen, seitdem liefen die Exhumierung und Verbrennung der Leichen. Im März 1943 war auch dieser Prozess abgeschlossen. Es ist nicht exakt geklärt, warum seit der Jahreswende nur in den beiden anderen Zentren der Aktion Reinhardt die Vernichtung weiterging; vermutlich ist der Grund, dass in Bełżec schlicht kein Platz für neue Massengräber bzw. Aschefelder mehr vorhanden war. In jedem Fall konnte die SS wie schon bei Beginn des Genozids das Lager als Experimentierfeld nutzen, diesmal für eine gründliche Spurenbeseitigung. Die einfache, fast provisorische Bauweise erwies sich beim Abriss als sehr praktisch.

Die Holzgebäude ließen sich schnell demontieren, danach trug man den Zaun ab, vernichtete Unterlagen und deportierte die noch lebenden Häftlinge nach Sobibór. Trawnikis und SS-Männer pflanzten anschließend Bäume und gaben das Lager – nur noch Wald und Wiese – am 8. Mai 1943 offiziell auf. Doch unmittelbar nach ihrer Abreise begann die polnische Bevölkerung aus der Umgebung, das Terrain zu durchwühlen und nach Wertsachen zu suchen. Christian Wirth ordnete daher eine erneute Planierung des Geländes an, er ließ es weiter aufforsten und zudem ein Bauernhaus für einen volksdeutschen Trawniki-Mann errichten. Der wohnte dort bis zum Einmarsch der Roten Armee und achtete darauf, dass niemand dem ehemaligen Lager zu nahe kam.[2]

Während dieser Arbeit besuchte Himmler Anfang März 1943 Globocnik und die beiden anderen Vernichtungslager im Generalgouvernement. Treblinka und Sobibór wurden dafür speziell vorbereitet, doch in Sobibór kam am Besuchstag kein Deportationszug an, weshalb Franz Reichleitner aus einem früheren Transport mehrere Hundert Juden zunächst am Leben und dann extra für Himmler vergasen ließ. In Treblinka begannen nach dessen Besuch die Exhumierung und Verbrennung, weil die Leichen bisher – entgegen seiner Anordnungen – nur begraben worden waren. Und weil Polen tatsächlich annähernd «judenfrei» war, ordnete der Reichsführer SS Deportationen aus anderen Gegenden Europas wie Griechenland an, damit die Lager nicht ungenutzt blieben. Dennoch war klar, dass die Aktion Reinhardt ihren Zweck erfüllt hatte und wie in Bełżec mittelfristig der Abbau der zwei verbliebenen Lager bevorstand. Himmler zeigte sich äußerst zufrieden und sprach insgesamt 28 Beförderungen aus, insbesondere für Unteroffiziere, aber auch für Wirth und die Kommandanten.[3] Seine Befehle sollten in den kommenden Monaten umgesetzt werden.

In Treblinka ermordete die SS nach der großen Flucht vom 2. August 1943 zwar in der zweiten Monatshälfte nochmals rund 10 000 Juden aus Białystok, begann aber unmittelbar danach, das Lager abzutragen und ebenfalls einen Hof zu errichten, von dem aus gleich von Anfang an ein Trawniki-Mann das Gebiet bewachte. Die letzten Opfer, die bei der Auflösung Treblinkas helfen mussten, erschossen die Deutschen am 17. November 1943. In Sobibór war der Zusammenhang mit dem Aufstand vom 14. Oktober 1943 noch offensichtlicher: Am Tag danach ermordeten die Täter sämtliche nicht entkommenen Häftlinge und begannen mit der Niederlegung des Komplexes, wofür sie Juden aus Treblinka heranfuhren. In nur einem Monat war der Abbau geschafft, am 23. November tötete man die letzten Gefangenen. Die teilweise gemauerten Gebäude, die in das Lager einbezogen worden waren, mussten etwas aufwendiger abgerissen werden; ihren Schutt transportierten Züge ab. Bei Kriegsende gab es nicht nur eine weitere Trawniki-Farm und einen jungen Kiefernwald, sondern auch noch Reste ehemaliger Baracken, die wohl schon bei der Widerstandsaktion in Flammen aufgegangen und danach nicht vollständig beseitigt worden waren.[4] Wie im Falle Bełżec war auch für die beiden anderen Lager wohlbekannt, dass in der Erde noch «Schätze» vergraben waren. Um Polen fernzuhalten, mussten «Hilfswillige» angesiedelt werden. Das belegt zugleich, wie überflüssig das Planieren und Bepflanzen der Gelände war – die Aktion Reinhardt hatte viel zu viel Aufmerksamkeit erregt, um sie tatsächlich im Nachhinein verheimlichen zu können.

Für Odilo Globocnik spielte das Ende des Genozids im Generalgouvernement schon keine Rolle mehr. Er hatte sich als effizienter Vollstrecker profiliert und war nach Mussolinis Sturz im Sommer und dem deutschen Einmarsch in Italien am 13. September 1943 zum Höheren SS- und Polizeiführer im «Adriatischen Küstenland» befördert worden. Neuer Einsatzort war nun seine Geburtsstadt Triest, er kehrte zum Volkstumskampf seiner Jugend zurück. Darüber hinaus sollte er die italienischen und jugoslawischen Partisanen bekämpfen, die den Besatzern das Leben schwer machten. Dafür griff Globocnik auf das bereits bei T4 und der Aktion Reinhardt bewährte Personal zurück und holte nach und nach Männer aus Lublin zu sich. Sein dortiger Nachfolger Jakob Sporrenberg weigerte sich zwar, SS-Stammpersonal abzugeben, aber gerade die Mordexperten waren nun «beschäftigungslos» und konnten wechseln: Nach Triest kamen beispielsweise Christian Wirth, Franz Stangl oder Georg Michalsen.

Sporrenberg übernahm derweil nicht nur die Zuständigkeit für die Spurenbeseitigung, sondern auch die von Globocnik geschaffenen Zwangsarbeitslager. Dieser mit den Mordzentren eng verbundene Komplex zur Ausbeutung von Juden hatte seinen Mittelpunkt in der Stadt Lublin. Dort gab es beispielsweise das Lager am alten Flughafen, etwa eineinhalb Kilometer nördlich des KZ Majdanek. Bis zu dessen Auflösung Anfang November 1943 arbeiteten da die meisten Insassen des Ghettos von Majdan Tatarski für die Wehrmacht, teilweise bis zu 6000 Juden und Jüdinnen. Seit 1942 mussten sie das Raubgut aus der Aktion Reinhardt sortieren und insbesondere Kleidung waschen und verpacken. Sie schufteten für den Raub der Deutschen, die ihren Ertrag ständig verbesserten: Schuhe wurden repariert, Kleidung von einem «Gaskommando» desinfiziert, ein «Puppenkommando» nähte Stoffpuppen für deutsche Kinder. Es gab außerdem ein «Gartenkommando», das Blumen pflanzte, sowie ein «Wegebaukommando», das aus jüdischen Grabsteinen Straßen anlegte. Dabei fehlten den Häftlingen fließendes Wasser, Kanalisation und Strom. Und wie in den Mordstätten kam es zu exzessiver Gewalt gegen die Insassen – am Tor des alten Flughafens hängten die Deutschen zur Abschreckung einen Gefangenen auf und ließen ihn dort verwesen.[5]

Globocnik nutzte am Ende fünf Lager, um die gestohlenen Hinterlassenschaften verwenden zu können. Georg Wipperns Abteilung «Werterfassung» setzte dafür im Spätsommer 1942 fast 3200 Arbeiterinnen ein, ein knappes Jahr später waren es schon 5000 Männer und knapp 6000 Frauen. Von dem Lager in der Lubliner Chopinstraße 27 transportierte die SS das Raubgut dann ins Reich, verkaufte aber auch direkt Gegenstände an Interessenten. Majdanek selbst war nur insofern Teil dieses Systems aus Mord und Diebstahl, als von hier aus bereits in den Ghettos ausgewählte Häftlinge weiter an die Arbeitslager verschickt wurden. Damit fand so etwas wie eine «Selektion» statt, wie sie in anderer, viel größerer Form aus Auschwitz bekannt ist. Dort trat für die «selektierten» Juden die «Vernichtung durch Arbeit» an die Stelle der direkten Vernichtung durch Giftgas. Die SS in Lublin unterschied sich davon in ihren Methoden nur graduell. Zwar strebte sie prinzipiell eine dauerhafte Beschäftigung der ausgewählten Juden an, aber sie verpflegte diese vollkommen unzureichend und misshandelte sie kontinuierlich. Wer zu schwach oder krank wurde, den schickten die Deutschen nach Sobibór und tauschten ihn gegen einen anderen Häftling aus. Erst das Ende der Aktion Reinhardt stoppte diese Praxis.

Außerdem machte Sporrenberg aus den Zwangsarbeitsstätten de facto Außenlager des KZ Majdanek, um deren Sonderstellung zu beenden.[6] Bis zu diesem Zeitpunkt unterstanden sie sowohl dem SS-Wirtschafts- und Verwaltungshauptamt in Berlin wie Globocnik, der als Geschäftsführer einer gemeinsamen Unternehmung amtierte: Unter dem Namen Ostindustrie GmbH (Osti) war sie am 30. April 1943 ins Berliner Handelsregister eingetragen worden. Die Grundlage dafür stellte Himmlers Befehl vom Oktober 1942 dar, in dem er sich SS-eigene Betriebe im Generalgouvernement gewünscht hatte. In zehn Lagern leisteten rund 10 000 Juden Zwangsarbeit, erneut vorwiegend für die Wehrmacht, für die sie Uniformen und andere Ausrüstungsgegenstände herstellten; dazu kamen unter anderem Torfstich, ein Zementwerk und eine Kachelfabrik. Wegen der brutalen Ausbeutung war die Osti sogar halbwegs profitabel, vor allem aber ständig auf Expansion aus.[7]

Für Globocnik mussten in anderen Lagern noch weitere etwa 40 000 Juden schuften. Und erneut nahm Christian Wirth eine zentrale Position ein. Er hatte es geschafft, sich zum «Inspekteur der Arbeitslager» ernennen zu lassen, und war damit für alles zuständig, was nicht der Osti zugeordnet war. Letztere sollte zwar mittelfristig sämtliche Zwangsarbeitsbetriebe übernehmen, kam damit allerdings nur langsam voran, was auch an Globocnik lag: Der SS- und Polizeiführer bevorzugte es, in seinem Imperium eine möglichst direkte Kontrolle zu haben und diese nicht zu teilen.

Am bekanntesten waren die Arbeitslager Poniatowa und Trawniki – beide bestanden schon vor Beginn der Aktion Reinhardt und hatten zusätzliche Funktionen, wie etwa die Ausbildung der fremdvölkischen «Hilfswilligen». Mit der endgültigen Auflösung des Warschauer Ghettos wuchsen ihre Bedeutung und Insassenzahl sprunghaft an, weil Himmler befohlen hatte, die wichtigsten deutschen Betriebe aus diesem «jüdischen Wohnbezirk» zu erhalten. Insbesondere die Firmen Többens und Schultz, die für die Wehrmacht produzierten, wurden weiterhin benötigt. Im April 1943, während des Aufstands im Warschauer Ghetto, verlagerte man Schultz nach Trawniki und Többens nach Poniatowa. Dort setzten sie mit 6000 bzw. beinahe 12 000 Häftlingen die Arbeit fort und stellten in erheblichem Umfang Uniformteile für die Wehrmacht her. Globocnik hatte mit Walter C. Többens und Schultz & Co. Verträge abgeschlossen, wonach sie die jüdischen Arbeiter als eine Art Leihsklaven von ihm erhielten. Dafür flossen bis November 1943 fast eine halbe Million Złoty. Immerhin wurden «ihre» Juden meist etwas besser behandelt als diejenigen, die die SS selbst in Beschlag genommen hatte.[8]

Doch auch die Juden in Zwangsarbeitslagern erlebten das Kriegsende nicht. Wie bereits erwähnt, setzte mit den verschiedenen Aufständen in Ghettos und Vernichtungslagern ein Umdenken bei der SS ein. Himmler persönlich wollte nun, dass die letzten Überlebenden vernichtet wurden. Trotz der düsteren Kriegslage und der stetig zunehmenden Bombenangriffe der Alliierten waren ökonomische Aspekte zu keiner Zeit so wichtig wie das ideologische Ziel der «Endlösung». Die Juden wurden zwar bei der Vernichtung beraubt, aber das war doch nur ein Nebeneffekt: Der Holocaust war kein Raubmord, er fand nicht zum Zwecke der Bereicherung statt. Ende 1943 dämmerte außerdem sogar fanatischen Nationalsozialisten, dass der Krieg nicht zu gewinnen war. Nachdem sie also kein germanisches Europa errichten konnten, wollten diese Weltanschauungstäter zumindest den Genozid an den Juden abschließen.

«Nützlichkeit» versprach den Opfern also keine Rettung. Und so wie die letzten Überlebenden in Sobibór und Treblinka die Lager abbauen mussten und dann erschossen wurden, ging es auch den Häftlingen in Majdanek, Trawniki und Poniatowa. Bereits Ende Oktober ließ die SS nahe deren äußerer Umzäunung Gräben anlegen, die vorgeblich dem Luftschutz dienen sollten. Gleichzeitig forderte Sporrenberg aus den umliegenden Distrikten Verstärkung an. Bis zum 3. November 1943 hatten sich so beinahe 3000 deutsche Polizisten in Lublin gesammelt. Unter dem Namen «Aktion Erntefest» sollten sie in den kommenden drei Tagen rund 42 000 der etwa 50 000 jüdischen Zwangsarbeiter erschießen.

Bereits diese neue Tarnbezeichnung zeigt, dass es sich dabei nicht mehr um einen Teil der Aktion Reinhardt handelte, sondern um eine eigenständige Maßnahme, die nach deren Ende stattfand. Das bisherige Personal der Vernichtungslager war teils noch in Lublin im Einsatz, teils tot, teils mit Globocnik nach Triest gegangen. Doch schon rein zahlenmäßig hätten diese Männer das «Erntefest» nicht durchführen können. Stattdessen griff Sporrenberg neben der 5. SS-Panzer-Division «Wiking» auf Einheiten der Reserve- und Ordnungspolizei zurück, etwa die Polizeibataillone 41, 67 und 101, das I. motorisierte Gendarmeriebataillon, die Polizei-

Reiterabteilung III sowie seine eigene Polizei-Reiterschwadron Lublin. Nach dem brutal effizienten Massenmord durch Gas kehrte man im November 1943 zu personalaufwendigen Erschießungen zurück.

Am Morgen des 3. November hatten die Täter sämtliche Lager in Lublin sowie die in Poniatowa, Trawniki und dem nahe gelegenen Dorohucza umstellt. Lediglich an Orten wie Budzyń, wo Zwangsarbeit direkt für die Wehrmacht geleistet wurde und der Zugriff der SS nicht ganz unmittelbar war, geschah an diesem Tag nichts dergleichen. In Trawniki begannen die Erschießungen unmittelbar nach dem Weckappell um fünf Uhr morgens. Die bislang für Schultz und Co. arbeitenden Juden mussten zu den ausgehobenen Gräben marschieren, sich nackt ausziehen und mit dem Gesicht nach unten in die Gruben legen; die Polizisten exekutierten sie mit Genickschüssen. Die folgenden Opfer zwangen sie, sich auf die bereits Ermordeten zu legen. In Majdanek war das Vorgehen ganz ähnlich: Dort trafen nach und nach die Insassen der umliegenden Arbeitslager ein, die die SS dann erschoss – über 6000 Menschen an einem Tag. Nur wenige Hundert Juden verblieben in den Lagern, sie gelangten erst im Frühjahr 1944 nach Majdanek.[9]

Um die Schreie und Schüsse zu übertönen, hatte die Deutschen Lautsprecher an den Exekutionsstätten aufgebaut, die mit voller Kraft beliebte Schlager wie etwa «Wovon kann der Landser denn schon träumen?», «Wozu ist die Straße da?» von Heinz Rühmann oder den Walzer «Es geht alles vorüber, es geht alles vorbei» von Fred Raymond mit einem Text von Erich Heyn spielten. Doch beim Wechsel der Schallplatten war das Stakkato der Maschinenpistolen überdeutlich zu hören, so dass im nahen Lublin nicht wenige davon aufgeschreckte Polen die grausamen Szenen von Hausdächern aus beobachteten.[10]

Die Häftlinge hatten natürlich mitbekommen, welches Schicksal sie erwartete. Insassen des Lagers in der Lubliner Lipowastraße versuchten, auf dem Marsch nach Majdanek zu fliehen, aber die

Übermacht der Deutschen war viel zu groß. Die meisten von ihnen wurden an Ort und Stelle exekutiert.[11] Am ersten Abend hatten die Täter alleine in Majdanek 18 000 Juden massakriert. Diese Erschießungsaktion war die umfangreichste in der Geschichte aller Konzentrationslager, was einmal mehr die Dimension des Holocaust in Polen verdeutlicht. Jenseits des «Erntefestes» starben in Majdanek, selbst wenn es nie ein Vernichtungslager der Aktion Reinhardt war, zwischen 1942 und 1944 weitere 40 000 Juden. Die Mehrzahl allerdings erlag nicht direkter Gewalteinwirkung, sondern der mangelnden Ernährung und den darauf zurückzuführenden Krankheiten.[12]

Die «Aktion Erntefest» dauerte nach dem 3. November im Distrikt Lublin noch drei weitere Tage an. Die Deutschen erschossen außerdem über 4000 Juden in den kleineren Lagern von Puławy, Zamość und Biała Podlaska, in Szebnie bei Jasło, in Milejów und Wymysłów. Ein großes Massaker veranstalteten sie am 4. November in Poniatowa, wo die Firma Walter C. Többens seit April 1943 produzierte. Der Ablauf war ganz ähnlich wie in Trawniki, 15 000 Menschen wurden ermordet. Erneut kam es zu Widerstand, eine Männerbaracke verweigerte sich den deutschen Befehlen – die SS verriegelte das Gebäude von außen und legte dann Feuer, so dass die Insassen bei lebendigem Leib verbrannten.[13]

Doch auch bei der «Aktion Erntefest» gab es Überlebende. In Poniatowa erhielt beispielsweise Ester Rubinstein bei einer der Exekutionen nur eine Schussverletzung am Bein. Sie stellte sich tot und überstand sogar eine Nachkontrolle der Täter. Die Deutschen bedeckten die Leichengrube mit Baumstämmen, unter denen Rubinstein in der kalten Novembernacht hervorkroch. Sie traf auf Ludka Fischer, die am Arm verwundet war: die Kugel, die ihre Tochter getötet hatte, streifte sie bloß. Die zwei nackten, mit eigenem und vor allem fremdem Blut überströmten Frauen flüchteten vom Tatort und fanden nach längerem Suchen Polen, die ihnen Kleidungsstücke überließen – sowie eine dritte Jüdin, die das Massaker ebenfalls überlebt hatte. Zu dritt trafen sie schließlich in der

Nähe von Kazimierz Dolny die Polin Maria Maciąg, die den polnischen Untergrund kontaktierte, der ihnen dann bis zum Kriegsende sichere Verstecke organisierte.[14]

Im Anschluss an ihre Morde gingen die Deutschen erneut daran, die Leichen durch die noch lebenden Juden verbrennen zu lassen. Eine größere Gruppe von 120 Männern wurde dafür in Poniatowa ausgewählt; als sie mit ihrer Aufgabe fertig waren, erschossen SS-Männer gemeinsam mit Trawnikis 100 von ihnen und ließen die restlichen 20 die Ermordeten verbrennen. Dann dezimierten sie diese um 16, und als jene Toten von den überlebenden vier auf gleiche Weise beseitigt worden waren, mordeten die Täter auch sie und bedienten selbst den Scheiterhaufen.

Bereits am 5. November konstatierte das Tagebuch der Wehrmacht-Rüstungsinspektion Warschau: «Unerwarteter und völliger Entzug der jüdischen Arbeitskräfte bei den Fabrikationsstätten Walter C. Többens, Poniatowa, und Schultz & Co., Trawniki.»[15] Tatsächlich konnten diese beiden Firmen ohne Zwangsarbeiter nicht weiter produzieren, obwohl die SS sogar noch versuchte, ihnen die Maschinen aus den beiden Lagern zu verkaufen. Aber das Geschäftsmodell war in der freien Wirtschaft nicht tragfähig. Mangels Arbeitern musste am 1. März 1944 auch die Osti aufgelöst werden. Zwar gab es sogar nach der «Aktion Erntefest» noch etwa 10 000 Juden und Jüdinnen, die die SS im Distrikt Lublin ausbeutete, aber das hatte mit der Aktion Reinhardt nichts mehr zu tun. Wer bis Sommer 1944 nicht gestorben oder ermordet worden war, den deportierten die Deutschen auf ihrer Flucht vor der Roten Armee schrittweise nach Westen. Einige wenige Juden wurden so im Frühjahr 1945 in Deutschland befreit.

11. Gute Geschäfte. Die Bilanz der SS und die «goldene Ernte» der Polen nach 1944

Die «Aktion Erntefest» hatte die Aktion Reinhardt endgültig beendet. Die SS zog nun Bilanz. Die Statistik mit der Zahl der ermordeten Juden ist nicht überliefert. Wohl aber gibt es eine Übersicht zum «wirtschaftlichen Teil der Aktion Reinhardt», die am 5. Januar 1944 abgeschlossen wurde. Odilo Globocnik hatte sie erstellt, der zu diesem Zeitpunkt bereits in Triest als Höherer SS- und Polizeiführer amtierte. Doch die Vernichtung der polnischen Juden war so sehr sein «Projekt», dass niemand anderes dafür in Frage kam. Seine eigenen Ansprüche hatten aber durchaus über das Generalgouvernement hinausgereicht, wie Deportationen aus anderen Teilen Europas sowie vor allem aus Białystok belegen. Deshalb bedauerte Globocnik auch, die «Abwicklung Litzmannstadt», also den Genozid an den bis dahin überlebenden Juden im Warthegau, wegen seiner Versetzung nicht mehr durchgeführt zu haben. Dieses letzte Ghetto bestand weit über die Aktion Reinhardt hinaus, selbst wenn am 19. Januar 1945 von der Roten Armee nur noch knapp 1000 Insassen befreit werden konnten.

In seinem Rapport für Heinrich Himmler brüstete Globocnik sich dennoch seiner Erfolge. Die eigentliche Tatsache des Massenmords benannte er allerdings nicht beim Namen – er schrieb stattdessen von der «Aussiedlung» von «Menschen», was den Juden paradoxerweise eine Eigenschaft zubilligte, die die Täter ihnen eigentlich abgesprochen hatten. Globocnik attestierte sich und seinen Männern eine «methodisch richtige Behandlung» der Opfer, durch die möglichst wenig wirtschaftlicher Schaden entstanden sei. Die einzige Ausnahme bilde Warschau, «wo aus Verkennung der Sachlage der Abschluss methodisch falsch durchgeführt wurde», was auf die Niederschlagung des Aufstands im dortigen Ghetto anspielte, die Betriebe wie Többens oder Schultz nachhaltig geschädigt hatte.

Immerhin seien die «erstellten Einrichtungen [...] zur Gänze weggeräumt. Aus Überwachungsgründen ist in den Lagern je ein kleiner Bauernhof entstanden, der von einem Fachmann besetzt ist. An ihn muss laufend eine Rente gezahlt werden». Abgesehen davon sah Globocnik einen glänzenden finanziellen Erfolg, der einzig durch die nicht mit ihm abgesprochene «Aktion Erntefest» getrübt werde: Man habe dabei völlig unnötig produktive jüdische Zwangsarbeiter getötet und seiner Ostindustrie GmbH die Geschäftsgrundlage entzogen.[1]

Die weiteren, von Georg Wippern zusammengestellten Details ergeben ein grausiges Panorama restloser Verwertung menschlicher Hinterlassenschaften. Ganze 1901 Eisenbahnwaggons voll mit Bekleidung, Bettfedern, Lumpen und Haaren vermeldete man stolz nach Berlin. Dazu kamen Banknoten aus aller Herren Länder, darunter ein uruguayischer Peso, 15 Mandschukuo-Cent oder zehn javanische Gulden, sowie Schmuck, Armbanduhren, Taschenmesser, Zahngold oder Brillen. Insgesamt wollten Globocniks Männer die Summe von 178 745 960,59 Reichsmark erbeutet haben.[2]

Wegen dieser Dimensionen hatte sich das Berliner SS-Wirtschafts- und Verwaltungshauptamt (WVHA) früh in den Vernichtungsprozess eingeschaltet. Dessen Chef, Oswald Pohl, war schon im Frühjahr 1942 unzufrieden über die chaotischen Zustände bei der Beraubung in den Lagern der Aktion Reinhardt. Er machte Wippern zu seinem Exponenten in Lublin, der somit gleichzeitig ihm und Globocnik unterstellt war und in dieser Eigenschaft die Koordination der «Verwertung» übernahm. Parallel verhandelte Pohl in Berlin mit der Reichsbank, die daraufhin Wertsachen, Edelmetalle und Bargeld aus Globocniks Vorräten geliefert bekam. Im August 1942 war das WVHA die Zentralstelle für geraubten jüdischen Besitz geworden, zuständig auch für Auschwitz. Sowohl die Plünderung dort wie die in Bełżec, Sobibór und Treblinka bezeichnete Berlin nun als «Aktion Reinhardt».

Tatsächlich gibt es jedoch für die Leichenbeseitigung und den Diebstahl in Auschwitz nur jeweils ein Dokument, das explizit diesen Namen verwendet und von «Aktion Reinhardt» spricht. Das steht im deutlichen Gegensatz zu dem Teil der «Endlösung», den Globocniks Männer durchführten; sie wurde zeitgenössisch durchgehend und vielfach als Aktion Reinhardt bezeichnet. Es ist daher für die Geschichtsschreibung nicht zielführend, diesen Decknamen auch für Auschwitz zu verwenden und einen gemeinsamen Tatkomplex zu unterstellen.[3] Das gilt umso mehr, als es keine personellen oder organisatorischen Überschneidungen gab.

Allerdings wurde der Raub gewissermaßen ganzheitlich vom SS-Wirtschafts- und Verwaltungshauptamt überwacht und gesteuert, das dazu auch eigene Männer entsandte. Und beim WVHA firmierte all dies unter einem gemeinsamen Begriff – «Aktion Reinhardt». Deswegen verfasste Globocnik seinen erwähnten Bericht zum «wirtschaftlichen Teil der Aktion Reinhardt», in dem dann die Rede war von der «Sachverwertung, die durch Reinhardt I durchgeführt wurde».[4] Er trennte damit klar zwischen «seiner» Aktion Reinhardt und derjenigen des WVHA, bei der Auschwitz den Teil II bildete. Nur wenn die Rede von aus Berlin gesteuertem Raub ist, sollte daher der Tarnname sowohl für Auschwitz wie für Bełżec, Sobibór und Treblinka verwendet werden.

Weil eine finanzielle Bilanz aus Auschwitz nicht überliefert ist, ist nicht bekannt, ob der dortige Ertrag Globocniks 178 Millionen Reichsmark überstieg. Dabei handelte es sich sogar um eine Nettosumme, weil «Sachausgaben» wie etwa für den Bau der Lager bereits abgezogen waren. Auch die Gebühren der Reichsbahn, die sich ihre Deportationszüge bezahlen ließ und so den Judenmord nicht nur ermöglichte, sondern daran auch verdiente, hatte man berücksichtigt. Die Daten hierzu sind freilich wenig konkret; Wippern gibt die Gesamtunkosten mit knapp 11,8 Millionen Reichsmark an, «davon ca. 40 % für J[uden]-Transporte». Dennoch scheint die Buchführung in etwa zu stimmen, denn auf dem Konto des Höheren SS- und Polizeiführers im Generalgouvernement bei der Kommerzialbank in Krakau lassen sich rund 38 Millionen Reichsmark nachweisen. Das entspricht den 50 Millionen, die Wippern an ihn überwiesen hatte – minus der erwähnten Unkosten.[5]

Dieses Kreditinstitut war nicht das einzige, das vom Holocaust profitierte. Alle deutschen Banken im Generalgouvernement führten Sonderkonten «zur Bestreitung von Kosten in jüdischen Angelegenheiten», deren Guthaben aus der Beraubung der ermordeten Juden stammten. Ohne diese Helfer wäre die «Verwertung» des Besitzes nicht möglich gewesen. Doch die tatsächlichen ökonomischen Gewinne aus der Vernichtung blieben gering. 178 Millionen Reichsmark sind gewiss kein kleiner Betrag, aber sie stammen von fast zwei Millionen ermordeten Menschen, denen die SS sogar Haare und Zahngold gestohlen hatte. Mithin «erlösten» die Mörder mit jedem Toten weniger als 100 Reichsmark – in heutigen Preisen kaum mehr als 400 Euro. Das Klischeebild vom reichen Juden und von seinem Vermögen traf schlicht nicht zu. Selbst die Zwangsarbeit und die auf ihr basierende Osti waren finanziell kaum ertragreich. Die Anschubfinanzierung von 5,25 Millionen RM entsprach ungefähr dem, was man mit dem Verkauf beschlagnahmten jüdischen Eigentums erzielte – also etwa der Maschinen, die Schultz und Többens in Trawniki und Poniatowa von der SS geliehen hatten.[6]

Problematisch war außerdem Globocniks nur als kreativ zu bezeichnende Buchführung. Schon in seiner Wiener Zeit war er für seinen freizügigen Umgang mit Geld berüchtigt, und in Lublin setzte sich diese Praxis fort. Der SS- und Polizeiführer finanzierte Mannschaftsheime und Privatausgaben aus meist ungeklärten Mitteln – die aller Wahrscheinlichkeit nach von Juden stammten. Dieses Vorgehen blieb dem WVHA nicht verborgen, weshalb es Globocnik die betriebliche Entlastung für seine Geschäftsführertätigkeit bei der Osti zunächst versagte; in seinem Abschlussbe-

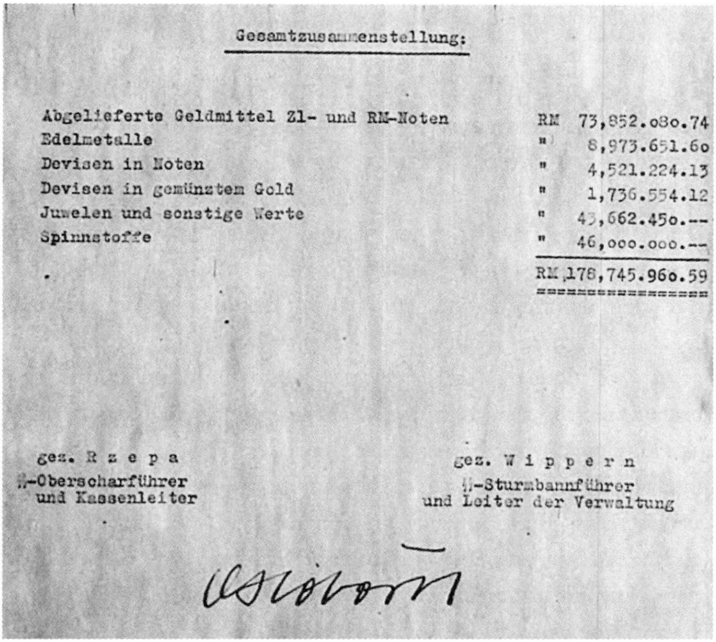

Gesamtzusammenstellung:

Abgelieferte Geldmittel Zl- und RM-Noten	RM	73,852.o8o.74
Edelmetalle	"	8,973.651.6o
Devisen in Noten	"	4,521.224.13
Devisen in gemünztem Gold	"	1,736.554.12
Juwelen und sonstige Werte	"	43,662.45o.--
Spinnstoffe	"	46,ooo.ooo.--
	RM	178,745.96o.59

gez. R z e p a
SS-Oberscharführer
und Kassenleiter

gez. W i p p e r n
SS-Sturmbannführer
und Leiter der Verwaltung

Auszug aus dem Abschlussbericht zur Aktion Reinhardt mit Globocniks Unterschrift, 15.12.1943 (Nürnberger Dokument NO 62).

richt wies er mehrmals darauf hin und forderte sie ein. Im Herbst 1944 prüfte dann der Reichsrechnungshof die Bilanz der Aktion Reinhardt – was, nebenbei bemerkt, erneut ein Beleg für die Öffentlichkeit des Massenmords ist. Die Berliner Experten kritisierten Globocnik scharf und wiesen klar auf dessen absichtlich undurchschaubares Finanzgebaren hin: Im Generalgouvernement «fand Massenabführung von beschlagnahmten Juwelen an SS-Einsatzstab Reinhard[t] bzw. SS- und Polizeiführer Lublin ohne Einzelfeststellung und Aufzeichnung der Erfassungskommandos statt».[7]

Jenseits aller Misswirtschaft verneinten Zeitgenossen einen ökonomischen Nutzen des Holocaust aber ganz grundsätzlich. Selbst für fanatische Antisemiten wie den Warschauer Distriktgouverneur Ludwig Fischer war das offensichtlich. Er hatte im Oktober

1942, nach den großen Deportationen, zwar die «Erleichterung der angespannten Ernährungslage» nach dieser «Verminderung der Bevölkerung» begrüßt. Andererseits bezifferte er deren Kosten nach «vorsichtiger Schätzung des im jüdischen Wohnbezirk entstandenen Verlustes an Mietzahlungen, durch Wertminderung infolge mangelhafter Instandhaltung und durch Zerstörung der Gebäude, für Entwesungskosten und Ausfall an rückständigen Forderungen» auf fast 80 Millionen Reichsmark.[8]

Es kann daher nicht klar genug gesagt werden, dass der Genozid nicht aus wirtschaftlichen Gründen erfolgte. Die Aktion Reinhardt hatte nicht das Ziel, sich an den Juden zu bereichern, sondern sie zu ermorden. Der Begriff «Massenraubmord», der Tötung aus Habgier impliziert,[9] ist daher für den Holocaust nicht zutreffend. Selbstverständlich gab es zahllose Profiteure unter den Tätern und mittelbar auch unter vielen hunderttausenden Deutschen in der Heimat, die etwa ein Taschenmesser, eine Uhr, einen Füller oder Textilien aus der «Verwertung» erhielten – oft ohne, gelegentlich mit Kenntnis von der Herkunft dieser Güter. Aber das stellte nicht die Hauptmotivation der Täter dar, zumal die ökonomische Widersinnigkeit des Genozids schon damals klar war. Ludwig Fischer benannte das im Herbst 1942 ganz offen: «Diese wirtschaftlichen Nachteile müssen aber in Kauf genommen werden, da die Ausmerzung des Judentums aus politischen Gründen unbedingt erforderlich ist.»[10] Die Aktion Reinhardt und mit ihr der Holocaust waren in keiner Hinsicht ökonomisch rational oder auch nur scheinrational, sondern einzig und allein die Konsequenz einer mörderischen Ideologie, der die Deutschen folgten.

Aber gerade auf individueller Ebene stellte der Raub eine konstante Verlockung dar: Die ständigen Diebstähle in den Vernichtungslagern durch Deutsche und Trawnikis hatten enorme Ausmaße. Entgegen offizieller Verbote klauten die SS-Männer ganze Pakete mit Wertgegenständen, die sie teilweise von den Häftlingen extra herstellen ließen, alltägliche Dinge wie Schuhe oder Textilien, aber auch Schmuck, Sonderanfertigungen von Kinderfahrrädern oder Bilder, die die inhaftierten Künstler malten. In der Heimat freuten sich Angehörige über die Mitbringsel, zudem ließ sich vieles gewinnbringend weiterverkaufen. Damit nichts aufflog, mussten Juden den Tätern Geldscheine oder Goldbarren in die Taschen einnähen, während wieder andere sogar Thermosflaschen als Versteck nutzten.

Doch selbst bei dieser massiven Bereicherung ist offensichtlich, dass die Täter nicht deswegen die Juden mordeten, sondern lediglich die Gelegenheit nutzten, sich zu bereichern, und die Toten ausplünderten. Die SS versuchte, diesen Diebstahl einzudämmen, hatte damit aber trotz drastischer Strafen gegen Trawnikis beim deutschen Personal wenig Erfolg. Ermittlungen durch den SS-Richter Konrad Morgen verliefen im Sommer 1943 angesichts eines Schweigekartells im Sande.[11] So ist jeglicher Versuch einer Quantifizierung zum Scheitern verurteilt: Es lässt sich schlicht nicht schätzen, wie viel das Lagerpersonal an sich nahm oder was schon bei den Deportationen in den Ghettos gestohlen wurde. Fraglos kamen in manchen Fällen kleine Vermögen zusammen.

Dieselben Deutschen waren bei aller Gründlichkeit und Gier allerdings nicht in der Lage, immer alles Geld und alle Wertgegenstände zu konfiszieren, die die Opfer in den Zügen dabeihatten. Jenseits der offiziellen und privaten «Verwertung» blieb daher immer ein gewisser Rest an Vermögen vor den Tätern verborgen. In Bełżec, Sobibór und Treblinka fiel es außerdem den Häftlingen vergleichsweise leicht, sich selbst etwas von dem geraubten Besitz anzueignen, es vor den Aufsehern zu verbergen und dann gegen Lebensmittel zu tauschen oder für eine Flucht zu verwenden. Wie viele Verstecke bei der Auflösung der Mordzentren unentdeckt blieben, wie viele Habseligkeiten die todgeweihten Opfer auf den Lagergeländen unbemerkt wegwarfen oder verloren, wird für immer ungeklärt bleiben.

Es handelte sich in jedem Fall um durchaus nennenswerte Mengen, denn bereits unmittelbar nach der Befreiung gingen Polen dazu über, die planierten Flächen der ehemaligen Vernichtungslager zu durchwühlen. Die Rote Armee hatte die Gelände zwar überprüft und teils selbst geplündert, war dann aber wieder abgezogen. Die von der SS zur Tarnung errichteten Bauernhöfe gab es nicht mehr, die Trawniki-Wächter waren geflohen. Gleichzeitig hatten der Massenmord und der damit verbundene Raub viel Aufmerksamkeit erregt. Nicht zuletzt hatte die Bevölkerung der umliegenden Dörfer ja bereits während des Kriegs einen schwungvollen Handel mit den Wachen und einzelnen Häftlingen in den Waldkommandos getrieben.

Erste Berichte über Plünderungen gab es bereits im Februar 1945. Schon zu diesem Zeitpunkt war das ehemalige Vernichtungslager Treblinka übersäht mit Gruben, teilweise metertief, mit menschlichen Knochen und bevölkert von zahlreichen Grabräubern. Rachel Auerbach besuchte etwas später das Gelände. In ihrem beeindruckenden Essay «Auf den Feldern von Treblinka» schreibt sie:

> Alle Arten von Plünderern und Marodeuren kommen in Scharen mit Schaufeln in der Hand hierher. Sie graben, suchen, plündern; sie sieben den Sand, ziehen Teile von halb verfaulten Leichen und verstreuten Knochen aus der Erde in der Hoffnung, dass sie wenigstens auf eine Münze oder einen Goldzahn stoßen. Diese menschlichen Schakale und Hyänen bringen echte Granaten und Blindgänger mit. Sie bringen mehrere von ihnen auf einmal zur Explosion und reißen riesige Krater in die geschändete, blutgetränkte Erde, die mit der Asche von Juden vermischt ist.

Es bot sich ein Bild des Grauens:

> Hier und da, wie Flecken von Gras, in der Nähe der Küste, die Hälfte von Flugsand bedeckt, gab es noch wenige Klumpen von welker Lupine. Nicht ein ebener Platz auf dem ganzen Gelände. Alles war aufgerissen und umgegraben, kleine Hügel und Löcher. Und auf ihnen, neben ihnen und unter ihnen lag alles Mögliche. Aluminiumtöpfe

> und Pfannen, emaillierte Töpfe aus Blech – verrostet, verbeult, voller Löcher. Kämme mit abgebrochenen Zinken, halb verrottete Sohlen von Damensandalen, zerbrochene Spiegel, Lederbrieftaschen.

Auerbach schreibt weiter:

> Aber die physischen Beweise waren nicht auf Gegenstände beschränkt. Als wir weiter in das Gelände vorstießen, betraten wir ein Feld, das mit menschlichen Knochen übersät war. Die Bomben hatten den Inhalt des entweihten Bodens freigelegt. Beinknochen, Rippen, Teile der Wirbelsäule, Schädel – große und kleine, kurze und lange, runde und flache. Schädel!»

So viele Leichenteile waren zu sehen, dass Auerbach sich zu der zynischen Feststellung veranlasst sah:

> «Wenn Knochen als Relikte eingestuft werden, dann besitzt Treblinka genügend Reliquien, um das ganze jüdische Volk zu versorgen.[12]

Die deutschen Mörder hatten sich stets ihrer Gründlichkeit und Präzision gerühmt. Davon konnte allerdings kaum die Rede sein. Weder war der Genozid geheim geblieben, noch hatten sie dessen Spuren vollständig beseitigt; und weil der Raub stets Nebenprodukt der Vernichtung blieb, war er trotz aller Konsequenz doch unvollständig gewesen. Die materiellen Hinterlassenschaften der Opfer widerlegen all jene Leugner, die mit dem Fehlen von Spuren argumentieren. Es gab mehr als genug davon. Freilich kamen die Toten sogar nach Kriegsende nicht zur Ruhe. Einen wenig wirksamen Zaun um Treblinka gab es 1947, die Spuren der Leichenfledderei wurden ab 1958 beseitigt. Mehr als 13 Jahre lang gruben Polen auf der Suche nach jüdischen Hinterlassenschaften, wobei vereinzelt die Polizei mit den Räubern gemeinsame Sache machte. Man nahm sogar Schädel mit nach Hause, um sie dort in Ruhe zu untersuchen – nicht immer hatten die jüdischen «Zahnärzte» der SS planmäßig gearbeitet, vereinzelt fanden sich noch goldene Plomben.[13]

Aus Bełżec berichtete die vollkommen überforderte Staatsmacht ganz ähnliche Szenen. Der örtliche Gendarm schrieb über den stechenden Geruch der halb verwesten Überreste von Menschen, über die Räubereien der Einheimischen, aber auch über seine vergeblichen Versuche, die Plünderung zu verhindern: Sobald er eine Gruppe verjagt hatte, erschien die nächste. Teilweise drohte man ihm Gewalt an oder schoss tatsächlich auf ihn, denn die «Goldgräber» waren nicht gewillt, sich einfach vertreiben zu lassen. So groß war die Anziehungskraft der ehemaligen Vernichtungslager, dass man vom «polnischen Klondike» oder dem «Eldorado in Podlachien» sprach. Und obwohl der typische Raubgräber Einzelkämpfer war, agierten in Ostpolen teils regelrechte Unternehmer, die mehrere Männer für sich arbeiten ließen: Beispielsweise hatte in Bełżec einer von diesen Geschäftsleuten seinen Claim rund um die ehemalige Latrine abgesteckt, die sich als reiche Fundgrube erwies, wohl weil viele Häftlinge dort Wertgegenstände versenkt hatten.[14]

Im Nachkriegspolen stellte diese «goldene Ernte» ein offenes Geheimnis dar. Kaum eine Aussage der Bevölkerung zu den Verbrechen der Deutschen kam ohne einen Hinweis auf die polnischen Plünderungen aus. Sie waren auch insofern offensichtlich, als man in den Dörfern rund um die Vernichtungslager vergleichsweise gepflegte Häuser bewundern konnte. Und die Justiz ermittelte etwa in Bełżec bis Mitte der 1950er Jahre durchaus wegen der Grabräuberei. Viel Erfolg hatte sie damit jedoch nicht, weil die Leichenfledderer zusammenhielten und sich auch mit Gewalt jeglicher Einmischung erwehrten. Szmuel Pelc, der Vorsitzende des Jüdischen Komitees im nahe Bełżec gelegenen Tomaszów Lubelski, musste deshalb mit seinem Leben bezahlen: Er hatte sich im Herbst 1945 bei den Behörden über Vandalismus und die Störung der Totenruhe auf dem Gelände beklagt. Wenig später fand man ihn ermordet in der Nähe des früheren Lagers. Täter waren Bauern aus der Umgebung, die selbst am «Goldrausch» teilnahmen.[15]

Die staatlich gelenkte Presse berichtete höchst selten über die Grabungen der eigenen Landsleute, denn das hätte dem Bild einer Nation widersprochen, die ungeachtet heldenhaften Widerstands selbst Opfer geworden war. Trotz des polnischen Anteils und Profitierens vom Holocaust ist hier aber eine klare Trennlinie zu den Verbrechen der Deutschen zu ziehen: Wo Letztere den Genozid planten, ausführten und sich daran bereicherten, versuchten Teile der polnischen Bevölkerung, aus den von den Besatzern geschaffenen Fakten einen Vorteil zu ziehen. Das war vielleicht moralisch verwerflich und hatte gelegentlich kriminelle, sogar tödliche Auswüchse.[16] Aber den Völkermord begingen die Deutschen.

12. Gerechtigkeit? Die Verurteilung der Täter nach 1945

Die polnische Staatsanwaltschaft begann 1945 mit der Dokumentation des Massenmords, hatte aber keinen direkten Zugriff auf die Täter, die vor allem in Deutschland oder Österreich lebten. Doch zunächst ging es ohnehin um Faktenerhebung, denn die exakten Vorgänge in den Lagern, die Opferzahl oder die Namen der Verbrecher waren nicht bekannt. Angesichts geringer Spuren und weniger Überlebender kam der Bevölkerung aus den umliegenden Orten eine große Bedeutung zu. In Bełżec befragten Untersuchungsrichter in der unmittelbaren Nachkriegszeit beispielsweise 36 Personen, die vor allem über die Deportationszüge Auskunft gaben. Diese vergleichsweise kleine Anzahl an Zeugen, unter denen Rudolf Reder der bedeutendste war, ließ sich auf eine Vorauswahl durch die Polizei zurückführen. Aber selbst dann waren präzise Angaben meist nicht möglich, weshalb etwa die Anzahl der im Lager ermordeten Juden vage blieb; der Schulleiter Eustachy Ukraiński etwa schätzte sie anhand der gefahrenen Züge und deren Insassen auf 1,8 Millionen und lag damit, wie viele andere Befragte, weit daneben.[1]

Wegen der Vielzahl an Verbrechen auf polnischer Erde konnte die Volksrepublik zwischen Frühjahr 1946 und Sommer 1950 über 1800 Deutsche aus dem Westen ausliefern lassen – zwei Drittel davon Aufseher von Lagern, Gefängnissen oder Ghettos. Im Bemühen um Gerechtigkeit konzentrierte sich Warschau neben den obersten Besatzungsfunktionären allerdings auf den Tatkomplex Auschwitz sowie auf Delikte gegen ethnische Polen und ignorierte die Aktion Reinhardt weitestgehend. In diesen Fällen wurden aufwendige Prozesse gemacht, die die Morde präzise nachzeichneten.[2] Als problematisch erwies sich vor allem die mangelnde Kooperаtion deutscher Behörden: Beispielsweise sollte Walter Többens nach Polen überstellt werden, konnte aber zweimal fliehen und untertauchen und entging so einem Gerichtsverfahren, in dem er sich für den Einsatz Zehntausender jüdischer Zwangsarbeiter verantworten sollte.

Többens war bei Weitem nicht der Einzige. Das Versagen von deutscher Nachkriegsjustiz und alliierten Institutionen bei der Verfolgung von Massenmördern ist – auch im Vergleich mit Polen und der Sowjetunion, die mehrfach Trawniki-Männer zum Tode verurteilten[3] – eklatant und kann eigentlich nur mit Ignoranz erklärt werden. Den Tätern der Aktion Reinhardt half zudem die Totalität ihrer Morde, die kaum Zeugen hinterlassen hatte. Der Genozid in Ostpolen stand deshalb nach 1945 im Schatten anderer Prozesse. In Nürnberg beispielsweise wurde kein Funktionär aus Globocniks Stab angeklagt. Und erst 1960 beschäftigte sich ein deutsches Gericht mit den Vorgängen in Bełżec. Bis dahin konnte das Lagerpersonal ein weitestgehend unbehelligtes Leben führen.

Manche wichtige Anführer waren noch während des Krieges oder unmittelbar danach gestorben. Im «adriatischen Küstenland» töteten Partisanen 1944 beispielsweise Christian Wirth, woraufhin die SS als Rache die zwei Orte Beka und Ocizla südwestlich von Hrpelje niederbrannte. Franz Reichleitner, den ehemaligen Kommandanten von Sobibór, traf in der Nähe von Rijeka ein ähnliches Schicksal, genau wie Gottfried Schwarz, den früheren stellvertretenden Lagerleiter von Bełżec.

Odilo Globocnik entzog sich einem Gerichtsverfahren durch Selbstmord. 1945 war er vor den heranrückenden Alliierten geflohen und versteckte sich im Mai schließlich im heimischen Kärnten in den Gailtaler Alpen. Am 31. Mai aber hatten britische Truppen vernommen, dass sich der Höhere SS- und Polizeiführer aus Triest dort aufhielt, und verhafteten ihn – allerdings nicht wegen seiner Rolle beim Holocaust, sondern wegen seiner Tätigkeit im besetzten Jugoslawien. In Paternion verhörten sie Globocnik, doch er richtete sich mit einer Zyankalikapsel selbst und wurde wenig später anonym an der Drau beerdigt.[4]

Gemeinsam mit Globocnik hatten die Briten weitere Akteure der Aktion Reinhardt festgenommen. Da sie von deren Verbrechen in Ostpolen nichts wussten, ließen sie die SS-Offiziere bald wieder gehen: Hermann Höfle durchlief immerhin zwei Jahre lang verschiedene Internierungslager, bevor er in seinen Zivilberuf als Automechaniker in Salzburg zurückkehrte. Der Deportationsexperte Georg Michalsen gab sich als einfacher Soldat der Waffen-SS aus und kam 1948 frei; er arbeitete anschließend in Hamburg als Buchhalter. Globocniks Büroleiter Ernst Lerch floh aus der Gefangenschaft und versteckte sich anschließend, bis er 1950 ebenfalls ein bürgerliches Leben aufnahm. Bereits 1945 gelang Georg Wippern die Flucht. Er war nicht unter den in Kärnten gefassten Männern gewesen und schaffte sogar die Rückkehr in den Staatsdienst: In Saarbrücken arbeitete er als Zollinspektor.

Etwa ein Drittel des deutschen Lagerpersonals der Aktion Reinhardt war zu Beginn der juristischen Aufarbeitung tot. Bei einem weiteren Drittel ließ sich aus verschiedensten Gründen – etwa Flucht oder Namenswechsel – kein Aufenthalt feststellen. Diese Männer entgingen dem polizeilichen Zugriff. Aber immerhin 44 Täter mussten vor Gericht Aussagen machen. Ein erstes Verfahren gab es in der Bundesrepublik schon 1949, wohingegen Österreich und die DDR zu keinem Zeitpunkt Untersuchungen anstrengten. Den Ausgangspunkt stellte in Westdeutschland die «Euthanasie» dar, an der Globocniks spätere Vernichtungsexperten maßgeblich beteiligt gewesen waren.

Dieser erste Prozess wegen des Genozids in Ostpolen führte 1950 zur Verurteilung von Erich Bauer, Fahrer bei der Aktion T4 und «Gasmeister» in Sobibór. Seine Todesstrafe wurde nicht vollstreckt und 1971 in lebenslange Haft umgewandelt. Er starb 1980 im Gefängnis. Zwei andere Wachmänner, Hubert Gomerski und Johann Klier, standen im gleichen Jahr wie Bauer vor dem Landgericht Frankfurt. Dieses sprach Klier frei, weil er überzeugend mit einem Befehlsnotstand argumentiert hatte; er habe den Genozid also nur aufgrund von Anordnungen durchgeführt, deren Nichtbefolgung sein eigenes Leben bedroht hätte. Gomerski jedoch galt wegen der Aussagen von Überlebenden als grausamer Initiativtäter und erhielt eine lebenslängliche Freiheitsstrafe. Damit erging es ihm ebenso wie 1951 Josef Hirtreiter, der in Treblinka gemordet hatte.[5]

Diese ersten drei von insgesamt acht Prozessen wegen der Aktion Reinhardt beruhten mehr oder weniger auf Zufall. Sie ergaben sich aus unerwarteten Aussagen von Überlebenden, die sich aus eigener Initiative an die Behörden gewandt hatten. Systematische Ermittlungen fanden erst seit 1958 statt, nach dem Ulmer Einsatzgruppenprozess, der die Initialzündung für die strafrechtliche Verfolgung von Holocaust-Tätern darstellte. Und auch ihn gab es nur, weil 1955 ein Stuttgarter Rabbi einen der Deutschen erkannt hatte, die in Litauen die Morde befehligt hatten. Infolge der aufsehenerregenden Gerichtsverhandlung, die nicht zuletzt zeigte, wie viele Täter auf freiem Fuße lebten, gründeten die Justizminister 1958 die Zentrale Stelle der Landesjustizverwaltungen zur Aufklärung nationalsozialistischer Verbrechen in Ludwigsburg, die künftige Untersuchungen koordinieren sollte. Aber diese Maßnahme stellte auch eine Imagekampagne gegen die Propaganda der DDR dar, die durchaus zutreffend auf die unzureichende Aufarbeitung der nationalsozialistischen Vergangenheit in der Bundesrepublik hinwies.[6] Dass sich Ostdeutschland in dieser Hinsicht ebenfalls nicht auszeichnete, steht auf einem anderen Blatt.

Schon für den Einsatzgruppenprozess arbeitete Ludwigsburg eng mit der israelischen Justiz zusammen, um Zeugen zu ermitteln. Außerdem gab es in den Bundesländern Sonderkommissionen, um unwillige Polizeidirektionen zu umgehen, die die Täter hätten warnen können. Die Untersuchungsrichter befragten die jüdischen Zeugen höflich, voller Respekt und Offenheit. Sie hörten zu und schätzten ihre Aussagen in einer Weise, dass sogar Widersprüche und offensichtliche Irrtümer nicht zu einer kompletten

Ablehnung des Gesagten führten. All dies schuf erst die notwendigen Voraussetzungen für erfolgreiche Anklagen.

Im Falle von Bełżec war die größte Schwierigkeit allerdings der Mangel an Zeugen – mit dem inzwischen 77-jährigen Rudolf Reder gab es lediglich einen einzigen Überlebenden, der noch eine Aussage machen konnte. Aber auch die Suche nach den Tätern hatte sich als nicht leicht erwiesen. So galt beispielsweise Lorenz Hackenholt, der den Motor der Gaskammer betrieben hatte, als tot. Die deutschen Behörden fahndeten trotzdem, weil sie vermuteten, dass er wie so viele andere unter falschem Namen untergetaucht war. Mittels eines alten Fotos und seiner Unterschrift fragte man bei den Führerscheinstellen an und überprüfte in der Region Ingolstadt über 90 000 Anträge auf eine Fahrerlaubnis aus den Jahren 1947 bis 1950; dazu kam eine Fahndung über die Verkehrssünderkartei in Flensburg. Doch alle Bemühungen blieben vergeblich, Hackenholt ließ sich nicht auffinden.[7]

Letztendlich standen acht Angehörige des Lagerpersonals aus Bełżec vor dem Landgericht München. Nach fünf Jahren Voruntersuchung und einem mehrmonatigen Verfahren war das Urteil vom Januar 1965 eine Enttäuschung: Lediglich Josef Oberhauser, der Adjutant von Christian Wirth, erhielt eine Freiheitsstrafe von viereinhalb Jahren. Die anderen Angeklagten sprach die Kammer frei. Sie hatten erfolgreich auf Befehlsnotstand plädiert und ausgesagt, sogar mehrfach den Versuch einer Versetzung unternommen zu haben. Aber insbesondere der Gewaltmensch Wirth habe ihnen so viel Angst gemacht, dass sie nicht anders hätten handeln können. Für eine Verurteilung als Mörder verlangte – und verlangt – das deutsche Strafrecht allerdings den Nachweis niederer Beweggründe. Dazu zählen durchaus politische Motivationen oder Rassismus, aber eben nicht das bloße Ausführen von Befehlen. Und nur mit Reder als Zeugen ließ sich nicht nachweisen, dass die Täter aus eigener Initiative und Überzeugung Juden getötet hatten.

Nach diesem Desaster war der Prozess wegen der Verbrechen in

Sobibór eine besondere Herausforderung für die Anklage. Bei Werner Dubois konnte sie immerhin einen zweiten Versuch unternehmen, weil dessen dortige Taten nichts mit denen in Bełżec zu tun hatten, für die er freigesprochen worden war. Anfangs schien jedoch nichts darauf hinzudeuten, dass die Staatsanwaltschaft in Hagen mehr Erfolg als die in München haben könnte: Das Landgericht ließ die Anklage gegen sieben der zwölf Beschuldigten gar nicht erst zu, weil es ihnen bereits vorab Befehlsnotstand zubilligte. Schon vor der Verhandlung waren die Richter überzeugt, dass diese Männer nicht aus niederen Beweggründen gehandelt hatten.[8]

Die Revisionsinstanz, das Oberlandesgericht in Hamm, wies diese Argumentation vehement zurück. In Hagen fand daraufhin der Prozess gegen elf Täter aus Sobibór statt; der zwölfte, Kurt Bolender, hatte inzwischen Suizid begangen. Im Dezember 1966 verurteilte das Landgericht fünf Angeklagte zu Haftstrafen zwischen drei und acht Jahren, Karl Frenzel, den Kommandanten des Häftlingslagers, sogar zu lebenslanger Haft. Fünf Aufseher mussten nach dem Grundsatz «in dubio pro reo» freigesprochen werden: Ihnen billigten die Juristen Putativnotstand zu. Man ging also nicht mehr von einem tatsächlich vorhandenen Befehlsnotstand aus, sondern lediglich davon, dass diese fünf geglaubt hätten, einem solchen ausgesetzt zu sein. Während objektiv keine Gefahr für Leib und Leben bei der Nichtbeachtung von Anordnungen bestand, hätten die Angeklagten dies subjektiv durchaus angenommen.[9]

Entgegen allen Befürchtungen nach dem Paukenschlag zum Auftakt erwies sich die Kammer als sehr offen für Zeugenaussagen, obwohl die Verteidigung alles daransetzte, die Überlebenden zu diffamieren und zu diskreditieren. Die Anwälte konstruierten Widersprüche zwischen Aussagen unmittelbar 1945 und zwanzig Jahre später und versuchten, die aus dem Ausland extra angereisten früheren Lagerhäftlinge als unglaubwürdig darzustellen. Aber die Richter ließen sich nicht aufs Glatteis führen, zumal die Angeklagten in ihren eigenen Einlassungen alles andere als plausibel erschienen. Der Überlebende und Zeuge Samuel Lerer war von all dem Leugnen und Abstreiten so irritiert, dass er bat, eine Frage stellen zu dürfen.

> «Kann sich denn Herr Frenzel überhaupt nicht erinnern, einen einzigen Juden erschossen zu haben?» Der Angeklagte schweigt, der Vorsitzende antwortet: «Nein, Herr Lerer, er kann sich nicht erinnern!» Der Zeuge zieht die Schultern noch ein wenig höher und meint dann: «Ja, alles ist möglich. Auch Sobibór war möglich.»[10]

Generell blieben bei den Tätern Schuldeingeständnisse eine seltene Ausnahme, aber vereinzelt kamen sie doch vor:

> Ich bin mir darüber klar, dass in den Vernichtungslagern gemordet worden ist. Was ich gemacht habe, war Beihilfe zum Mord. Wenn ich verurteilt werden sollte, würde ich das für richtig halten. Mord bleibt Mord. Bei der Bewertung der Schuld sollte meines Erachtens nicht auf die jeweilige Lagerfunktion abgestellt werden. Wo wir auch immer eingesetzt waren: Wir sind alle in gleicher Weise schuldig. Das Lager funktionierte in einer Kette von Funktionen. Wenn nur ein Glied dieser Kette entfällt, stockte der ganze Betrieb.[11]

Kurt Franz, der stellvertretende Kommandant von Treblinka, verlegte sich in seinem Prozess 1965 vor dem Landgericht Düsseldorf konsequent aufs Leugnen. Er ging so weit, seine Anwesenheit in dem Vernichtungslager vollständig zu verneinen und die Überlebenden als Lügner zu bezeichnen. Doch diese Strategie verfing nicht, er wurde zu einer lebenslangen Haftstrafe verurteilt. So erwies sich der Treblinka-Prozess als der durchschlagendste gegen die Männer der Aktion Reinhardt, denn außer Franz erhielten drei weitere Angeklagte lebenslänglich, und von den fünf anderen kam nur einer um einen Gefängnisaufenthalt herum. Das lag vor allem an den Zeugen, die sich insbesondere an Franz, der wegen seines herausgeputzten Äußeren «Puppe» oder auf Polnisch «Lalka» genannt wurde, gut erinnern konnten. Sie berichteten von seiner pathologischen Freude am alltäglichen Morden und verwiesen auf den Hund Bari, den er auf Häftlinge hetzte.[12]

Die Düsseldorfer Richter nahmen sich viel Zeit. Aus den ursprünglich geplanten 49 Verhandlungstagen wurden am Ende 94 – es war nach dem Frankfurter Auschwitz-Prozess das zweitlängste Verfahren gegen Täter des Holocaust. Das Gericht fuhr zweimal nach Israel und einmal in die USA, um dort nicht reisefähige Überlebende anzuhören, und ließ beispielsweise den späteren Nobelpreisträger und Verhaltensbiologen Konrad Lorenz zu Bari aussagen. Insgesamt kamen 180 Zeugen zu Wort, mehr als doppelt so viele wie anfänglich vorgesehen. Immer wieder beobachteten die zahlreich anwesenden Pressevertreter erschütternde Szenen, etwa den Zusammenbruch von Moses Rapaport, der den Mord an seinem Sohn und an seiner schwangeren Frau mit ansehen musste. Andere, wie Richard Glazar, lieferten präzise Schilderungen und trugen damit zur Überführung der Angeklagten bei.

Großes Aufsehen erregte die Vorladung von Hans Globke, der zwischen 1953 und 1963 Chef in Konrad Adenauers Bundeskanzleramt gewesen war und 1935 im Reichsinnenministerium maßgeblich die sogenannten Nürnberger Gesetze zur Ausgrenzung der Juden kommentiert hatte. Für die Verteidigung sagte er aus, dass die Angeklagten bei der Nichtbefolgung eines Mordbefehls selbst Opfer geworden wären. Der Vorsitzende Richter Rudolf Gottlebe fragte ihn daraufhin, ob er wenigstens ein einziges konkretes Beispiel benennen könne. Dazu war Globke nicht in der Lage, denn wie die Historiker Hans Buchheim und Hans-Günther Seraphim ausführlich dargelegt hatten, gab es im Nationalsozialismus keine Fälle körperlicher Bestrafung oder gar von Todesurteilen gegen Wachmannschaften aus Vernichtungs- und Konzentrationslagern.

SS-Gerichte hätten für Befehlsverweigerung unter diesen Umständen keine Strafe, ja nicht einmal einen Verweis ausgesprochen. Das erklärte niemand anderes als der ehemalige SS-Richter Konrad Morgen, der mehrere Jahre im Generalgouvernement tätig gewesen war und Globocnik und Wirth sogar persönlich kannte. Allerdings habe sich schlicht und einfach niemand irgendwelchen Anordnungen widersetzt. Der Treblinka-Prozess zerstörte so indirekt auch die Lebenslüge des Kanzleramtsministers und vieler anderer Deutscher, die ihr eigenes Verhalten stets mit einem «ich konnte ja nicht anders» rechtfertigten.

Nicht vor Gericht gestanden hatten bis zu diesem Zeitpunkt die Kommandanten der Vernichtungslager. Reichleitner und Wirth waren, wie erwähnt, von Partisanen erschossen worden. Gottlieb Hering starb im Oktober 1945 in einem Krankenhaus in der Nähe von Stuttgart. Irmfried Eberl erhängte sich 1948 in amerikanischer Untersuchungshaft, in die er wegen seiner «Euthanasie»-Verbrechen gekommen war. Lediglich Franz Stangl lebte noch, allerdings war Anfang der 1960er Jahre sein Aufenthaltsort nicht bekannt. Die Alliierten hatten ihn zwar 1945 verhaftet und 1947 wegen seiner Tätigkeit in Hartheim an Österreich übergeben, aber er entzog sich der drohenden Bestrafung 1948 durch Flucht, die ihn zunächst nach Italien führte. In Rom traf er auf Bischof Alois Hudal, der früh mit dem Nationalsozialismus sympathisiert hatte und sich nach 1945 als Helfer für vorgeblich bloß aus politischen Gründen verfolgte Täter engagierte. Er war die entscheidende Figur hinter der sogenannten Rattenlinie, die gesuchten NS-Verbrechern eine Ausreise in den Nahen Osten oder nach Südamerika ermöglichte.

Hudal verschaffte auch Stangl einen Pass des Roten Kreuzes, mit dem dieser zuerst nach Syrien und dann weiter nach Brasilien emigrierte. Dorthin holte er 1951 seine Familie nach und führte ein bürgerliches Leben. Das war ihm auch deshalb möglich, weil sein Name erst zehn Jahre später auf den österreichischen Fahndungslisten auftauchte. Simon Wiesenthal, Holocaust-Überlebender und umtriebiger «Nazijäger», gab 1967 den entscheidenden Tipp, der zu Stangls Verhaftung und Auslieferung – nach Deutschland – führte. Der anschließende Prozess dauerte von Mai bis Dezember 1970: Das Landgericht Düsseldorf verurteilte Stangl wegen gemeinschaftlichen Mords an mindestens 400 000 Menschen zu lebenslanger Haft. Noch bevor über seine Revision entschieden werden konnte, verstarb der frühere Kommandant von Sobibór und Treblinka im Juni 1971 im Gefängnis. Er war der letzte deutsche Täter, der sich wegen der Aktion Reinhardt zu verantworten hatte. Gustav Wagner, der stellvertretende Lagerleiter von Sobibór, der gemeinsam mit Stangl nach Brasilien geflohen war, entzog sich 1980 seiner Auslieferung durch Selbstmord.

Wie die anderen Männer der Aktion Reinhardt leugnete Stangl sogar Jahrzehnte nach dem Krieg seine Schuld. Die in Österreich geborene britische Journalistin Gitta Sereny hat sich darüber mit ihm lange in seiner Zelle unterhalten. Sie veröffentlichte das Interview unter dem Titel «Am Abgrund. Gespräche mit einem Henker». Es zeigt einen Mann, der nur sich selbst leidtat. So berichtet er, in Brasilien einmal aus einem Eisenbahnwaggon heraus einen Schlachthof gesehen zu haben:

> Die Viecher trotteten an den Zaun heran und starrten auf den Zug. Sie waren ganz nahe vor meinem Abteilfenster, dicht gedrängt, und sie starrten mich durch den Zaun an. Da dachte ich: Schau dir das an; das erinnert dich an Polen; genauso vertrauensvoll haben die Leute dort geschaut – gerade bevor sie in die Konservenbüchsen gingen [… ,] sie waren nichts als Ware.

Selbst als Kommandant habe er daran nichts ändern können:

> Nein, nein, nein! Das war das System. Wirth hatte es erfunden. Und weil es funktionierte, war es unabänderlich.[13]

Im Gegensatz zu Sobibór und Treblinka erwies sich der Holocaust in Bełżec als eine Art perfektes Verbrechen. Die Ermordung fast aller Zeugen hatte dazu geführt, dass ein Nachweis der Taten im strafrechtlich relevanten Sinne nicht mehr möglich war. Der Historiker kann hier ganz anders argumentieren. Wenn ihn seine Fakten ganz selbstverständlich von Tätern und Mördern sprechen lassen, liegt letztendlich eine rationale Einschätzung vor – die durchaus mit moralischen Kriterien verbunden sein kann. Ein gerichtliches Verfahren verlangt demgegenüber einen individuellen Tatnachweis ohne Restzweifel. Gerade das unterscheidet aber einen Rechtsstaat von Willkürjustiz oder Schauprozessen. Man darf es sich nicht zu bequem machen und lediglich die strafrechtlichen Anforderungen kritisieren. Stattdessen sollte gefragt werden, wieso eine Gesellschaft überhaupt einen Genozid ermöglicht, Mörder durch kollektives Wegsehen zusätzlich ermutigt und Sühne nur unwillig und spät einfordert.

Wie um frühere Versäumnisse nachzuholen, geht die deutsche Justiz seit einigen Jahren verstärkt gegen die wenigen noch lebenden, hochbetagten SS-Männer vor, die bisher nicht vor Gericht standen. Weil diese allerdings mit 18 oder 20 Jahren keine leitenden Funktionen bekleideten, handelt es sich dabei meist um subalterne Befehlsempfänger. Beispielhaft steht dafür Iwan (John) Demjanjuk, jener frühere Trawniki-Mann aus Sobibór, dem zwischen 2009 und 2011 in München der Prozess gemacht wurde. Damit einher ging eine neue Rechtsauffassung, die insbesondere die Zentrale Stelle in Ludwigsburg vehement vertritt und meist bei den Richtern durchsetzen kann: Die Anklage geht inzwischen davon aus, dass jeder in einem Vernichtungslager Anwesende – natürlich mit Ausnahme der Opfer – dort zum Zwecke des Mordens war. Der Aufenthalt an einem solchen Ort und die Zugehörigkeit zum Kollektiv des Wachpersonals genügen dann als «niedere Beweggründe».

Die Verurteilung wegen «Beihilfe zum Mord» erfordert außerdem den subjektiven Willen zur Tat. Hier argumentieren die Ludwigsburger Staatsanwälte, dass dieser schon alleine deshalb gegeben sei, weil die Angeklagten trotz generell vorhandener Gelegenheiten keine Flucht- oder Versetzungsversuche unternommen hätten. Auf diese Weise kehrt der Staat zudem die Beweislast um, weil nun die Verteidigung ein derartiges Handeln nachweisen muss. Gelingt dies nicht, ist der Beschuldigte gewissermaßen automatisch und pauschal verurteilt.

Im Demjanjuk-Fall spielte die aggressive Strategie der Verteidiger dieser Argumentation in die Hände. Der aus der Ukraine stammende «Hilfswillige» war nach dem Krieg in die USA ausgewandert, hatte aber in seinem Einbürgerungsverfahren die Mitgliedschaft in den «Wachmannschaften des SS- und Polizeiführers Lublin» verschwiegen. Seine Einbürgerung war deshalb widerrufen worden. Dies wiederum hätte sich nur dann rückgängig machen lassen, falls der Nachweis gelungen wäre, dass Demjanjuk kein Trawniki-Mann gewesen sei und demzufolge nicht gelogen habe. Und genau das wollte sein Verteidiger Ulrich Busch belegen. Er zweifelte deshalb nicht die juristische Auslegung der Staatsanwaltschaft an und verzichtete außerdem darauf, mildernde Umstände zu betonen oder kollektive und pauschale Entlastungsgründe prüfen zu lassen.

Doch der maximalistische Ansatz verfing nicht, zumal Busch auf vielerlei Weise provozierte. Er sprach beispielsweise von Vernichtungslagern für Ukrainer und verstieg sich zu der Ansicht, dass der Zeuge Toivi Blatt als «Arbeitsjude» genauso Handlanger der Deutschen gewesen sei wie sein Mandant. Nach 92 Verhandlungstagen verurteilte das Landgericht München Demjanjuk für die Beihilfe zum Mord an 28 060 Menschen zu fünf Jahren Haft. Zehn Monate später verstarb er in einem Pflegeheim in Bad Feilnbach.[14] Die Staatsanwaltschaft hatte damit mehr als nur einen Sieg errungen. Viel wichtiger war der juristische Präzedenzcharakter, mit dem sie neue Normen etablieren konnte.

13. Hier ist nicht Auschwitz. Gedenken und Gedenkstätten

Bereits während des Krieges berichteten Juden, beispielsweise im Warschauer Ghetto für die Gruppe Oneg Shabat um Emanuel Ringelblum, über Verfolgung und Vernichtung. Ihre Erinnerungen sollten mehr sein als bloße Notizen; explizit war die Rede davon, die Welt aufzurütteln, Spuren zu hinterlassen sowie Beweismaterial für spätere Strafprozesse und damit eine indirekte Rache an den deutschen Mördern zu liefern. Mündlich und schriftlich legten die Opfer Zeugnis ab, wie etwa in Abraham Krzepickis Bericht aus Treblinka. In teilweise expliziter Berufung auf einerseits jüdische, andererseits humanistische Traditionen sollte ein Verständigungsprozess begonnen und eine Beziehung mit dem Leser oder Zuhörer aufgebaut werden, selbst wenn diese nicht von Erfahrungsgleichheit geprägt sein konnte.[1]

Rudolf Reder und Chaim Hirszman sagten nach 1945 über ihr Schicksal aus und hinterließen die einzigen Augenzeugenberichte aus Bełżec. Für Sobibór und Treblinka gibt es deutlich mehr Aufzeichnungen von Überlebenden, und auch sie entstanden oft mit der Absicht, den Genozid nicht vergessen zu lassen. In den Worten von Chil Rajchman:

> Ja, ich habe überlebt, und ich bin frei, aber wozu? Das frage ich mich oft. […] Ja, ich habe überlebt, um Zeugnis abzulegen von dem Riesenschlachthof Treblinka![2]

Seine Erinnerungen schrieb er 1945 in Polen auf Jiddisch nieder, aber erst 2009 erschienen sie erstmals gedruckt. So war es mit vielen Memoiren: Selbst wenn jüdische Institutionen in Polen unmittelbar nach 1945 viel in jiddischer Sprache publizierten, wurden die Schriften meist erst viele Jahre nach Kriegsende übersetzt und weiterverbreitet.

Der Grund dafür war einerseits das Desinteresse der nichtjüdischen Europäer, die sich selbst als Opfer der Deutschen betrachteten. Andererseits stand in Polen vor allem Auschwitz im Fokus staatlichen Erinnerns an den Holocaust, wo es viel mehr Überlebende gegeben hatte als in den drei Lagern der Aktion Reinhardt zusammengenommen. Darüber hinaus war der Ort auch eine Stätte polnischen Martyriums, das damit auf einer Stufe mit dem jüdischen Leid präsentiert werden konnte. Jüdische Kommissionen machten zwar viel Lobbyarbeit für Treblinka als Gedenkort, blieben damit aber ohne Erfolg. Die kommunistische Regierung finanzierte stattdessen ein Monument für den Widerstand im Warschauer Ghetto, weil dieser für Heldenmut anstatt für Leiden stand und sich zudem gegen den unliebsamen Warschauer Aufstand der nationalkonservativen Heimatarmee 1944 instrumentalisieren ließ.[3]

Schon rein statistisch hatten es die nicht einmal 150 Überlebenden aus Bełżec, Sobibór und Treblinka schwer, mit ihren Erlebnissen Gehör zu finden. Viel mehr überlebende Juden hatten die Deportationen der Aktion Reinhardt im Versteck überstanden, waren in Auschwitz und anderen Lagern gewesen oder hatten sich vor dem Genozid in die Sowjetunion retten können. Nach 1945 waren sie alle zuvorderst damit beschäftigt, sich ein neues Leben aufzubauen. Für die allermeisten von ihnen bedeutete das: Auswandern. Im Januar 1946 waren in Polen zwar rund 86 000 Holocaust-Überlebende registriert, ein halbes Jahr später sogar über 200 000. Doch während Flüchtlinge aus dem Osten und diejenigen, die im Westen befreit worden waren, ins Land zurückkehrten, fand gleichzeitig eine große Migrationswelle nach Palästina/Israel und in die USA statt. Sie wurde stark befeuert vom grassierenden Antisemitismus und vereinzelten Pogromen. So verließen bis Februar 1947 über 90 000 Juden das Land, weitere etwa 50 000 zwischen 1955 und 1960, und nach einer letzten staatlich gesteuerten antisemitischen Kampagne 1968 verblieben weniger als 10 000 jüdische Staatsbürger in Polen.[4]

Betroffen davon waren auch Überlebende der Aktion Reinhardt. Chil Rajchman beispielsweise wanderte nach Uruguay aus, Samuel Willenberg 1950 nach Israel, wo er als letzter Überlebender von Treblinka im Februar 2016 starb. Toivi Blatt blieb bis 1958 als Journalist in Polen und ging dann über Israel in die USA; er verschied im Oktober 2015. Aleksandr Petscherski gründete unmittelbar nach der Flucht aus Sobibór eine kleine Partisanengruppe und schlug sich zur Roten Armee durch, in der er bis zu einer Verwundung im August 1944 weiterkämpfte. Er unterrichtete dann als Musiklehrer in Rostow am Don, wurde aber wegen seiner «Westkontakte» zu anderen Überlebenden 1948 entlassen und durfte erst nach Stalins Tod erneut Lehrer werden. Er starb 1990.[5]

Chaim Hirszman trat der Polnischen Arbeiterpartei bei und arbeitete unmittelbar nach dem Krieg für das Amt für Öffentliche Sicherheit (Urząd Bezpieczeństwa) in Lublin. In den neun Monaten seiner Tätigkeit für diese Behörde heiratete er eine andere Überlebende und ersuchte dreimal um Entlassung aus dem Dienst, weil seine Gesundheit infolge der Haft in Bełżec angegriffen war. Vermutlich wollte Hirszman ebenfalls emigrieren, aber dazu kam es nicht: Am 19. März 1946 erschossen ihn drei Jugendliche in seiner Wohnung, höchstwahrscheinlich aus antisemitischen Beweggründen.[6]

Rudolf Reder, der Seifenfabrikant aus Lemberg, war für die kommunistischen Machthaber ein «Bourgeois». Seine Heimatstadt hatte er verlassen müssen, weil sie der Ukraine zufiel und er als Pole galt. Er heiratete die Frau, die ihn nach seiner Flucht in Lemberg versteckt hatte, und ließ sich in Krakau nieder, wo er abermals eine – deutlich kleinere – Seifenfabrik eröffnete. Doch diese Fabrik wurde verstaatlicht, er selbst kam für kurze Zeit in Haft. Um nicht weiter aufzufallen, nannte Reder sich nun Roman

Robak und emigrierte unter Zahlung eines hohen Bestechungsgeldes 1950 zuerst nach Israel, zog aber bald nach Toronto weiter, wo er bis zu seinem Tod 1968 lebte.[7]

So waren es nicht die aus den Lagern Geflüchteten, die das Gedenken an die Aktion Reinhardt in Polen trugen. Andere Überlebende versuchten, sich der Sache anzunehmen. Zentraler Akteur war das Jüdische Historische Institut in Warschau, für das Rachel Auerbach 1947 ihren Essay über Treblinka verfasst hatte,[8] bevor auch sie 1950 über London nach Israel emigrierte. Das Institut bewahrt bis heute das Vermächtnis von Emanuel Ringelblum und erinnert in zahlreichen Veranstaltungen und Veröffentlichungen an das Schicksal der polnischen und insbesondere der Warschauer Juden sowie deren Vernichtung.

Doch im polnischen Staatssozialismus gab es andere Prioritäten. Bereits im November 1944 eröffnete eine staatliche Gedenkstätte in Majdanek, die vor allem den polnischen Opfern gewidmet war. 1947 gründete man das Staatliche Museum Auschwitz-Birkenau, dessen doppelte Rolle beim Martyrium von Polen und Juden ebenfalls geeignet war, um das vorgeblich gleiche Schicksal herauszustellen, das seinen sprechendsten Ausdruck in politisch festgelegten gleichen Ermordetenzahlen fand.[9]

In Treblinka, dieser Stätte ausschließlich des Holocaust, schrieb der Staat zusammen mit dem Komitee für das Andenken der Treblinka-Opfer im Oktober 1947 zunächst einen Wettbewerb für eine Gedenkstätte bzw. ein Mahnmal aus. Den ersten Preis erhielt ein monumentaler Entwurf von Władysław Niemiec und Alfons Zielonka, der eine Überbauung des gesamten Geländes vorsah, das als gigantischer Friedhof interpretiert wurde. Die gewählten Formen waren klassisch religiös und kombinierten etwa einen Davidsstern mit Obelisken in Gestalt von Moses Tafeln mit den Zehn Geboten. Dazu kamen ein Mausoleum und nicht zuletzt ein Altar, der den Opfermythos verdeutlichte. Gleichzeitig stand ein großes Bassin für die symbolische Reinigung der Besucher. Echte Originalität oder gar Subtilität konnte diese bombastisch-repräsentative

Vision nicht beanspruchen, sie entsprach dem Zeitgeist sozialistischer Erinnerung an den Krieg – wobei der Ort immerhin als spezifisch jüdisch gelten durfte und keiner internationalistisch-antifaschistischen Vereinnahmung unterlag. Bemerkenswert war immerhin, dass das Martyrium der Juden anstelle der Glorifizierung von Widerstand im Vordergrund stand.[10]

Weil dieser Entwurf nicht realisiert wurde, erfolgte 1955 eine zweite Ausschreibung. Doch erst im Mai 1964 gestaltete die Volksrepublik das Lagergelände tatsächlich als Gedenkstätte und errichtete ein Denkmal von Adam Haupt und Franciszek Strynkiewicz. Die damaligen Formen sind bis heute weitgehend erhalten und erinnern in ihrer Symbolik an einen jüdischen Friedhof: Flächen von Massengräbern bzw. Aschefeldern sind mit Betondecken versiegelt, auf denen mehrere Tausend kleinere und größere Granitfindlinge stehen, von denen manche mit den Namen der Orte beschriftet sind, aus denen Deportationen nach Treblinka stattfanden. Die Rampe und die Eisenbahnabzweigung sind symbolisch nachgebildet durch Betonblöcke, die auf der früheren Trasse aus dem Lager heraus durch einen Fichten- und Kiefernwald bis zum heutigen Parkplatz führen. Ungefähr dort, wo sich die Gaskammern befunden haben, erhebt sich ein fast zehn Meter hohes zentrales Monument. Es ist oben auf drei Seiten mit einem Relief menschlicher Körper sowie auf der vierten Seite dem Relief einer Menora umschlossen. Direkt hinter diesem Turm markiert ein etwa 14 mal fünf Meter großes Feld aus geschmolzenem Basalt die Stelle, an der die SS die Toten verbrannte. Was in Deutschland völlig undenkbar wäre, ist in Polen möglich: Die Gedenkstätte ist nicht umzäunt und zu jeder Tages- und Nachtzeit öffentlich zugänglich. Ein Schutz vor Vandalismus oder antisemitischen Übergriffen ist in der dortigen Abgeschiedenheit nicht notwendig.

Der Lagerteil, in dem die Häftlinge Kleidung sortierten und in Baracken lebten, sowie größere Flächen des deutschen Bereichs sind mit Wald bedeckt. Zum unweit gelegenen früheren Zwangsarbeitslager Treblinka I führt ein gepflasterter Weg, wo sich

Die Gedenkstätte Treblinka heute.

vielfach Fundamente damaliger Gebäude finden lassen. Eine Dauerausstellung in vier Räumen gibt es erst seit 2006 im Verwaltungsgebäude der Gedenkstätte, in dem außerdem ein kleiner Vortragssaal vorhanden ist. Das Muzeum Walki i Męczeństwa w Treblince (Museum des Kampfes und des Martyriums in Treblinka) ist heute eine Abteilung des Regionalmuseums Siedlce und hat laut offiziellen Angaben jährlich rund 60 000 Besucher, davon die Hälfte aus dem Ausland.[11] Zum Vergleich: In Auschwitz sind es im gleichen Zeitraum etwa eineinhalb Millionen, davon alleine aus Südkorea und Schweden zusammen über 60 000.

Die beiden anderen Lager der Aktion Reinhardt liegen noch weiter ab von jeglichen touristischen Routen. Selbst israelische oder amerikanische Erinnerungsreisen führen kaum nach Südostpolen. Das ist insbesondere im Falle Bełżec schade, denn dort existieren seit 2004 eine bemerkenswerte Anlage und ein zwar kleines, aber modernes Museum, das eine Außenstelle der Gedenkstätte Majdanek ist. Die heutige Gestaltung ersetzt eine ältere von 1963, als das Lagergelände erstmals als solches gekennzeichnet worden war. Allerdings hat man weder damals noch heute existierende

Gebäude des Bahnhofs miteinbezogen: Die ehemalige Kommandantur diente lange dem Stationsvorsteher und steht inzwischen leer; das gilt ebenfalls für den Lokschuppen, den die SS als Speicher für geraubte Gegenstände genutzt hatte.

In der ersten Gedenkstätte von 1963 gab es kein Museum. Neben einer Skulptur von Stanisław Strzyżyński vor einem Quader aus Betonteilen markierte sie vor allem die bereits identifizierten Massengräber, die in Beton gefasst und mit überdimensionalen Kelchen gekennzeichnet wurden. Anfang der 1980er Jahre kam eine Tafel dazu, die von 600 000 ermordeten Juden sprach – zuvor war die Rede lediglich von weder quantifizierten noch ethnisch näher bestimmten «Opfern des Hitlerterrors» gewesen. Die neue Inschrift korrigierte zwar den von oben verordneten «Internationalismus», mehr aber auch nicht. Rund 30 Jahre nach der Gestaltung des Erinnerungsorts war eine Neukonzeption deshalb dringend angebracht. Sie nahm ihren Ursprung allerdings nicht in Polen, sondern ging auf die Initiative von Miles Lerman zurück, der zwar aus Tomaszów Lubelski stammte und seine Familie in Bełżec verloren hatte, aber in den USA lebte. Als Beiratsvorsitzender des US Holocaust Memorial Museum in Washington verfügte er über politische Kontakte und konnte außerdem viele Spender sowie nicht zuletzt das American Jewish Committee als Unterstützer gewinnen. Gemeinsam mit der polnischen Regierung kamen so seit 1995 die für den Bau benötigten rund vier Millionen Euro zusammen.

Die «landscaping architecture» von Andrzej Sołyga, Zdzisław Pidek und Marcin Roszczyk stellt in vielerlei Hinsicht eine zeitgemäße Variante der aus Treblinka bekannten Vorgehensweise dar, Funktionen und Gebäude des Lagers symbolisch nachzubilden. So dürfen Besucher beispielsweise nur dort laufen, wo Archäologen bei umfangreichen Untersuchungen keine Massengräber fanden – was wiederum dem ehemaligen «Schlauch» entspricht. Die Gräber selbst sind mit Schlacke bedeckt. Das Museum hat die Form eines Zuges, der am Ende einer neu geschaffenen Rampe steht. Außerdem entschlossen sich die Architekten, die von den Deutschen zur Tarnung gepflanzten Bäume zu fällen und nur diejenigen als eine Art stille Zeugen stehen zu lassen, die bereits vorher dort gewachsen waren.[12]

Verglichen mit Bełżec und Treblinka ist die heutige Situation in Sobibór desperat. Am 27. Juni 1965 weihte die Volksrepublik ein erstes Mahnmal ein, das aus einer Skulptur mit Mutter und Kind vor einem Turm bestand. Die Aufschrift betonte einmal mehr die internationalen Opfer, ohne zu erwähnen, dass diese fast alle jüdisch waren. Beide Objekte befinden sich dort, wo früher die Gaskammern waren. Dazu kommt eine Art Grabhügel in Form einer kegelförmigen Betonplatte über der Stelle, wo die SS die Leichen verbrannt hatte. Die als Gedenkstätte ausgewiesene Fläche machte nur etwa ein Drittel des früheren Lagers aus. Andere Teile wurden teilweise planiert, asphaltiert und aufgeforstet, wobei die Bauarbeiten weitere Schäden an den sowieso minimalen materiellen Zeugnissen verursachten.

1993 ging die Zuständigkeit für das Gelände auf das Regionalmuseum Włodawa über. Doch die nächstgelegene, keine zehn Kilometer entfernte Kleinstadt gehört zu einer der ärmsten Regionen Polens und ist kaum in der Lage, größere finanzielle Anstrengungen für ihr in jeder Hinsicht beeindruckendes jüdisches Erbe zu unternehmen. Erst angesichts des 50. Jahrestages des Aufstands in Sobibór stemmte man die Ausgaben zumindest für ein sehr kleines Museum, das die Geschichte des Lagers dokumentierte. Zusätzlich wurden Gedenktafeln aufgehängt, die explizit an die jüdischen Opfer erinnerten. Leider war der Landkreis Włodawa 2011 nicht mehr in der Lage, Mittel bereitzustellen; nachdem diese zunächst halbiert worden waren, erhielt das Museum gar kein Geld mehr und musste schließen.[13]

Die Warschauer Regierung erklärte sich bereit einzuspringen und übertrug einmal mehr der KZ-Gedenkstätte Majdanek die Koordination einer Neugestaltung. Doch trotz Planungen seit 2012 geschah in den letzten Jahren nichts. Immerhin konnte die

Zeit genutzt werden, um in umfangreichen archäologischen Grabungen auf dem ganzen früheren Lagergelände letzte Spuren zu sichern – tatsächlich ließen sich noch bauliche Überbleibsel sowie Reste menschlicher Knochen und Gebisse finden. Anfang 2016 jedoch signalisierte die neue polnische Regierung andere geschichts- und gedächtnispolitische Prioritäten, so dass sich an der aktuellen Situation wohl vorerst nichts ändern wird.

Das liegt auch am Land der Täter, das keinen Beitrag leisten wollte. Exemplarisch für die anhaltende deutsche Verweigerung war noch 2013 eine Aussage der damaligen Staatsministerin im Auswärtigen Amt, Cornelia Pieper. Sie lehnte finanzielle Hilfe für den Bau einer Gedenkstätte in Sobibór mit der Begründung ab:

> Man hat uns gesagt, dass man bis jetzt Projekte mit anderen Partnern vorbereitet, also mit den Ländern, die davon betroffen waren, die auch Inhaftierte hatten. Da war Deutschland nicht dabei.[14]

Jenseits aller politischen Unsensibilität ist das schlicht falsch: In Sobibór ermordeten die Deutschen nicht nur 19 000 ihrer jüdischen Landsleute, sondern auch rund 6000 Menschen aus Österreich – zu jener Zeit als «Ostmark» ebenfalls Teil des Deutschen Reichs.

Bislang hat Polen von der Bundesrepublik außer für Auschwitz keinerlei finanzielle Hilfe für seine Holocaust-Gedenkstätten erhalten – und auch nicht eingefordert. Im Haushalt des Auswärtigen Amts waren 2015 für einen Neubau in Sobibór zwei Millionen Euro vorgesehen. Doch Deutschland gab diese Summe nicht von sich aus, sondern wartete auf eine Anfrage aus Polen, die nicht kam. Eine fraktionsübergreifende Initiative des Unterausschusses für Auswärtige Kulturbeziehungen des Bundestags, die stattdessen insgesamt vier Millionen Euro für politische Bildung zur Aktion Reinhardt, für die Gedenkstätte Bełżec sowie – ohne explizite «Anforderung» – für Sobibór zur Verfügung stellen wollte, scheiterte am Veto des Haushaltsausschusses.[15]

Die deutsche Verweigerungshaltung trifft sich hier mit polnischem Desinteresse. Das Schicksal der Juden aus Polen wird weitgehend auf die Ghettos Litzmannstadt und Warschau reduziert. Die Aktion Reinhardt, der bedeutendste Tatkomplex des Holocaust, hat in der offiziellen Gedenkpolitik der beiden Länder keinen Platz. Thematisiert wird sie einzig dort, wo sich die meisten Überlebenden niedergelassen haben: in Israel und den USA. In Yad Vashem, dem Ghetto Fighters' House Museum bei Haifa oder dem US Holocaust Memorial Museum nimmt der Massenmord in Ostpolen einen wichtigen Platz ein. Doch selbst dort tritt er hinter Auschwitz zurück, dem größten Vernichtungslager, das zugleich Tausende Juden vor allem aus Ungarn und Westeuropa überlebten. Die Letzten von ihnen halten bis heute die Erinnerung wach und die Welt zum Gedenken an. Die Toten aus Bełżec, Sobibór und Treblinka jedoch haben keine Stimmen mehr.

Aus den Augen, aus dem Sinn. Das erfolgreiche Vergessen eines Genozids

Die Gedenkstättenpolitik entspricht in vielerlei Hinsicht dem im Grunde nicht vorhandenen öffentlichen Interesse an der Aktion Reinhardt, das sich auch in der unbefriedigenden Forschungslage widerspiegelt. Es gibt keine Besuchermassen, die in Bełżec, Sobibór oder Treblinka auf Bildung und Information drängen, und es gibt keine Überlebenden mehr, die ein angemessenes Erinnern einfordern könnten. Eine Identifikation mit den Hunderttausenden namenlosen Opfern unterbleibt, die Verantwortung für die Morde kann einer kleinen Gruppe von deutschen Exzesstätern zugeschoben werden, die teilweise ja sogar verurteilt wurden. Die Auseinandersetzung mit all den Implikationen dieses einerseits mit simplen Methoden, andererseits mit einer hocheffizienten Logistik und ungezählten Helfern durchgeführten Genozids findet nicht statt. Das gilt auch für die unbequeme Tatsache, dass das damalige Geschehen weithin bekannt war, aber nur die Juden heldenhaften Widerstand leisteten.

Robert Kuwałek schreibt in seiner Monographie über Bełżec von einem «halben Jahrhundert des Vergessens», wenn es um die Nachkriegsgeschichte dieses Ortes geht.[1] Mindestens für die kommunistische Periode lässt sich sogar das organisierte Vergessen des Holocaust konstatieren – eine planvolle Verdrängung der Judenvernichtung aus dem öffentlichen Gedächtnis Polens.[2] Freilich sah es zu dieser Zeit in Deutschland nur unwesentlich anders aus; die erwähnten Strafprozesse bestätigen eher die Regel, als dass sie sie widerlegen. Und selbst heute ist höchstens ein allgemeines Bewusstsein für die historische Schuld vorhanden, das mit dem behaglichen Gefühl einhergeht, sich der eigenen Vergangenheit ausreichend gestellt, sie «bewältigt» zu haben. Doch bei dem konkreten Wissen sieht es düster aus. Gerade die Aktion Reinhardt mit ihren drei Vernichtungslagern steht zudem vollkommen im Schatten von Auschwitz und dem Mord an den westeuropäischen Juden.

Debatten über die Kenntnis der Vernichtung und die eigene Rolle bei diesem eigentlichen Kern des Holocaust führte in den letzten Jahren nur noch Polen, als man vor wenigen Jahren die «goldene Ernte» nach der Befreiung diskutierte. In Deutschland ist er in weiten Teilen vergessen und verdrängt. 2016 haben sowohl das Land der Täter wie das der Opfer andere Prioritäten als das Gedenken an einen Genozid vor 80 Jahren. Und weil der östlichste Rand der Europäischen Union auf unseren geistigen Landkarten allenfalls als hoffnungslos arm, hinterwäldlerisch und menschenleer verzeichnet ist, gibt es schlicht keine Aufmerksamkeit für seine Geschichte und Gegenwart. So verliert dann selbst ein präzedenzloses Verbrechen seine Relevanz.

Feiern die Mörder mit ihrer Geheimhaltungs- und Verschleierungsstrategie also doch noch einen Erfolg? Tatsächlich erschwert das Fehlen von Überresten die Rekonstruktion des Genozids. Es verhindert auch, dass Hinterbliebene ein richtiges Grab ihrer ermordeten Angehörigen besuchen können. Statt individuellen Gedenkens existieren nur die annähernd lokalisierten, zubetonierten Aschegruben. Außerdem argumentieren Holocaust-Leugner immer wieder mit dem Nichtvorhandensein materieller Hinterlassenschaften, frei nach dem Motto: Was man nicht sieht, kann es nicht gegeben haben. Der Abbau der Mordzentren ist daher ein essentieller Teil der «Endlösung»: Die Deutschen haben nicht nur die Juden «vernichtet», sondern auch die Zeugnisse ihrer Existenz und ihres Leids.

Hoffnungsschimmer sind angesichts dieser traurigen Bilanz rar, doch es gibt sie. Dazu zählen israelisch-polnische Ausgrabungen der letzten Jahre, die mit modernsten Methoden doch noch Spuren des Genozids lokalisieren, Grundmauern freilegen oder letzte

Habseligkeiten in der Erde finden, die weder Deutsche noch Polen rauben konnten. Es gibt Initiativen wie etwa das Kasseler Bildungswerk Stanisław Hantz, das junge Menschen aus ganz Europa gezielt an den Stätten der Aktion Reinhardt zusammenbringt. Da sind Mitarbeiter der Gedenkstätte Majdanek wie Tomasz Kranz oder Dariusz Libionka, die sich für den Bau eines Museums in Sobibór einsetzen. Und in Deutschland haben zuletzt einige jüngere Historikerinnen und Historiker das Thema entdeckt und beeindruckende Detailstudien[3] zu Tätern und Opfern vorgelegt.

Wie selbstverständlich tauschen sie alle sich aus und kooperieren über politische, mentale und sprachliche Grenzen hinweg. Sie arbeiten mit neuem Schwung an der zentralen Herausforderung der Aktion Reinhardt, die Rachel Auerbach schon vor 70 Jahren formulierte:

> Die Welt ist im Begriff, mit dem Vergessen von mehr als einem Ereignis zu beginnen. Daher ist es höchste Zeit, dass sie Geschichten wie diese ein wenig besser kennenlernt.[4]

Dank

Viele Freunde und Kollegen in nah und fern haben das Entstehen dieses Buches ermöglicht. Es ist mir Freude und Verpflichtung zugleich, ihnen zu danken:

Der exklusive «Holocaust-Cluster» mit Katrin Stoll am Deutschen Historischen Institut Warschau war der Ausgangspunkt, was auch an den exzellenten Forschungsbedingungen lag, die unter Miloš Řezník und Ruth Leiserowitz herrschten. Am Touro College Berlin beendete ich die Niederschrift und profitierte vom Rat Peter Kleins sowie der Neugier meiner Studenten, die ausgewählte Kapitel mit mir diskutierten. Weitere wichtige Hinweise erhielt ich von Andrej Angrick und Andreas Kahrs (Berlin), Jürgen Hensel, Dariusz Libionka, Magdalena Saryusz-Wolska, Sabine Stach (alle in Warschau), Anna Zalewska (Lublin) und Jürgen Zarusky (München).

Beim Beck-Verlag in München kümmerten sich Sebastian Ullrich, Daniela Riepe und Daniel Bussenius um das Manuskript und machten daraus ein Buch. Das Korrekturlesen übernahmen wie immer meine Eltern. Meine Frau Marta, die so vieles klarer sieht, stellte die richtigen Fragen. Und Susanne, die zwei Holocaust-Historiker als Eltern hat, sorgte mit ihrer Fröhlichkeit dafür, dass so ein Thema überhaupt auszuhalten ist.

Anmerkungen

Besuch in Treblinka 2016. Ein Ort zum Beten und zum Weinen

1 Yitzhak Arad, Belzec, Sobibor, Treblinka: The Operation Reinhard death camps, Bloomington, Ind., 1987.

2 Rachel Auerbach, Auf den Feldern von Treblinka, in: Frank Beer/Wolfgang Benz/Barbara Distel (Hrsg.), Nach dem Untergang. Die ersten Zeugnisse der Shoah in Polen 1944–1947. Berichte der Zentralen Jüdischen Historischen Kommission, Berlin, Dachau 2014, S. 399–455, hier S. 399 f.

3 Jochen Böhler, Auftakt zum Vernichtungskrieg. Die Wehrmacht in Polen 1939, Frankfurt am Main 2006, S. 98–107.

4 Klaus-Michael Mallmann/Jochen Böhler/Jürgen Matthäus (Hrsg.), Einsatzgruppen in Polen. Darstellung und Dokumentation, Darmstadt 2008.

5 Eine Neubewertung Rumkowskis jetzt bei Monika Polit, Mordechaj Chaim Rumkowski: Prawda i zmyślenie, Warszawa 2012. Zu Czerniaków vgl. Marcin Urynowicz, Adam Czerniaków 1880–1942: Prezes getta warszawskiego, Warszawa 2009.

6 Krzysztof Urzędowski, Przyczynek do historii getta w Piotrkowie Trybunalski, in: Biuletyn Okręgowej Komisji Badania Zbrodni Hitlerowskiej w Łodzi 2 (1990), S. 35–48.

7 Zitiert nach: Stephan Lehnstaedt, Kleine Ghettos. Plädoyer für eine Perspektiverweiterung, in: Zeitschrift für Genozidforschung 13 (2012), S. 12–28, hier S. 20.

8 Tagebucheintrag vom 31.1.1941, in: Abraham Katsh (Hrsg.), Buch der Agonie. Das Warschauer Tagebuch des Chaim A. Kaplan, Frankfurt am Main 1967, S. 283.

9 Andrea Löw/Markus Roth, Juden in Krakau unter deutscher Besatzung 1939–1945, Göttingen 2011, S. 58–61.

10 Yehuda Bauer, Der Tod des Schtetls, Berlin 2013, S. 132 und 152–154.

11 Tagebucheintrag vom 3.1.1942, in: Klaus-Peter Friedrich (Hrsg.), Die Verfolgung und Ermordung der europäischen Juden durch das nationalsozialistische Deutschland 1933–1945, Band 9: Generalgouvernement August 1941–1945, München 2013, S. 171 (Dokument 31).

12 Tagebucheintrag vom 11.10.1941, in: ebenda, S. 91 (Dokument 12).

13 Barbara Engelking/Jacek Leociak, The Warsaw Ghetto: A guide to the perished city, New Haven, Conn., 2009, S. 49 f. und 432–434.

14 Archiv der Gedenkstätte Yad Vashem, O 6/198. Monatsbericht des deutschen Arbeitsamts im Ghetto Warschau, 29.8.1941.
15 Stephan Lehnstaedt, Die deutsche Arbeitsverwaltung im Generalgouvernement und die Juden, in: Vierteljahrshefte für Zeitgeschichte 60 (2012), S. 409–440.
16 Helge Grabitz/Wolfgang Scheffler (Hrsg.), Letzte Spuren. Ghetto Warschau, SS-Arbeitslager Trawniki, Aktion Erntefest. Fotos und Dokumente über Opfer des Endlösungswahns im Spiegel der historischen Ereignisse, 2. Aufl., Berlin 1993, hier S. 24.
17 Archiv der Gedenkstätte Yad Vashem, O 6/162. Monatsbericht des Judenrats Warschau, 7.4.1942.
18 Institut für Zeitgeschichte München, Fa 91/4, S. 983 ff., Bericht Nr. 1 des Beauftragten des Reichsleiters Bormann, Albert Hoffmann, über Warschau, 9.8.1942.
19 Joanna Sliwa, A Link between the Inside and the Outside Worlds: Child Smugglers in the Kraków Ghetto, in: Zeitschrift für Genozidforschung 13 (2012), S. 53–81.
20 Tagebuch von Frau Rathauser vom 29.11.1941, in: Friedrich (Hrsg.), Die Verfolgung und Ermordung der europäischen Juden durch das nationalsozialistische Deutschland 1933–1945, Band 9: Generalgouvernement, S. 149 (Dokument 24).
21 Jan Grabowski, Hunt for the Jews: Betrayal and Murder in German-Occupied Poland, Bloomington, Ind., 2013, S. 22–30 und 63–86.
22 Sara Bender, Der Judenrat im Ghetto von Białystok: Struktur. Abteilungen, Personal, in: Freia Anders/Katrin Stoll/Karsten Wilke (Hrsg.), Der Judenrat von Białystok. Dokumente aus dem Archiv des Białystoker Ghettos 1941–1943, Paderborn u. a. 2010, S. 355–383, hier S. 364–367.

2. Von der «Euthanasie» zur Aktion Reinhardt. Die Genesis des Genozids, 1940–1942

1 Magnus Brechtken, «Madagaskar für die Juden». Antisemitische Idee und politische Praxis 1885–1945, München 1997, S. 225–277.
2 Dan Michman, The Emergence of Jewish Ghettos During the Holocaust, Cambridge 2011, S. 69 und 141 f.
3 Diensttagebuch Hans Franks, 6./7.6.1940, in: Werner Präg/Wolfgang Jacobmeyer (Hrsg.), Das Diensttagebuch des deutschen Generalgouverneurs in Polen 1939–1945, Stuttgart 1975, S. 231.
4 Die besten Gesamtdarstellungen sind: Christopher Browning, Die Entfesselung der «Endlösung». Nationalsozialistische Judenpolitik 1939–1942, München 2003; Peter Longerich, Politik der Vernichtung. Eine Gesamtdarstellung der nationalsozialistischen Judenverfolgung, München 1998.

5 Bayerisches Staatsarchiv München, Bestand Staatsanwaltschaften 34865/18. Vernehmung von Rudolf Neumann, 20.9.1962.
6 Christopher R. Browning, Ganz normale Männer. Das Reserve-Polizeibataillon 101 und die «Endlösung» in Polen, 7. Aufl., Reinbek bei Hamburg 2013.
7 Henry Friedlander, Der Weg zum NS-Genozid. Von der Euthanasie zur Endlösung, Berlin 1997, S. 232 f.
8 Peter Klein, Die «Gettoverwaltung Litzmannstadt» 1940 bis 1944. Eine Dienststelle im Spannungsfeld von Kommunalbürokratie und staatlicher Verfolgungspolitik, Hamburg 2009, S. 383–392.
9 Bogdan Musial, Ursprünge der «Aktion Reinhardt». Planung des Massenmordes an den Juden im Generalgouvernement, in: ders., «Aktion Reinhardt». Der Völkermord an den Juden im Generalgouvernement 1941–1944, Osnabrück 2004, S. 49–85, hier S. 62 f.
10 David Silberklang, Gates of Tears: The Holocaust in the Lublin District, Jerusalem 2013, S. 225–229.
11 Diensttagebuch Hans Franks, 16.12.1941, in: Präg/Jacobmeyer (Hrsg.), Das Diensttagebuch des deutschen Generalgouverneurs in Polen 1939–1945, S. 457 f.
12 Mark Roseman, The Wannsee Conference and the final solution: A reconsideration, New York 2002, S. 103.
13 Geheime Anordnung Himmlers an Friedrich Wilhelm Krüger, 19.7.1942, in: Friedrich (Hrsg.), Die Verfolgung und Ermordung der europäischen Juden durch das nationalsozialistische Deutschland 1933–1945, Band 9: Generalgouvernement, S. 337 (Dokument 96).
14 Diese Mechanismen sind in der Forschung vielfach herausgearbeitet worden. Vgl. grundlegend den Klassiker Ian Kershaw, Hitlers Macht. Das Profil der NS-Herrschaft, 3. Aufl., München 2001, S. 203–206.

3. Massenmörder. Deutsche Täter und ihre Hilfskräfte

1 Johannes Sachslehner, Zwei Millionen ham'ma erledigt. Odilo Globocnik – Hitlers Manager des Todes, Wien 2014, S. 20–100. Das Buch verzichtet auf Quellenbelege, ist aber um Längen nützlicher als die Sammlung von Klatschgeschichten bei Berndt Rieger, Creator of Nazi Death Camps: The Life of Odilo Globocnik, London 2007.
2 Christian Jansen/Arno Weckbecker, Der «Volksdeutsche Selbstschutz» in Polen 1939/40, München 1992, S. 78 (Zitat) und 195 f.
3 Sachslehner, Zwei Millionen ham'ma erledigt, S. 199–202.
4 Volker Rieß, Christian Wirth, in: Klaus-Michael Mallmann/Gerhard Paul (Hrsg.), Karrieren der Gewalt. Nationalsozialistische Täterbiographien, Darmstadt 2005, S. 239–251; Michael Tregenza, Christian Wirth, Inspekteur der SS-Sonderkommandos «Aktion Reinhard», in: Zeszyty Majdanka 15 (1993), S. 7–57.

5 Silberklang, Gates of Tears, S. 232.
6 Gitta Sereny, Am Abgrund. Gespräche mit dem Henker. Franz Stangl und die Morde von Treblinka, München 1995, S. 128.
7 Sara Berger, Experten der Vernichtung. Das T4-Reinhardt-Netzwerk in den Lagern Belzec, Sobibor und Treblinka, Hamburg 2014, S. 32–34 und 216 f.
8 Ebenda, S. 292–308.
9 Peter Black, Foot Soldiers of the Final Solution: The Trawniki Training Camp and Operation Reinhard, in: Holocaust and Genocide Studies 25 (2011), S. 1–99, hier S. 32.
10 Angelika Benz, Handlanger der SS. Die Rolle der Trawniki-Männer im Holocaust, Berlin 2015, S. 47–54 und 79.
11 Berger, Experten der Vernichtung, S. 79 f.
12 Formular des Leiters des Stabs «Einsatz Reinhardt», 18.7.1942, in: Friedrich (Hrsg.), Die Verfolgung und Ermordung der europäischen Juden durch das nationalsozialistische Deutschland 1933–1945, Band 9: Generalgouvernement, S. 336 (Dokument 95).
13 Silberklang, Gates of Tears, S. 229.
14 Browning, Ganz normale Männer, S. 69 f.
15 Jürgen Matthäus, Die «Judenfrage» als Schulungsthema von SS und Polizei. «Inneres Erlebnis» und Handlungslegitimation, in: Jürgen Matthäus/Konrad Kwiet/Jürgen Förster/Richard Breitman (Hrsg.), Ausbildungsziel Judenmord? «Weltanschauliche Erziehung» von SS, Polizei und Waffen-SS im Rahmen der «Endlösung», Frankfurt am Main 2003, S. 35–86, hier S. 35 und 80–86.
16 Bogdan Musial, Deutsche Zivilverwaltung und Judenverfolgung im Generalgouvernement. Eine Fallstudie zum Distrikt Lublin 1939–1944, Wiesbaden 1999, S. 233–240 und 302.

4. Form follows function. Der Bau von Bełżec, Sobibór und Treblinka

1 Silberklang, Gates of Tears, S. 137 f., 143, 152.
2 Jan Erik Schulte, Initiative der Peripherie: Globocniks Siedlungsstützpunkte und die Entscheidung zum Bau des Vernichtungslagers Belzec, in: ders. (Hrsg.), Die SS, Himmler und die Wewelsburg, Paderborn u.a. 2009, S. 118–137, hier S. 133.
3 Robert Kuwałek, Das Vernichtungslager Bełżec, Berlin 2013, S. 59–78, sowie Michael Tregenza, Christian Wirth a pierwsza faza Akcji Reinhard, in: Zeszyty Majdanka 14 (1992), S. 7–37.
4 Annika Wienert, Das Lager vorstellen. Die Architektur der nationalsozialistischen Vernichtungslager, Berlin 2015, S. 95–99; Jules Schelvis, Vernichtungslager Sobibór, Berlin 1998, S. 33–40 und 49–53. Zur Rolle der Zentralbauleitung

der SS vgl. Józef Marszałek, Zentralbauleitung der Waffen-SS und Polizei w Lublinie, in: Zeszyty Majdanka 4 (1977), S. 5–45.

5 Jacek Andrzej Młynarczyk, Niemiecki obóz zagłady dla ludności Żydowskiej w Treblince, in: Edward Kopówka (Hrsg.), Co wiemy o Treblince? Stan badań, Siedlce 2013, S. 63–97. Vgl. auch Berger, Experten der Vernichtung, S. 72–79.

6 Chil Rajchman, Ich bin der letzte Jude. Treblinka 1942/43 – Aufzeichnungen für die Nachwelt, München 2009, S. 38 f.

7 Richard Glazar, Die Falle mit dem grünen Zaun. Überleben in Treblinka, Frankfurt am Main 1992, S. 139. So im Original, tatsächlich handelte es sich um die Kurt-Seidel-Straße.

8 Rajchman, Ich bin der letzte Jude, S. 37.

9 Wienert, Das Lager vorstellen, S. 225–232.

10 Glazar, Die Falle mit dem grünen Zaun.

11 Wienert, Das Lager vorstellen, S. 277–284.

12 Für eine frühere Grabungskampagne des gleichen Teams vgl. Yoram Haimi/Wojciech Mazurek, Uncovering the Remains of a Nazi Death Camp: Archeological Research in Sobibor, in: Yad Vashem Studies 41 (2013) 2, S. 55–94.

5. «Aktionen». Die Auflösung der Ghettos in Polen und die Deportationen in die Vernichtungslager

1 Jüdisches Historisches Institut Warschau, AR I/573. Brief einer Frau aus Kutno an die Familie im Warschauer Ghetto, 27.1.1942.

2 Musial, Deutsche Zivilverwaltung und Judenverfolgung im Generalgouvernement, S. 248–252 und 302–307.

3 Zitiert nach Browning, Ganz normale Männer, S. 133.

4 Thomas Toivi Blatt, Nur die Schatten bleiben. Der Aufstand im Vernichtungslager Sobibór, Berlin 2000, S. 63.

5 Browning, Ganz normale Männer, S. 114–121.

6 Grabowski, Hunt for the Jews, S. 102–104 und 121–129.

7 Silberklang, Gates of Tears, S. 323–326.

8 Aleksander Krugłow, Deportacje ludności żydowskiej do obozu zagłady w Bełżcu, in: Biuletyn Żydowskiego Instytutu Historycznego 151 (1989) 3, S. 101–118.

9 Blatt, Nur die Schatten bleiben, S. 121.

10 Dieter Pohl, Nationalsozialistische Judenverfolgung in Ostgalizien 1941–1944. Organisation und Durchführung eines staatlichen Massenverbrechens, 2. Aufl., München 1997, S. 289–294, das Zitat auf S. 292. Exemplarisch vgl. den Fahrplan der Generaldirektion der Ostbahn, 15.9.1942, in: Jüdisches Historisches Institut Warschau (Hrsg.), Faschismus – Ghetto – Massenmord. Do-

kumentation über Ausrottung und Widerstand der Juden in Polen während des zweiten Weltkrieges, 2. Aufl., Berlin (Ost) 1961, S. 322 (Dokument 248).
11 Himmler an Ganzenmüller, 20.1.1943, in: ebenda, S. 346 (Dokument 268).
12 Bundesarchiv-Militärarchiv Freiburg, RH 53–23/87. Besprechung zum «Judeneinsatz» im Generalgouvernement, 15.8.1942; ebenda, Vermerk der Rüstungsinspektion GG zum «Ersatz der jüdischen Arbeitskräfte», 1.12.1942.
13 Berger, Experten der Vernichtung, S. 168–177 und 246–251.
14 Blatt, Nur die Schatten bleiben, S. 59. Zu den Durchgangsghettos allgemein Robert Kuwałek, Die Durchgangsghettos im Distrikt Lublin (u. a. Izbica, Piaski, Rejowiec und Trawniki), in: Musial (Hrsg.), «Aktion Reinhardt», S. 197–232.
15 Zitiert nach Musial, Deutsche Zivilverwaltung und Judenverfolgung im Generalgouvernement, S. 233.
16 Janina Kiełboń, Judendeportationen in den Distrikt Lublin (1939–1943), in: Musial (Hrsg.), «Aktion Reinhardt», S. 111–140. Für ein Beispiel vgl. Yehoshua Büchler, The Deportation of Slovakian Jews to the Lublin District of Poland in 1942, in: Holocaust and Genocide Studies 6 (1991) 2, S. 151–166.
17 Silberklang, Gates of Tears, S. 346.
18 Krakauer Zeitung, 24.6.1942: «Lublins ehemaliges Ghetto wird gesäubert».
19 Rudolf Reder, Bełżec, 2. Aufl., Oświęim 1999, S. 115.
20 Blatt, Nur die Schatten bleiben, S. 125.
21 Marian Fuks (Hrsg.), Im Warschauer Ghetto. Das Tagebuch des Adam Czerniaków, 1939–1942, München 1986, S. 248 f.
22 Jüdisches Historisches Institut Warschau, Faschismus – Ghetto – Massenmord, S. 315 f. (Dokument 241).
23 Adina Blady Szwajgier, Die Erinnerung verlässt mich nie. Das Kinderkrankenhaus im Warschauer Ghetto und der jüdische Widerstand, München 1993, S. 70.
24 Reder, Bełżec, S. 117.
25 Bericht von Abraham Krzepicki, Anfang 1943, in: Beer et al. (Hrsg.), Nach dem Untergang, S. 557, 560.
26 Samuel Willenberg, Revolt in Treblinka, Warszawa 1992, S. 11.

6. Vernichtung. Der Massenmord durch Gas und die Beseitigung der Leichen

1 Bericht von Berek Freiberg, in: Beer et al. (Hrsg.), Nach dem Untergang, S. 633.
2 Reder, Bełżec, S. 120. Umfassend zum Vernichtungsprozess in Bełżec vgl. Kuwałek, Das Vernichtungslager Bełżec, S. 179–197.
3 Glazar, Die Falle mit dem grünen Zaun, S. 18.

4 Franziska Bruder, Hunderte solcher Helden. Der Aufstand jüdischer Gefangener im NS-Vernichtungslager Sobibór. Berichte, Recherchen und Analysen, Hamburg 2013, S. 22 f.
5 Wienert, Das Lager vorstellen, S. 232–254; Dieter Pohl, Massentötungen durch Giftgas im Rahmen der «Aktion Reinhardt». Aufgaben der Forschung, in: Günter Morsch/Bertrand Perz (Hrsg.), Neue Studien zu nationalsozialistischen Massentötungen durch Giftgas. Historische Bedeutung, technische Entwicklung, revisionistische Leugnung, Berlin 2011, S. 185–195.
6 Hans Rothfels, Augenzeugenbericht zu den Massenvergasungen, in: Vierteljahrshefte für Zeitgeschichte 1 (1953), S. 177–194, hier S. 192.
7 Glazar, Die Falle mit dem grünen Zaun, S. 19.
8 Funkspruch Globocniks an Oppermann, 4.9.1942, in: Stephen Tyas, Der britische Nachrichtendienst. Entschlüsselte Funkmeldungen aus dem Generalgouvernement, in: Musial (Hrsg.), «Aktion Reinhardt», S. 431–447, hier S. 436 f.
9 Reder, Bełżec, S. 130.
10 Glazar, Die Falle mit dem grünen Zaun, S. 40.
11 Bericht von Abraham Krzepicki, Warschau, Anfang 1943, in: Beer et al. (Hrsg.), Nach dem Untergang, S. 571.
12 Peter Witte/Stephen Tyas, A New Document on the Deportation and Murder of Jews during «Einsatz Reinhardt» 1942, in: Holocaust and Genocide Studies 15 (2001), S. 468–486, hier S. 469.
13 Die nachfolgende Diskussion der Zahlen nach Kuwałek, Das Vernichtungslager Bełżec, S. 237–246 und 251–254; Robert Kuwałek, Nowe ustalenia dotyczące licby ofiar niemieckiego obozu zagłady w Sobiborze, in: Zeszyty Majdanka 26 (2014), S. 17–60, hier S. 60; Młynarczyk, Niemiecki obóz zagłady dla ludności Żydowskiej w Treblince, S. 97; Berger, Experten der Vernichtung, S. 252–254 und 416–431.
14 Ebenda. Es gab Züge direkt in die Vernichtungslager und solche, die zunächst in Durchgangsghettos führten. Zur vorne genannten Statistik zum Distrikt Lublin kommen die Opfer von Treblinka, das im Distrikt Warschau lag.
15 Arad, Belzec, Sobibor, Treblinka, S. 150–153; Kuwałek, Das Vernichtungslager Bełżec, S. 247–254.
16 Rothfels, Augenzeugenbericht zu den Massenvergasungen, S. 189.
17 Berger, Experten der Vernichtung, S. 189–192 und 197 f.
18 Willenberg, Revolt in Treblinka, S. 97 f.
19 Rajchman, Ich bin der letzte Jude, S. 119.
20 Ebenda, S. 100 f.

7. In der Hölle. Leben und Überleben im Vernichtungslager

1 Benz, Handlanger der SS, S. 266.
2 Glazar, Die Falle mit dem grünen Zaun, S. 16.
3 Willenberg, Revolt in Treblinka, S. 18.
4 Rajchman, Ich bin der letzte Jude, S. 77.
5 Glazar, Die Falle mit dem grünen Zaun, S. 24.
6 Rajchman, Ich bin der letzte Jude, S. 54 f.
7 Bericht von Mordechaj Goldfarb, 29.1.1962, in: Bruder, Hunderte solcher Helden, S. 106.
8 Bericht von Berek Freiberg, in: Beer et al. (Hrsg.), Nach dem Untergang, S. 623.
9 Glazar, Die Falle mit dem grünen Zaun, S. 23.
10 Auerbach, Auf den Feldern von Treblinka, S. 436.
11 Rajchman, Ich bin der letzte Jude, S. 35.
12 Glazar, Die Falle mit dem grünen Zaun, S. 25 und 33.
13 Arad, Belzec, Sobibor, Treblinka, S. 114–118; Wienert, Das Lager vorstellen, S. 216.
14 Kuwałek, Das Vernichtungslager Bełżec, S. 211–228.
15 Bericht von Abraham Krzepicki, Warschau, Anfang 1943, in: Beer et al. (Hrsg.), Nach dem Untergang, S. 599.
16 Willenberg, Revolt in Treblinka, S. 81.
17 Glazar, Die Falle mit dem grünen Zaun, S. 105 f.
18 Auerbach, Auf den Feldern von Treblinka, S. 426.
19 Glazar, Die Falle mit dem grünen Zaun, S. 119 f.
20 Bericht von Mordechaj Goldfarb, 29.1.1962, in: Bruder, Hunderte solcher Helden, S. 107 f.
21 Schelvis, Vernichtungslager Sobibór, S. 99–113.
22 Glazar, Die Falle mit dem grünen Zaun, S. 50.
23 Abdruck und Analyse des Albums bei Wienert, Das Lager vorstellen, S. 39–54.
24 Zitiert nach: Berger, Experten der Vernichtung, S. 334.
25 Hierzu und im Folgenden: Benz, Handlanger der SS, S. 11, 211 und 231.
26 Dieser «Iwan der Schreckliche» war nicht der in Sobibór eingesetzte Iwan (John) Demjanjuk.
27 Rajchman, Ich bin der letzte Jude, S. 132.
28 Willenberg, Revolt in Treblinka, S. 30.
29 Reder, Bełżec, S. 130.
30 Blatt, Nur die Schatten bleiben, S. 184.

8. Rettung!? Aufstände und Flucht aus den Vernichtungslagern

1 Bericht von Abraham Krzepicki, Anfang 1943, in: Beer et al. (Hrsg.), Nach dem Untergang, S. 603.
2 Reder, Bełżec, 141 f. Zu den anderen Fluchten vgl. Kuwałek, Das Vernichtungslager Bełżec, S. 225–228.
3 Bericht von Abraham Krzepicki, Anfang 1943, in: Beer et al. (Hrsg.), Nach dem Untergang, S. 606 f.
4 Rajchman, Ich bin der letzte Jude, S. 145.
5 Chris Webb/Michal Chocholatý (Hrsg.), The Treblinka death camp: History, biographies, remembrance, Stuttgart 2014, S. 99–113. Ein umfassender Bericht auch in: Jankiel Wiernik, Rok w Treblince: A Year in Treblinka, Warszawa 2003, S. 15 ff.
6 Glazar, Die Falle mit dem grünen Zaun, S. 141–143.
7 Bericht von Leon Feldhendler, in: Nachman Blumental (Hrsg.), Dokumenty i materiały z czasów okupacji niemieckiej w Polsce, Band 1: Obozy, Łódź 1946, S. 207.
8 Schelvis, Vernichtungslager Sobibór, S. 165–170.
9 Ein knapper Bericht Petscherskis von 1945 in: Bruder, Hunderte solcher Helden, S. 17–54; siehe auch: Blatt, Nur die Schatten bleiben, S. 187–205; Schelvis, Vernichtungslager Sobibór, S. 180–203.
10 Willenberg, Revolt in Treblinka, S. 144 f.
11 Rajchman, Ich bin der letzte Jude, S. 145.
12 Grabowski, Hunt for the Jews, S. 172 und 102–110. Die Überlebendenzahlen sind näherungsweise Schätzungen und werden nach wie vor kontrovers diskutiert.
13 Bruder, Hunderte solcher Helden, S. 79.
14 Glazar, Die Falle mit dem grünen Zaun, S. 86.
15 Blatt, Nur die Schatten bleiben, S. 277.
16 Willenberg, Revolt in Treblinka, S. 157.
17 Jacek Andrzej Młynarczyk, Treblinka – ein Todeslager der «Aktion Reinhardt», in: Musial (Hrsg.), «Aktion Reinhardt», S. 257–281, hier S. 278; Blatt, Nur die Schatten bleiben, S. 303.
18 Rajchman, Ich bin der letzte Jude, S. 152–154.
19 Bericht von Abraham Krzepicki, Anfang 1943, in: Beer et al. (Hrsg.), Nach dem Untergang, S. 606–616, Zitat auf S. 615 f.

9. Ein öffentliches Geheimnis. Das Wissen über die Aktion Reinhardt

1 Tagebuch von Emanuel Ringelblum, 30.6.1942, in: Friedrich (Hrsg.), Die Verfolgung und Ermordung der europäischen Juden durch das nationalsozialistische Deutschland 1933–1945, Band 9: Generalgouvernement, S. 308 (Dokument 87).

2 Die folgenden Ausführungen stützen sich auf Dariusz Libionka, ZWZ-AK i Delegatura Rządu RP wobec eksterminacji Żydów polskich, in: Andrzej Żbikowski (Hrsg.), Polacy i Żydzi pod okupacją niemiecką 1939–1945. Studia i materiały, Warszawa 2006, S. 15–207, und Adam Puławski, W obliczu zagłady: Rząd RP na Uchodźstwie, Delegatura Rządu RP na Kraj, ZWZ-AK wobec deportacji Żydow do obozów zagłady (1941–1942), Lublin 2009. Eine deutsche Zusammenfassung bei Adam Puławski, Die Informationspolitik des polnischen Untergrundstaates und der Holocaust, in: Jochen Böhler/Stephan Lehnstaedt (Hrsg.), Gewalt und Alltag im besetzten Polen 1939–1945, Osnabrück 2012, S. 365–389.

3 Jan Karski, Mein Bericht an die Welt. Geschichte eines Staates im Untergrund, Berlin 2012, S. 347–384.

4 Tagebuch von Ignacy Schwarzbart, 16.11.1942, zitiert nach Daniel Blatman, Reaktionen jüdischer Funktionäre und Organisationen auf die Neuigkeiten aus Polen 1942/43, in: Musial (Hrsg.), «Aktion Reinhardt», S. 405–430, hier S. 418.

5 Jüdisches Historisches Institut Warschau, AR II/192. Bericht aus Polen, 15.11.1942.

6 Zitiert nach Blatman, Reaktionen jüdischer Funktionäre und Organisationen auf die Neuigkeiten aus Polen 1942/43, S. 428.

7 Stephan Lehnstaedt, Okkupation im Osten. Besatzeralltag in Warschau und Minsk 1939–1944, München 2010, S. 301–311.

8 Institut für Zeitgeschichte München, Fb 63, Bl. 110. Zweimonatsbericht des Distrikts Warschau, 15.8.1942. Ebenda, Bl. 167f. Zweimonatsbericht, 15.10.1942.

9 Bayerisches Staatsarchiv München, Bestand Staatsanwaltschaften 34865/18, Vernehmung von Friedrich Haßler, 28.7.1964.

10 Tagebucheintrag vom 23.7.1942, in: Thomas Vogel (Hrsg.), Wilm Hosenfeld: «Ich versuche jeden zu retten». Das Leben eines deutschen Offiziers in Briefen und Tagebüchern, München 2004, S. 626f. sowie weiter die S. 630f. und 635ff.

11 Hans Rothfels, Adam von Trott und das State Department, in: Vierteljahrshefte für Zeitgeschichte 7 (1959), S. 318–336, hier S. 333–336.

12 Friedrich (Hrsg.), Die Verfolgung und Ermordung der europäischen Juden durch das nationalsozialistische Deutschland 1933–1945, Band 9: Generalgouvernement, S. 365 (Dokument 109).

13 Archiwum Państwowe, Warschau, 2421/63, Foto von Johannes Hennig, o.D. [1942]. Für weitere Bilder aus Siedlce vgl. Hubert Pfoch, Dokumentation zur Judendeportation, in: Jahrbuch des Dokumentationsarchivs des österreichischen Widerstands (1989), S. 62–68, hier S. 62 f.
14 Peter Longerich, «Davon haben wir nichts gewusst!». Die Deutschen und die Judenverfolgung 1933–1945, München 2006, S. 239 f.
15 Tagebuch von Emanuel Ringelblum, 30.6.1942, in: Friedrich (Hrsg.), Die Verfolgung und Ermordung der europäischen Juden durch das nationalsozialistische Deutschland 1933–1945, Band 9: Generalgouvernement, S. 308 (Dokument 87).
16 Saul Friedländer, Kurt Gerstein oder die Zwiespältigkeit des Guten, München 2007, S. 112.
17 Rothfels, Augenzeugenbericht zu den Massenvergasungen, S. 189 f.
18 Ebenda, S. 191 f.
19 Friedländer, Kurt Gerstein oder die Zwiespältigkeit des Guten, S. 196.

10. Das Ende. Die «Aktion Erntefest» und der Abbau der Vernichtungslager

1 Zitiert nach: Jan Erik Schulte, Zwangsarbeit für die SS – Juden in der Ostindustrie GmbH, in: Norbert Frei (Hrsg.), Ausbeutung, Vernichtung, Öffentlichkeit. Neue Studien zur nationalsozialistischen Lagerpolitik, München 2000, S. 43–74, hier S. 48.
2 Wienert, Das Lager vorstellen, S. 116–119.
3 Arad, Belzec, Sobibor, Treblinka, S. 165–169.
4 Wienert, Das Lager vorstellen, S. 119–122. Für Treblinka vgl. außerdem Tomas Vojta, Rethinking the Elimination of Traces of Mass Murder at the Treblinka Extermination Camp, in: Victoria Khiterer/Ryan Barrick/David Misal (Hrsg.), The Holocaust: Memories and history, Newcastle upon Tyne 2014, S. 43–61, und Caroline Sturdy Colls, O tym, co minęło, lecz nie zostało zapomniane: Badania archeologiczne na terenie byłego obozu zagłady w Treblince, in: Zagłada Żydów. Studia i Materiały 8 (2012), S. 77–112.
5 Wojciech Lenarczyk, Obóz pracy na Flugplatzu w Lublinie: Historia, funkcjonowanie, więźniowie, in: Zeszyty Majdanka 26 (2014), S. 61–125.
6 Silberklang, Gates of Tears, S. 368–390; Tomasz Kranz, Das Konzentrationslager Majdanek und die «Aktion Reinhardt», in: Musial (Hrsg.), «Aktion Reinhardt», S. 233–255, hier S. 242–247, und Tomasz Kranz, Eksterminacja Żydów na Majdanku i rola obozu w realizacji «Akcji Reinhardt», in: Zeszyty Majdanka 22 (2003), S. 7–56, hier S. 12–15.
7 Berger, Experten der Vernichtung, S. 257–264.
8 Die Verlagerung der Firma Schultz aus dem Warschauer Ghetto ins Lager

Trawniki ist ausführlich dokumentiert in: Grabitz/Scheffler (Hrsg.), Letzte Spuren, S. 179–261.

9 Witold Mędykowski, Obóz pracy dla Żydów w Trawnikach, in: Wojciech Lenarczyk/Dariusz Libionka (Hrsg.), Erntefest 3 – 4 listopada 1943. Zapomniany epizod Zagłady, Lublin 2009, S. 183–210, hier S. 201–209.

10 Stefan Klemp, «Aktion Erntefest»: mit Musik in den Tod. Rekonstruktion eines Massenmords, Münster 2013, S. 7–12.

11 Wojciech Lenarczyk, Obóz pracy przymusowej dla Żydów przy ul. Lipowej w Lublinie (1939–1943), in: Lenarczyk/Libionka (Hrsg.), Erntefest 3 – 4 listopada 1943, S. 37–71, hier S. 67–71.

12 Kranz, Das Konzentrationslager Majdanek und die «Aktion Reinhardt», S. 248–250; Barbara Schwindt, Das Konzentrations- und Vernichtungslager Majdanek: Funktionswandel im Kontext der «Endlösung», Würzburg 2005, S. 161 f. und 183–186. In Majdanek starben mehr Menschen durch Erschießungen als in den ebenfalls vorhandenen Gaskammern.

13 Ryszard Gicewicz, Obóz pracy w Poniatowej (1941–1943), in: Lenarczyk/Libionka (Hrsg.), Erntefest 3 – 4 listopada 1943, S. 211–228, hier S. 226–228.

14 Hierzu und für den folgenden Absatz: Silberklang, Gates of Tears, S. 403–409.

15 Zitiert nach: Grabitz/Scheffler (Hrsg.), Letzte Spuren, S. 263.

11. Gute Geschäfte. Die Bilanz der SS und die «goldene Ernte» der Polen nach 1944

1 Nürnberger Dokument NO 57. «Wirtschaftlicher Teil der Aktion Reinhardt», 5.1.1944. Geheime Reichssache.

2 Nürnberger Dokument NO 62. Beilage zu Globocniks Abschlussbericht vom 5.1.1944; Nürnberger Dokument NO 57. Vorläufiger Abschlussbericht der Kasse der Aktion Reinhardt, 15.12.1943.

3 Eine umfassende Diskussion hierzu bei Bertrand Perz/Thomas Sandkühler, Auschwitz und die «Aktion Reinhard» 1942–45. Judenmord und Raubpraxis aus neuer Sicht, in: Zeitgeschichte 26 (1999), S. 283–316.

4 Nürnberger Dokument NO 57.

5 Stanisław Piotrowski, Misja Odyla Globocznika: Sprawozdania o wynikach finansowych zagłady Żydów w Polsce, Warszawa 1949, S. 97–101.

6 Ingo Loose, Kredite für NS-Verbrechen. Die deutschen Kreditinstitute in Polen und die Ausraubung der polnischen und jüdischen Bevölkerung 1939–1945, München 2007, S. 367–374.

7 Prüfbericht des Reichsrechnungshofs vom 27.10.1944, zitiert nach: Dieter Pohl, Die Stellung des Distrikts Lublin in der «Endlösung der Judenfrage», in: Musial (Hrsg.), «Aktion Reinhardt», S. 87–107, hier S. 104.

8 Institut für Zeitgeschichte München, Fb 63, Bl. 143 f. Tätigkeitsbericht des Distrikts Warschau, 15.10.1942.
9 So argumentiert Götz Aly, Hitlers Volksstaat. Raub, Rassenkrieg und nationaler Sozialismus, Frankfurt am Main 2005, S. 318.
10 Institut für Zeitgeschichte München, Fb 63, Bl. 143 f. Tätigkeitsbericht des Distrikts Warschau, 15.10.1942.
11 Berger, Experten der Vernichtung, S. 330 f.
12 Auerbach, Auf den Feldern von Treblinka, S. 449–451.
13 Martyna Rusiniak, Obóz zagłady Treblinka II w pamięci społecznej (1943–1989), Warszawa 2008, S. 29–33.
14 Jan Tomasz Gross/Irena Grudzinska Gross, Golden Harvest: Events at the Periphery of the Holocaust, Oxford 2012, S. 20–25.
15 Kuwałek, Das Vernichtungslager Bełżec, S. 307–310; Zofia Wóycicka, Arrested Mourning: Memory of the Nazi camps in Poland, 1944–1950, Frankfurt am Main 2013, S. 235 f.
16 Eine scharfe Verurteilung des polnischen Verhaltens bei Gross et al., Golden Harvest, S. 77.

12. Gerechtigkeit? Die Verurteilung der Täter nach 1945

1 Aussage von Eustachy Ukraiński, 11.10.1945, in: Dariusz Libionka (Hrsg.), Obóz zagłady w Bełżcu w relacjach ocalonych i zeznaniach polskich świadków, Lublin 2013, S. 134–137.
2 Bogdan Musial, NS-Kriegsverbrecher vor polnischen Gerichten, in: Vierteljahrshefte für Zeitgeschichte 47 (1999), S. 25–56.
3 Benz, Handlanger der SS, S. 256–258.
4 Sachslehner, Zwei Millionen ham'ma erledigt, S. 336–352.
5 Berger, Experten der Vernichtung, S. 364–367.
6 Annette Weinke, Eine Gesellschaft ermittelt gegen sich selbst. Die Geschichte der Zentralen Stelle Ludwigsburg 1958–2008, Darmstadt 2008, S. 20–28.
7 Hierzu und im Folgenden zum Bełżec-Prozess vgl. Michael Bryant, Eyewitness to Genocide: The Operation Reinhard Death Camp Trials, 1955–1966, Knoxville 2014, S. 18, 47–62 und 92 f.
8 Zum Sobibór-Prozess ebenda, S. 163–184.
9 Zum Problem des Befehlsnotstands schon die 1966 entstandene juristische Habilitation von Herbert Jäger, Verbrechen unter totalitärer Herrschaft. Studien zur nationalsozialistischen Gewaltkriminalität, Frankfurt am Main 1982, S. 158 f.
10 Bericht aus der Westfälischen Rundschau, 12.10.1965, zitiert nach: Bruder, Hunderte solcher Helden, S. 161.
11 Anonymisierte Aussage aus dem Vorermittlungen zum Sobibór-Prozess, 1962. Zitiert nach: Adalbert Rückerl (Hrsg.), Nationalsozialistische Vernichtungs-

lager im Spiegel deutscher Strafprozesse. Belzec, Sobibor, Treblinka, Chelmno, 3. Aufl., München 1979, S. 70 f.

12 Zum Treblinka-Prozess: Bryant, Eyewitness to Genocide, S. 79–115.

13 Sereny, Am Abgrund, S. 236, 237.

14 Benz, Handlanger der SS, S. 258–267. Umfassend zu Demjanjuk und dem Münchener Prozess: Angelika Benz, Der Henkersknecht. Der Prozess gegen John (Iwan) Demjanjuk in München, Berlin 2011.

13. Hier ist nicht Auschwitz. Gedenken und Gedenkstätten

1 Jacek Leociak, Text in the Face of Destruction: Accounts from the Warsaw Ghetto Reconsidered, Warszawa 2004, S. 77–104.

2 Rajchman, Ich bin der letzte Jude, S. 156.

3 Wóycicka, Arrested Mourning, S. 189 f.

4 Hans-Christian Dahlmann, Antisemitismus in Polen 1968. Interaktionen zwischen Partei und Gesellschaft, Osnabrück 2013, S. 47 und 322.

5 Bruder, Hunderte solcher Helden, S. 171 f.

6 Dariusz Libionka, The Life Story of Chaim Hirszman: Remembrance of the Holocaust and Reflections on Postwar Polish-Jewish Relations, in: Yad Vashem Studies 34 (2006), S. 219–247.

7 Kuwałek, Das Vernichtungslager Bełżec, S. 314–317.

8 Auerbach, Auf den Feldern von Treblinka.

9 Florian Peters, Revolution der Erinnerung. Der Zweite Weltkrieg in der Geschichtskultur des spätsozialistischen Polen, Berlin 2016, S. 81–86.

10 Wóycicka, Arrested Mourning, S. 233–258.

11 Wolfgang Benz, Treblinka, in: Wolfgang Benz/Barbara Distel/Angelika Königseder (Hrsg.), Der Ort des Terrors. Geschichte der nationalsozialistischen Konzentrationslager, Bd. 8: Riga-Kaiserwald, Warschau, Vaivara, Kauen (Kaunas), Płaszów, Kulmhof/Chełmno, Bełżec, Sobibór, Treblinka, München 2008, S. 407–443, hier S. 435 f.

12 Kuwałek, Das Vernichtungslager Bełżec, S. 322 f., 327–334.

13 Anna Zalewska, Sobibór: The Material Remains of the Former Nazi Death Camp in Sobibór as the Subject of Archeological Studies, Part I: Delineation of Archeological Data, Warszawa 2016, S. 11–13.

14 Martin Sander: Gute Theorie, mangelhafte Praxis, swr2-Kulturthema, online unter http://www.swr.de/swr2/kultur-info/gelder-kz-gedenkstaetten/-/id=9597116/did=16928152/nid=9597116/khndxf/(6.4.2016).

15 Deutscher Bundestag, Drucksache 18/6126, 20.11.2015.

Aus den Augen, aus dem Sinn. Das erfolgreiche Vergessen eines Genozids

1 Kuwałek, Das Vernichtungslager Bełżec, S. 307.

2 Marcin Zaremba, Das organisierte Vergessen des Holocaust in der Ära Gierek. Kontinuität und Wandel, in: Anna Wolff-Powęska/Piotr Forecki (Hrsg.), Der Holocaust in der polnischen Erinnerungskultur, Frankfurt am Main 2012, S. 161–174, hier S. 164.

3 Siehe insbesondere Benz, Handlanger der SS; Berger, Experten der Vernichtung; Bruder, Hunderte solcher Helden; Wienert, Das Lager vorstellen.

4 Auerbach, Auf den Feldern von Treblinka, S. 404.

Literaturverzeichnis

Aly, Götz, Hitlers Volksstaat. Raub, Rassenkrieg und nationaler Sozialismus, Frankfurt am Main 2005.

Arad, Yitzhak, Belzec, Sobibor, Treblinka: The Operation Reinhard death camps, Bloomington, Ind., 1987.

Auerbach, Rachel, Auf den Feldern von Treblinka, in: Frank Beer/Wolfgang Benz/Barbara Distel (Hrsg.), Nach dem Untergang. Die ersten Zeugnisse der Shoah in Polen 1944–1947. Berichte der Zentralen Jüdischen Historischen Kommission, Berlin, Dachau 2014, S. 399–455.

Bauer, Yehuda, Der Tod des Schtetls, Berlin 2013.

Beer, Frank/Benz, Wolfgang/Distel, Barbara (Hrsg.), Nach dem Untergang. Die ersten Zeugnisse der Shoah in Polen 1944–1947. Berichte der Zentralen Jüdischen Historischen Kommission, Berlin, Dachau 2014.

Bender, Sara, Der Judenrat im Ghetto von Białystok. Struktur, Abteilungen, Personal, in: Freia Anders/Katrin Stoll/Karsten Wilke (Hrsg.), Der Judenrat von Białystok. Dokumente aus dem Archiv des Białystoker Ghettos 1941–1943, Paderborn u. a. 2010, S. 355–383.

Benz, Angelika, Der Henkersknecht. Der Prozess gegen John (Iwan) Demjanjuk in München, Berlin 2011.

Dies., Handlanger der SS. Die Rolle der Trawniki-Männer im Holocaust, Berlin 2015.

Benz, Wolfgang, Treblinka, in: Wolfgang Benz/Barbara Distel/Angelika Königseder (Hrsg.), Der Ort des Terrors. Geschichte der nationalsozialistischen Konzentrationslager, Bd. 8: Riga-Kaiserwald, Warschau, Vaivara, Kauen (Kaunas), Płaszów, Kulmhof/Chełmno, Bełżec, Sobibór, Treblinka, München 2008, S. 407–443.

Berger, Sara, Experten der Vernichtung. Das T4-Reinhardt-Netzwerk in den Lagern Belzec, Sobibor und Treblinka, Hamburg 2014.

Black, Peter, Foot Soldiers of the Final Solution: The Trawniki Training Camp and Operation Reinhard, in: Holocaust and Genocide Studies 25 (2011), S. 1–99.

Blady Szwajgier, Adina, Die Erinnerung verlässt mich nie. Das Kinderkrankenhaus im Warschauer Ghetto und der jüdische Widerstand, München 1993.

Blatman, Daniel, Reaktionen jüdischer Funktionäre und Organisationen auf die Neuigkeiten aus Polen 1942/43, in: Bogdan Musial (Hrsg.), «Aktion Reinhardt». Der Völkermord an den Juden im Generalgouvernement 1941–1944, Osnabrück 2004, S. 405–430.

Blatt, Thomas Toivi, Nur die Schatten bleiben. Der Aufstand im Vernichtungslager Sobibór, Berlin 2000.

Blumental, Nachman (Hrsg.), Dokumenty i materiały z czasów okupacji niemieckiej w Polsce, Band 1: Obozy, Łódź 1946.

Böhler, Jochen, Auftakt zum Vernichtungskrieg. Die Wehrmacht in Polen 1939, Frankfurt am Main 2006.

Brechtken, Magnus, «Madagaskar für die Juden». Antisemitische Idee und politische Praxis 1885–1945, München 1997.

Browning, Christopher, Die Entfesselung der «Endlösung». Nationalsozialistische Judenpolitik 1939–1942, München 2003.

Ders., Ganz normale Männer. Das Reserve-Polizeibataillon 101 und die «Endlösung» in Polen, 7. Aufl., Reinbek bei Hamburg 2013.

Bruder, Franziska, Hunderte solcher Helden. Der Aufstand jüdischer Gefangener im NS-Vernichtungslager Sobibór. Berichte, Recherchen und Analysen, Hamburg 2013.

Bryant, Michael, Eyewitness to Genocide: The Operation Reinhard Death Camp Trials, 1955–1966, Knoxville 2014.

Büchler, Yehoshua, The Deportation of Slovakian Jews to the Lublin District of Poland in 1942, in: Holocaust and Genocide Studies 6 (1991) 2, S. 151–166.

Dahlmann, Hans-Christian, Antisemitismus in Polen 1968. Interaktionen zwischen Partei und Gesellschaft, Osnabrück 2013.

Engelking, Barbara/Leociak, Jacek, The Warsaw Ghetto: A guide to the perished city, New Haven, Conn., 2009.

Friedlander, Henry, Der Weg zum NS-Genozid. Von der Euthanasie zur Endlösung, Berlin 1997.

Friedländer, Saul, Kurt Gerstein oder die Zwiespältigkeit des Guten, München 2007.

Friedrich, Klaus-Peter (Hrsg.), Die Verfolgung und Ermordung der europäischen Juden durch das nationalsozialistische Deutschland 1933–1945, Band 9: Generalgouvernement August 1941–1945, München 2013.

Fuks, Marian (Hrsg.), Im Warschauer Ghetto. Das Tagebuch des Adam Czerniaków, 1939–1942, München 1986.

Gicewicz, Ryszard, Obóz pracy w Poniatowej (1941–1943), in: Wojciech Lenarczyk/Dariusz Libionka (Hrsg.), Erntefest 3–4 listopada 1943. Zapomniany epizod Zagłady, Lublin 2009, S. 211–228.

Glazar, Richard, Die Falle mit dem grünen Zaun. Überleben in Treblinka, Frankfurt am Main 1992.

Grabitz, Helge/Scheffler, Wolfgang (Hrsg.), Letzte Spuren. Ghetto Warschau, SS-Arbeitslager Trawniki, Aktion Erntefest. Fotos und Dokumente über Opfer des Endlösungswahns im Spiegel der historischen Ereignisse, Berlin 1993.

Grabowski, Jan, Hunt for the Jews: Betrayal and Murder in German-Occupied Poland, Bloomington, Ind., 2013.

Gross, Jan Tomasz/Gross, Irena Grudzinska, Golden Harvest: Events at the Periphery of the Holocaust, Oxford 2012.

Haimi, Yoram/Mazurek, Wojciech, Uncovering the Remains of a Nazi Death Camp: Archeological Research in Sobibor, in: Yad Vashem Studies 41 (2013) 2, S. 55–94.

Jäger, Herbert, Verbrechen unter totalitärer Herrschaft. Studien zur nationalsozialistischen Gewaltkriminalität, Frankfurt am Main 1982.

Jansen, Christian/Weckbecker, Arno, Der «Volksdeutsche Selbstschutz» in Polen 1939/40, München 1992.

Jüdisches Historisches Institut Warschau (Hrsg.), Faschismus – Ghetto – Massenmord. Dokumentation über Ausrottung und Widerstand der Juden in Polen während des zweiten Weltkrieges, Berlin (Ost) 1961.

Karski, Jan (Hrsg.), Mein Bericht an die Welt. Geschichte eines Staates im Untergrund, Berlin 2012.

Katsh, Abraham (Hrsg.), Buch der Agonie. Das Warschauer Tagebuch des Chaim A. Kaplan, Frankfurt am Main 1967.

Kershaw, Ian, Hitlers Macht. Das Profil der NS-Herrschaft, München 2001.

Kiełboń, Janina, Judendeportationen in den Distrikt Lublin (1939–1943), in: Bogdan Musial (Hrsg.), «Aktion Reinhardt». Der Völkermord an den Juden im Generalgouvernement 1941–1944, Osnabrück 2004, S. 111–140.

Klein, Peter, Die «Gettoverwaltung Litzmannstadt» 1940 bis 1944. Eine Dienststelle im Spannungsfeld von Kommunalbürokratie und staatlicher Verfolgungspolitik, Hamburg 2009.

Klemp, Stefan, «Aktion Erntefest»: mit Musik in den Tod. Rekonstruktion eines Massenmords, Münster 2013.

Kranz, Tomasz, Eksterminacja Żydów na Majdanku i rola obozu w realizacji «Akcji Reinhardt», in: Zeszyty Majdanka 22 (2003), S. 7–56.

Ders., Das Konzentrationslager Majdanek und die «Aktion Reinhardt», in: Bogdan Musial (Hrsg.), «Aktion Reinhardt». Der Völkermord an den Juden im Generalgouvernement 1941–1944, Osnabrück 2004, S. 233–255.

Krugłow, Aleksander, Deportacje ludności żydowskiej do obozu zagłady w Bełżcu, in: Biuletyn Żydowskiego Instytutu Historycznego 151 (1989) 3, S. 101–118.

Kuwałek, Robert, Die Durchgangsghettos im Distrikt Lublin (u. a. Izbica, Piaski, Rejowiec und Trawniki), in: Bogdan Musial (Hrsg.), «Aktion Reinhardt». Der Völkermord an den Juden im Generalgouvernement 1941–1944, Osnabrück 2004, S. 197–232.

Ders., Das Vernichtungslager Bełżec, Berlin 2013.

Ders., Nowe ustalenia dotyczące licby ofiar niemieckiego obozu zagłady w Sobiborze, in: Zeszyty Majdanka 26 (2014), S. 17–60.

Lehnstaedt, Stephan, Okkupation im Osten. Besatzeralltag in Warschau und Minsk 1939–1944, München 2010.

Ders., Die deutsche Arbeitsverwaltung im Generalgouvernement und die Juden, in: Vierteljahrshefte für Zeitgeschichte 60 (2012), S. 409–440.

Ders., Kleine Ghettos. Plädoyer für eine Perspektiverweiterung, in: Zeitschrift für Genozidforschung 13 (2012), S. 12–28.

Lenarczyk, Wojciech, Obóz pracy przymusowej dla Żydów przy ul. Lipowej w Lublinie (1939–1943), in: Wojciech Lenarczyk/Dariusz Libionka (Hrsg.), Erntefest 3 – 4 listopada 1943. Zapomniany epizod Zagłady, Lublin 2009, S. 37–71.

Ders., Obóz pracy na Flugplatzu w Lublinie: Historia, funkcjonowanie, więźniowie, in: Zeszyty Majdanka 26 (2014), S. 61–125.

Leociak, Jacek, Text in the Face of Destruction: Accounts from the Warsaw Ghetto Reconsidered, Warszawa 2004.

Libionka, Dariusz, The Life Story of Chaim Hirszman: Remembrance of the Holocaust and Reflections on Postwar Polish-Jewish Relations, in: Yad Vashem Studies 34 (2006), S. 219–247.

Ders., ZWZ-AK i Delegatura Rządu RP wobec eksterminacji Żydów polskich, in: Andrzej Żbikowski (Hrsg.), Polacy i Żydzi pod okupacją niemiecką 1939–1945. Studia i materiały, Warszawa 2006, S. 15–207.

Ders. (Hrsg.), Obóz zagłady w Bełżcu w relacjach ocalonych i zeznaniach polskich świadków, Lublin 2013.

Longerich, Peter, Politik der Vernichtung. Eine Gesamtdarstellung der nationalsozialistischen Judenverfolgung, München 1998.

Ders., «Davon haben wir nichts gewusst!». Die Deutschen und die Judenverfolgung 1933–1945, München 2006.

Loose, Ingo, Kredite für NS-Verbrechen. Die deutschen Kreditinstitute in Polen und die Ausraubung der polnischen und jüdischen Bevölkerung 1939–1945, München 2007.

Löw, Andrea/Roth, Markus, Juden in Krakau unter deutscher Besatzung 1939–1945, Göttingen 2011.

Mallmann, Klaus-Michael/Böhler, Jochen/Matthäus, Jürgen (Hrsg.), Einsatzgruppen in Polen. Darstellung und Dokumentation, Darmstadt 2008.

Marszałek, Józef, Zentralbauleitung der Waffen-SS und Polizei w Lublinie, in: Zeszyty Majdanka 4 (1977), S. 5–45.

Matthäus, Jürgen, Die «Judenfrage» als Schulungsthema von SS und Polizei. «Inneres Erlebnis» und Handlungslegitimation, in: Jürgen Matthäus/Konrad Kwiet/Jürgen Förster/Richard Breitman (Hrsg.), Ausbildungsziel Judenmord? «Weltanschauliche Erziehung» von SS, Polizei und Waffen-SS im Rahmen der «Endlösung», Frankfurt am Main 2003, S. 35–86.

Mędykowski, Witold, Obóz pracy dla Żydów w Trawnikach, in: Wojciech Lenarczyk/Dariusz Libionka (Hrsg.), Erntefest 3 – 4 listopada 1943. Zapomniany epizod Zagłady, Lublin 2009, S. 183–210.

Michman, Dan, The Emergence of Jewish Ghettos During the Holocaust, Cambridge 2011.

Młynarczyk, Jacek Andrzej, Treblinka – ein Todeslager der «Aktion Reinhardt», in: Bogdan Musial (Hrsg.), «Aktion Reinhardt». Der Völkermord an den Juden im Generalgouvernement 1941–1944, Osnabrück 2004, S. 257–281.

Ders., Niemiecki obóz zagłady dla ludności Żydowskiej w Treblince, in: Edward Kopówka (Hrsg.), Co wiemy o Treblince? Stan badań, Siedlce 2013, S. 63–97.

Musial, Bogdan, Deutsche Zivilverwaltung und Judenverfolgung im Generalgouvernement. Eine Fallstudie zum Distrikt Lublin 1939–1944, Wiesbaden 1999.

Ders., NS-Kriegsverbrecher vor polnischen Gerichten, in: Vierteljahrshefte für Zeitgeschichte 47 (1999), S. 25–56.

Ders., Ursprünge der «Aktion Reinhardt». Planung des Massenmordes an den Juden im Generalgouvernement, in: Bogdan Musial (Hrsg.), «Aktion Reinhardt». Der Völkermord an den Juden im Generalgouvernement 1941–1944, Osnabrück 2004, S. 49–85.

Perz, Bertrand/Sandkühler, Thomas, Auschwitz und die «Aktion Reinhard» 1942–45. Judenmord und Raubpraxis aus neuer Sicht, in: Zeitgeschichte 26 (1999), S. 283–316.

Peters, Florian, Revolution der Erinnerung. Der Zweite Weltkrieg in der Geschichtskultur des spätsozialistischen Polen, Berlin 2016.

Pfoch, Hubert, Dokumentation zur Judendeportation, in: Jahrbuch des Dokumentationsarchivs des österreichischen Widerstands (1989), S. 62–68.

Piotrowski, Stanisław, Misja Odyla Globocznika: Sprawozdania o wynikach finansowych zagłady Żydów w Polsce, Warszawa 1949.

Pohl, Dieter, Nationalsozialistische Judenverfolgung in Ostgalizien 1941–1944. Organisation und Durchführung eines staatlichen Massenverbrechens, München 1997.

Ders., Die Stellung des Distrikts Lublin in der «Endlösung der Judenfrage», in: Bogdan Musial (Hrsg.), «Aktion Reinhardt». Der Völkermord an den Juden im Generalgouvernement 1941–1944, Osnabrück 2004, S. 87–107.

Ders., Massentötungen durch Giftgas im Rahmen der «Aktion Reinhardt». Aufgaben der Forschung, in: Günter Morsch/Bertrand Perz (Hrsg.), Neue Studien zu nationalsozialistischen Massentötungen durch Giftgas. Historische Bedeutung, technische Entwicklung, revisionistische Leugnung, Berlin 2011, S. 185–195.

Polit, Monika, Mordechaj Chaim Rumkowski: Prawda i zmyślenie, Warszawa 2012.

Präg, Werner/Jacobmeyer, Wolfgang (Hrsg.), Das Diensttagebuch des deutschen Generalgouverneurs in Polen 1939–1945, Stuttgart 1975.

Puławski, Adam, W obliczu zagłady: Rząd RP na Uchodźstwie, Delegatura Rządu RP na Kraj, ZWZ-AK wobec deportacji Żydow do obozów zagłady (1941–1942), Lublin 2009.

Ders., Die Informationspolitik des polnischen Untergrundstaates und der Holocaust, in: Jochen Böhler/Stephan Lehnstaedt (Hrsg.), Gewalt und Alltag im besetzten Polen 1939–1945, Osnabrück 2012, S. 365–389.

Rajchman, Chil, Ich bin der letzte Jude. Treblinka 1942/43 – Aufzeichnungen für die Nachwelt, München 2009.

Reder, Rudolf, Bełżec, Oświecim 1999.

Rieger, Berndt, Creator of Nazi Death Camps: The Life of Odilo Globocnik, London 2007.

Rieß, Volker, Christian Wirth, in: Klaus-Michael Mallmann/Gerhard Paul (Hrsg.), Karrieren der Gewalt. Nationalsozialistische Täterbiographien, Darmstadt 2005, S. 239–251.

Roseman, Mark, The Wannsee Conference and the final solution: A reconsideration, New York 2002.

Rothfels, Hans, Augenzeugenbericht zu den Massenvergasungen, in: Vierteljahrshefte für Zeitgeschichte 1 (1953), S. 177–194.

Ders., Adam von Trott und das State Department, in: Vierteljahrshefte für Zeitgeschichte 7 (1959), S. 318–336.

Rückerl, Adalbert (Hrsg.), Nationalsozialistische Vernichtungslager im Spiegel deutscher Strafprozesse: Belzec, Sobibor, Treblinka, Chelmno, München 1979.

Rusiniak, Martyna, Obóz zagłady Treblinka II w pamięci społecznej (1943–1989), Warszawa 2008.

Sachslehner, Johannes, Zwei Millionen ham'ma erledigt. Odilo Globocnik – Hitlers Manager des Todes, Wien 2014.

Schelvis, Jules, Vernichtungslager Sobibór, Berlin 1998.

Schulte, Jan Erik, Zwangsarbeit für die SS – Juden in der Ostindustrie GmbH, in: Norbert Frei (Hrsg.), Ausbeutung, Vernichtung, Öffentlichkeit. Neue Studien zur nationalsozialistischen Lagerpolitik, München 2000, S. 43–74.

Ders., Initiative der Peripherie. Globocniks Siedlungsstützpunkte und die Entscheidung zum Bau des Vernichtungslagers Belzec, in: ders. (Hrsg.), Die SS, Himmler und die Wewelsburg, Paderborn u. a. 2009, S. 118–137.

Schwindt, Barbara, Das Konzentrations- und Vernichtungslager Majdanek. Funktionswandel im Kontext der «Endlösung», Würzburg 2005.

Sereny, Gitta, Am Abgrund. Gespräche mit dem Henker. Franz Stangl und die Morde von Treblinka, München 1995.

Silberklang, David, Gates of Tears: The Holocaust in the Lublin District, Jerusalem 2013.

Sliwa, Joanna, A Link between the Inside and the Outside Worlds: Child Smugglers in the Kraków Ghetto, in: Zeitschrift für Genozidforschung 13 (2012), S. 53–81.

Sturdy Colls, Caroline, O tym, co minęło, lecz nie zostało zapomniane: Badania archeologiczne na terenie byłego obozu zagłady w Treblince, in: Zagłada Żydów. Studia i Materiały 8 (2012), S. 77–112.

Tregenza, Michael, Christian Wirth a pierwsza faza Akcji Reinhard, in: Zeszyty Majdanka 14 (1992), S. 7–37.

Ders., Christian Wirth, Inspekteur der SS-Sonderkommandos «Aktion Reinhard», in: Zeszyty Majdanka 15 (1993), S. 7–57.

Tyas, Stephen, Der britische Nachrichtendienst. Entschlüsselte Funkmeldungen aus dem Generalgouvernement, in: Bogdan Musial (Hrsg.), «Aktion Reinhardt». Der Völkermord an den Juden im Generalgouvernement 1941–1944, Osnabrück 2004, S. 431–447.

Urynowicz, Marcin, Adam Czerniaków 1880–1942: Prezes getta warszawskiego, Warszawa 2009.

Urzędowski, Krzysztof, Przyczynek do historii getta w Piotrkowie Trybunalski, in: Biuletyn Okręgowej Komisji Badania Zbrodni Hitlerowskiej w Łodzi 2 (1990), S. 35–48.

Vogel, Thomas (Hrsg.), Wilm Hosenfeld: «Ich versuche jeden zu retten». Das Leben eines deutschen Offiziers in Briefen und Tagebüchern, München 2004.

Vojta, Tomas, Rethinking the Elimination of Traces of Mass Murder at the Treblinka Extermination Camp, in: Victoria Khiterer/Ryan Barrick/David Misal (Hrsg.), The Holocaust: Memories and history, Newcastle upon Tyne 2014, S. 43–61.

Webb, Chris/Chocholatý, Michal (Hrsg.), The Treblinka death camp: History, biographies, remembrance, Stuttgart 2014.

Weinke, Annette, Eine Gesellschaft ermittelt gegen sich selbst. Die Geschichte der Zentralen Stelle Ludwigsburg 1958–2008, Darmstadt 2008.

Wienert, Annika, Das Lager vorstellen. Die Architektur der nationalsozialistischen Vernichtungslager, Berlin 2015.

Wiernik, Jankiel, Rok w Treblince: A Year in Treblinka, Warszawa 2003.

Willenberg, Samuel, Revolt in Treblinka, Warszawa 1992.

Witte, Peter/Tyas, Stephen, A New Document on the Deportation and Murder of Jews during «Einsatz Reinhardt» 1942, in: Holocaust and Genocide Studies 15 (2001), S. 468–486.

Wóycicka, Zofia, Arrested Mourning: Memory of the Nazi camps in Poland, 1944–1950, Frankfurt am Main 2013.

Zalewska, Anna, Sobibór: The Material Remains of the Former Nazi Death Camp in Sobibór as the Subject of Archeological Studies, Part I: Delineation of Archeological Data, Warszawa 2016.

Zaremba, Marcin, Das organisierte Vergessen des Holocaust in der Ära Gierek. Kontinuität und Wandel, in: Anna Wolff-Powęska/Piotr Forecki (Hrsg.), Der Holocaust in der polnischen Erinnerungskultur, Frankfurt am Main 2012, S. 161–174.

Bildnachweis

S. 35	Bundesarchiv Bild: 146-2007-0188, Fotograf: ohne Angabe
S. 59	Wikipedia
S. 75	United States Holocaust Memorial Museum (USHMM)
S. 85	Wikipedia
S. 95	United States Holocaust Memorial Museum (USHMM)
S. 103	Bundesarchiv, B 162 Bild-07165, Fotograf: ohne Angabe
S. 115	Wikipedia
S. 121	United States Holocaust Memorial Museum (USHMM)
S. 149	Institut für Zeitgeschichte München
S. 173	Stephan Lehnstaedt

Personenregister